U0962279

國家社科基金重大項目（10&ZD104）

上海師範大學古籍整理研究所編
項目首席專家、主編　戴建國
主編　朱易安　傅璇琮　周常林

全宋筆記

第七編

六

国家出版基金项目
NATIONAL PUBLICATION FOUNDATION

大象出版社

顧　　問　王水照　朱瑞熙　徐　規　李裕民

項目首席專家、主編　戴建國

主　　編　朱易安　傅璇琮　周常林

編纂委員會（以姓氏筆劃爲序）

王劉純　朱易安　李亞娜　周常林　俞　鋼　查清華

徐時儀　陳　新　張劍光　傅璇琮　虞雲國　戴建國

目録

〔宋〕趙善璙 撰

自警編

程郁 整理

點校説明

《自警編》，九卷，趙善璙撰。

趙善璙，生平不詳，僅《歷代名臣奏議》卷一百四十九有宋寧宗時衛涇奏狀，謂善璙時爲隆興府武寧知縣，由門蔭入仕，又中法科，辦獄訟不察而明。明清地方志有其傳，明《新安文獻志》卷九十三最詳，謂善璙字德純，祖士禬，居歙。以父蔭入仕，登嘉定元年（一二〇八）進士第，歷諸州縣官，官至中奉大夫，所記其經歷與宋文獻相合。

本書爲宋名臣嘉言懿行彙編，仿言行録之體，分學問、操修、齊家、事君、政事、拾遺八類，下分五十五目。少數條目於不同子目下重出，重出條目文字或小異而事同。所載大部斷至北宋末，僅收少量南宋時事，亦有極少數條目出自前代書。間有未見於宋諸書者，或雖見於他書亦不如本書詳細，這類條目尤具史料價值。

《天禄琳琅書目》卷五著録本不分卷，並謂非宋本。因本書有部分條目重複，明清刻本多加以删削，如明嘉靖十九年薇垣精舍本，較四庫本少數十條，但四庫本無作者自序。本次整理，以文淵閣四庫本爲底本，以明嘉靖本爲校本，並與宋諸文獻對勘。

序

嘗讀《詩》之《抑》衛武公所以自警者凡十二章，紬繹辭旨，反複切至，猗與休哉！予辛巳去國，屏跡龜溪，省愆餘暇集我朝諸公言行，越三年而成編，名以《自警》，蓋警飭予之所不能，而庶幾古人萬一云耳。書甫成，市書，徐生售《典刑録》，嘉言善行，臚分品類，間類予所編。因廣教育、攝養、好生、使命數門，置之座右，期無負初意云。宋嘉定甲申正月望漢國趙善璙序。【一】

校勘記

【一】原无作者序，據明嘉靖本補。

卷一

學問類

學問

太宗欲相趙普，或譖之曰：「普山東學究，惟能讀《論語》耳。」太宗疑之，以告普。普曰：「臣實不知書，但能讀《論語》，佐藝祖定天下纔用得半部，尚有一半可以輔陛下。」太宗釋然，卒相之。

李文靖公作相，嘗讀《論語》。或問之，公曰：「沆爲宰相，如《論語》中『節用而愛人』『使民以時』兩句，尚未能行，聖人之言，終身誦之可也。」

胡文定公曰：「李文靖澹然無欲，王沂公儼然不動。资禀既如此，又濟之以學，故是八九分地位也。」

張忠定公守蜀，聞寇萊公大拜曰：「寇準真宰相才也。」又曰：「蒼生無福。」門人李畋怪而問之，曰：「人千言而不盡者，準一言而盡，然仕太早，用太速，不及學耳。」張、寇，布衣交也，寇公兄事之。忠定常面折不少恕，雖貴不改也。寇公在岐，忠定自蜀還，不留。

既别，顧寇公曰：「曾讀《霍光傳》否？」曰：「未也。」更無他語。寇公歸，取其傳讀之，至「不學無術」，笑曰：「此張公謂我也。」

范純仁嘗曰：「我平生所學惟得忠、恕二字，一生用不盡。」以至立朝事君，接待僚友，親睦宗族，未嘗須臾離也。又戒子弟曰：「人雖至愚，責人則明，雖有聰明，恕己則昏。爾曹但以責人之心責己，恕己之心恕人，不患不到聖賢地位也。」

滎陽吕公從安定胡先生於太學，與黄公履、邢公恕同舍，至相友善。其後復從孫先生復、石先生介、李先生覯講讀辯問。又從王公安石學，安石以爲：「凡士未官而事科舉者，爲貧也，有官矣，而復事科舉，是僥倖富貴利達而已，學者不由也。」公聞之，遽棄科舉，一意古學，始與程先生頤俱事胡先生，居並舍。公少程先生一二歲，察其學問淵源非他人比，首以師禮事之，楊公國寶、邢公恕皆以公故，從程氏學。而明道先生顥及横渠張先生載、孫公覺、李公常皆與公遊，由是知見日益廣大。然公亦未嘗專主一説，不私一門。務畧去枝葉，一意涵養，直截勁捷，以造聖人。專慕曾子之學，盡力乎其内者。其讀經書平直簡要，不爲辭説，以知言爲先，自得爲本，躬行爲實，不尚虚言，不爲異行。當時學者莫能測其深淺也。

范公純仁教子弟曰：「六經，聖人之事也。知一字則行一字，要須造次顛沛必於是，則所謂有爲者亦若是耳。豈不在人耶？」

張魏公在京師，獨與趙鼎、宋齊愈、胡寅爲至交，寢食行止未嘗相舍，所講論皆前輩問學之力與所以濟時之策。時淵聖皇帝召涪陵處士譙定至京師，將處以諫職，定以言不用力辭，杜門不出。公往見至再三，開扉延入。公問所得於前輩者，定告公：「但當熟讀《論語》。」公自是益潛心於聖人之微言。

凡爲學之道，必須一言一句自求己事。如六經《語》、《孟》中我所未能，當勉而行之，或我所行未合於六經《語》、《孟》中便思改之。先務躬行，非止誦書作文而已。

伯温問學者如何可以有所得？伊川先生曰：「但將聖人言語玩味久，則自有所得。當親求於《論語》，將諸弟子問處便作己問，將聖人答便作今日耳聞，自然有得。孔、孟復生，不過以此教人耳。若能於《語》、《孟》中深求玩味，將來涵養，成甚等氣質！」

人有平昔讀書而臨事不近禮義者，尹和靖曰「便是不曾讀書」。人有不讀書而臨事自合禮義，和靖曰「此所謂暗與孫、吴合也」。禮義，人心之所同然，所以如此。

張子韶曰：「如看唐朝事則若身與其中，人主情性如何，時在朝士大夫孰爲君子，孰爲小人，其處事孰爲當，孰爲否，皆令胸次曉然，可以口講指畫，則幾會圓熟，他日臨事必過人矣。凡前古可喜可愕之事，皆當蓄之於心，以此發之筆下，則文章不爲空言矣。」又曰：「朋友講習，固天下樂事，不幸獨學，則當尚友古人可也。故讀《論語》如對孔門聖賢，讀《孟子》如對孟子，讀杜子美詩、蘇文，則又凝神靜慮如目擊二公。如此用心，雖生千載之下，可以見千載之人矣。」又曰：「以血氣爲我者，方其壯也，立名立節，似若可觀，及其衰也，喪名敗節，無所不至矣！血氣之不足恃，甚矣！惟學問克己，轉血氣爲理義，則窮而益堅，老而益壯矣。」或曰：「陳仲舉、顏魯公不聞有聖人之學也，而暮年之節炳焉不衰如此，何也？」曰：「此皆有聖人之資，使其有聖人之學，則在周公列矣！吁，可仰哉！」

《上蔡語録》論韓魏公、范文正公皆是天資，不由講學。朱氏小學書《嘉言篇》、《廣敬篇》援《顏氏家訓》曰：「夫所以讀書學問，本欲開心明目利於行耳。未知養親者，欲其觀古人之先意承顏，怡聲下氣，不憚劬勞，以致甘脆，惕然慙懼，起而行之也。未知事君者，欲其觀古人之職守無侵，見危授命，不忘誠諫，以利社稷，惻然自念，思欲效之也。素驕奢者，欲其觀古人之恭儉節用，卑以自牧，禮爲教本，敬爲身基，瞿然自失，斂容抑志也。素鄙悋者，欲其觀古人之貴義輕財，少私寡欲，忌盈惡滿，賙窮卹匱，赧然悔恥，積而能散也。素暴悍者，欲其觀古人之小心黜己，齒敝舌存，含垢藏疾，尊賢容衆，苶然沮喪，若不勝衣也。素怯懦者，欲其觀古人之達生委命，彊毅正直，立言必信，求福不回，勃然奮勵，不可恐懼也。歷兹以往，百行皆然。縱不能純，務去太甚，學之所知，施無不達。世人讀書，但能言之，不能行之。武人俗吏所共嗤詆，良由是耳。又有讀數十卷書，便自高大，凌忽長者，輕慢同列，人疾之如讎敵，惡之如鴟梟。如此，以學求益，今反自損，不如無學也。」

范文正公門下多延賢士，如胡安定、孫明復、石守道之徒與公從遊，晝夜肄業，置燈帳中，夜分不寢。後公貴，夫人猶收其帳，頂如墨色。時以示諸子孫曰：「爾父少時勤學，燈煙迹也。」

安定胡侍講布衣時，與孫明復、石守道同讀書泰山，攻苦食淡，終夜不寢，一坐十年不歸，得家問見上有「平安」二字，即投之澗中，不復展讀。

范文正公少與劉某同上長白山僧舍修學，惟煑粟米二升作粥一器，經宿遂凝，乃畫爲四塊，早晚取二塊，斷虀十數莖醉汁半盂，入少鹽，煖而啗之，如此者三年。

張無垢先生云：「司馬温公與王介甫清儉、廉恥、孝友、文章爲天下學士大夫所宗仰。然二公所趣則大有不同，其一以正進，其一以術進。介甫所學者申、韓，而文之以六經；温公所學者周、孔，亦文之以六經。故介甫之門多小人，而温公之門多君子。温公一傳而得劉器之，再傳而得陳瑩中；介甫一傳而得吕太尉，再傳而得蔡新州，三傳而章丞相，四傳而蔡太師，五傳而得王太傅云。」

張子韶曰：「管仲不學，故有三歸反坫之失；晏子不學，故有浣衣濯冠之失；子産不學，故有鑄鼎刑書之失；霍光不學，故有陰妻邪謀之失。是數公者，或尊大王室，或處死不亂，或精明博洽，或樸愿端重，世皆瞻仰驚嘆，巍然兀然，若北斗之經天，華嶽之居地也。惜夫！先王之道既散，聖人之學不明，故使夫數公者直情徑行，無所歸赴，自處於不幸之列。其可悲也夫！」又曰：「伊川云：『以富貴驕人固非美事，以學問驕人害亦不細。』此真格言也。予聞尹彦明從學於伊川，聞見日新，謝顯道謂之曰：『公既有所聞，正如服烏頭，苟無以制之，則藥發而患生矣。』顯道之言誠可爲淺露者之戒。」

荆公嘗與明道論事不合，因謂明道曰：「公之學如上壁，言難行也。」明道曰：「參政之學如捉風。」及後來逐不附己者，獨不怨明道，且曰：「此人雖未知道，亦忠信人也。」

見識

李文正公嘗期王文正公必爲相，自小官薦進之。公病，召王公勉以自愛。既退，謂子弟曰：「此人後日必爲太平宰相，然東封西祀，亦不能救也。」

真宗祀汾陰過洛，幸吕文穆公第，問：「卿諸子孰可用？」公對曰：「臣諸子豚犬，皆不足用，有姪夷簡，任潁川推官，宰相才也。」帝記其言，遂至大用。先是，富鄭公之父貧甚，客文穆公門下，一日白公曰：「某兒子十許歲，欲令入書院，事廷評太祝。」文穆公見之，驚曰：「此兒他日名位與吾相似。」亟令諸子同學，供給甚厚。文穆兩入相，以司徒致仕，後鄭公亦兩入相，以司徒致仕。其知人如此。

祥符末，王沂公知制誥，朝望日重。一日，至中書，見王文正公，問：「君識吕夷簡否？」沂公曰：「不識也。」退而訪諸人，夷簡時爲太常博士通判濱州，人多稱其才者。他日復見文正，復問如初，沂公曰：「公前問及此人，退而訪之，具所聞以告。」文正曰：「此人異日與舍人對秉鈞軸。」沂公曰：「何以知之？」曰：「吾亦不識，但以其奏請得之。」沂公曰：「奏請何事？」曰：「如不税農器等數事。」時沂公自待已不淺，聞文正之言不爲信，姑應之曰：「諾。」既而夷簡自濱罷，擢提點兩浙刑獄，未幾爲侍從，及丁晉公敗，沂公引爲執政，卒與沂公並相。沂公從容道文正語，二公皆嗟嘆，以爲非所及。其後張公安道得其事於許公，許公蓋夷簡封國云。

王元之之子嘉祐爲館職，平時若愚騃，獨寇萊公知之，喜與之語。寇公知開封府，一旦問嘉祐曰：「外人謂劣丈云何？」嘉祐曰：「外人皆云丈人旦夕入相。」寇公曰：「於吾子意何如？」嘉祐曰：「以愚觀之，丈人不若未爲相爲善，相則譽望損矣。」寇公曰：「何故？」嘉祐曰：「自古賢相能建功業、澤生民者，其君臣相得皆如魚之有水，故言聽計從而功名俱美。今丈人負天下重望，相則中外有太平之責焉，丈人之於明主能若魚之有水乎？此嘉祐所以恐譽望之損也。」寇公喜，起執其手曰：「元之雖文章冠天下，至於深識遠慮，殆不能勝吾子也。」

杜祁公老居睢陽，時蘇公頌爲南京留守推官，杜公一見深器之，每間數日必折簡召。嘗曰：「如君真所謂不可得而親疎者。」且自謂平生之所用心，人鮮能見之，遂述自小官以至爲侍從宰相，所以設施出處、先後本末以語公，曰：「以子相知，且知子異日必爲此官，故以告，老夫非以自矜也。」其後公出入中外，洊歷清要，至爲宰輔，還退居，署相似焉。

皇祐、至和間，司馬公名猶未甚輝赫，吕正獻公曰：「若君實者可謂實過其名也。」後温公隆名蓋代，士無賢不肖、無貴賤皆知畏而愛之，衆人未知之前，惟龐丞相與正獻公二人而已。

寶元中，王忠穆公爲樞密使，河西首領趙元昊叛，上問邊備，輔臣皆不能對。明日，樞密四人皆罷，忠穆謫虢州。翰林學士蘇公儀與忠穆善，出城見之，忠穆謂公儀曰：「嚴之此行，前十年已有人言之。」公儀曰：「必術士也。」忠穆曰：「非也。昔時爲三司鹽鐵副使，疏決獄囚至河北。是時曹穆公自陝西謫官初起爲定帥，予至定治事畢，曹穆公謂予曰：『決事已畢，自此當還，明日願留一日，欲有所言。』予既愛其雄材，又聞其欲有所言，遂爲之留。明日具饌甚簡儉，食罷屏左右曰：『公滿面權骨，不爲樞輔即邊帥，或謂公當作相，則不然也。然不十年必總樞，於此時西方當有警，公宜預講邊備，蒐閲人材，不然無以應卒。』予曰：『四境之事惟公知之，何以見教？』穆公曰：『瑋在陝西日，河西趙德明嘗使人以馬博易於中國，怒其息微欲殺之，莫可諫止。德明有一子方年十餘歲，極諫不已，以戰馬資鄰國已是失計，今更以貨殺邊人，則誰肯爲我用者？瑋聞其言，私念之曰，此子欲用其人矣，是必有異志。聞其嘗往來牙市中，瑋欲一識之，屢使人誘致之，不可得。乃使善畫者圖其貌，既至觀之，真英物也，此子必須爲邊患。計其時節，正在公秉政之日，公其勉之。』畿是時殊未以爲然，今知其所畫乃元昊也。」

李文靖公爲相，王魏公方參預政事，時西北隅尚用兵，或至旰食。魏公嘆曰：「我輩安能坐致太平，得優游無事耶？」文靖曰：「少有憂勤，足爲警戒，他日四方寧謐，朝廷未必無事。」其後北狄講和，西戎納欵，而封岱祠汾，蒐講墜典，靡有暇日。魏公始歎文靖公先識過人遠矣。

真宗初即位，李文靖公爲相，王文正公參知政事。文靖日取四方水旱盜賊奏之，文正以爲細事不足煩上聽，文靖曰：「人主少年，當使知四方艱難，不然，血氣方剛，不留意於聲色犬馬，則土木甲兵禱祠之事作矣。吾不及見此，此參政他日之憂也。」及文正親見王欽若、丁謂等所爲，欲諫則業已同之，欲去則上遇之厚不忍去，乃嘆曰：「李文靖真聖人也！」

慶曆中劫盜張海横行數路，將過高郵，知軍晁仲約度不能禦，喻軍中富民出金帛，具牛酒，使人迎勞厚遺之，海悦，逕去，不爲暴。事聞，朝廷大怒。時范文正公在政府，富鄭公在樞府，鄭公議欲誅仲約以正法，范公欲宥之，爭於上前。富公曰：「盜賊公行，守臣不能戰不能守，使民醵錢遺之，法所當誅也，不誅，郡縣無復肯守者矣。聞高郵之民疾之，欲食其肉，不可釋也。」范公曰：「郡縣兵械足以戰守，遇賊不禦而反賂之，此法所當誅也【一】。今高郵無兵與械，雖仲約之義當勉力戰守，然事有可恕，戮之，非法意也。小民

【一】此法所當誅也　原脱「當」字，據明嘉靖本及《龍川别志》卷下同條補。

之情，得釀出財物而免於殺掠，理必喜之，而云欲食其肉，傳者過也。」仁宗釋然從之，仲約由此免死。既而富公愠曰：「當今患法不舉，方欲舉法，而多方沮之，何以整衆？」范公密告曰：「祖宗以來未嘗輕殺臣下，此盛德事，奈何欲輕壞之？自吾與公在此，同僚之間同心者有幾？雖上意亦未知所定也。而輕導人主以誅戮臣下，他日手滑，雖吾輩亦未敢自保也。」富公終不以爲然。及二公迹不安，范公出按陝西，富公出按河北，范公因出欲守邊，富公自河北還，及國門不許入，未測朝廷意，此夜彷徨不能寐，遶床嘆曰：「范六丈，聖人也！」

太宗、真宗嘗獵於大名之郊，賦詩數十篇，賈魏公時刻於石，韓魏公留守日，以其詩藏於班瑞殿。既成，客有勸公摹本以進者，公曰：「修之則已，安用進。」爲客亦莫喻公意。韓絳來，遂進之，公聞之嘆曰：「昔豈不知進耶？顧上方鋭意四夷事，不當導之爾。」

治平中，夏國遣使至，將以十事聞，朝廷未知其何事也。時太常少卿祝諮主館伴，既受命，先見樞府，已而見丞相韓魏公，曰：「樞密何語？」曰：「樞府云若使人議及十事，第云受命館伴，不敢輒及邊事。」公笑曰：「豈有止主飲食，而不及他語耶？」公乃徐料十事，以授祝曰，彼及某事則以某辭對，辯某事則以某辭折，祝唯唯而退。乃宴使者，果及十事，凡八事正中公所料，祝如所教答之，夏人聳伏。

祥符中，王沂公在掖垣，時瑞應沓臻，公嘗請對，上語及之，公笑曰：「斯誠國家承平所感而致，然願推而勿居，異日或有災沴，則免夫輿議。」退，又白於執政，及後飛蝗旱暵，公乃亟被擢用焉。

馬知節除樞密副使，當是時契丹已盟，大臣方言符瑞，而公每不然之，獨從容極言天下雖安，不可忘戰去兵之意，及他爭議甚衆。真宗多以公言是之。

大中祥符中，天下大蝗，真宗使人於野得死蝗以示大臣。明日，他宰相有袖死蝗以進者，曰：「蝗實死矣，請示於朝，率百官賀。」王文正公獨以爲不可。後數日，方奏事，飛蝗蔽天，真宗顧公曰：「使百官方賀而蝗如此，豈不爲天下笑？」諸公皆謝曰：「王旦遠識，非臣等所及。」

南海蠻酋虐其部人，部人款，宜州自歸者八百餘人。議者以爲不可納，宜還其部。蔡文忠公獨以爲蠻去殘酷而歸有德，且以求生，宜納之荆湖，賜以閒田使自營。今縱卻之，必不復還其部，苟散入山谷，當爲後患。爭之不能得，其後數年蠻果爲亂。

元昊遣使求通，已在界上，而契丹與元昊有隙，使來約我請拒絶其使。時主者欲遂納元昊，故有答書曰：「元昊若盡如約束，則理難拒絶。」仁宗以書示張公方平，公與宋祁公上議曰：「書詞如此，是拒契丹而納元昊，得新附之小羌而失久和之强敵也。封册元昊而契丹之使再至，能終不聽乎？若不聽，則契丹之怨必自是始，若聽而絶之，則中國無復信義，永斷招懷之理矣。是一舉而失二敵也。當賜元昊詔曰：『朝廷納卿誠款，本緣契丹之請。今聞卿招誘契丹邊户，失甥舅之歡，契丹遣使爲言，卿宜審處其事。但嫌隙朝除則封册暮行矣。』如此，則西、北爲兩得。」時人服其精識。

陳忠肅公智明慮遠，事無大小必原始要終，驗如符契。方赴召命至闕，聞有中旨令三省繳進前後臣僚章疏之降出者，公謂宰屬謝聖藻曰：「此必有姦人圖盖已愆而爲此謀者。若盡進入，則異時是非變亂，省官何以自明？」因舉蔡京上疏請滅劉摯等家族，又妄言携劍入内欲斬王珪等數事，謝驚悚，即白時宰，録副本于省中。其後京黨欺誣盖抹之説不能盡行，由有此迹不可泯也。

徽宗初政，欲革紹聖之弊【二】以靖國，於是大開言路，衆議皆以瑶華復位、司馬温公等叙官爲所當先。忠肅公時在諫省，獨以爲幽廢母后、追貶故相彼皆立名以行，非細故也，今欲正復，當先辯明誣罔，昭雪非辜，誅責造意之人，然後發爲詔令，以禮行之，庶幾可無後患，不宜欲速致悔也。朝廷以公論久鬱，且欲快悦人情，遽施行之。至崇寧間，蔡京用事，悉改建中之政，人乃服公遠慮也。

陳忠肅公在通州，張無垢入相，欲引公以自助。時置政典局，乃自局中奉旨取公所著《尊堯集》，盖將施行所論，而由史局用公也。公料其不能成事，辭以修寫而未發。繼日承政典局牒文，得旨俾州郡催促，公乃用奏狀進表，以黄帕封緘，繳申政典局，乞於御前拆。或謂公當徑申局中，而通書廟堂乎？公曰：「恨不得直達一覽，豈復可與書耶？

【二】欲革紹聖之弊　「聖」原作「興」，據明嘉靖本及《言行龜鑑》卷六同條改。

彼爲宰相，有所施爲，於三省公行，乃置局建官若自私者，人將懷疑而生忌，正恐《尊堯》至而彼已動摇也。遠其迹猶恐不免，況以書耶？」繼而悉如公言。張既罷黜，公亦有台州之命，責詞謂公：「私送與張商英，意要行用。」于是衆人服公之遠慮，而怪何、鄧輩敢欺罔上下也。何執中、鄧洵武。建中之初，公論蔡氏弟兄，忤旨竄嶺表。公之南遷不以其罪，舉天下憤惜之，無敢言者，名隸黨籍餘二十年，轉徙道途無寧歲，卒以窮死。初，京爲翰林學士承旨，以辭命爲職，潛姦隱慝，未形於事，雖位通顯，世之人蓋莫知其非也。公於是時力言京不可用，用之必爲腹心患，宗社安危未可知也。聞之者往往甚其言，以爲京之惡不至是。已而結嬖幸，竊國柄，矯誣先烈，怙寵妄作，爲宗社禍，悉如公言。於是人始服公爲蓍龜也。昔王文公安石以學行負時望，神宗皇帝引參大政，士大夫相慶于朝，謂三代之治可以立致。吕獻可公獨以爲不然，抗章論之，雖文正温公猶以爲大遽，欲獻可姑緩。未幾多變更祖宗故事，以興利開邊爲先務，諸公雖悉力交攻之莫能奪，其流毒至於今未殄。故温公每謂人曰：「獻可之先見，余所不及，心誠服之。」余以謂公之於京，言之於未用之前，獻可於文公，論之於既用之後，則公之先見，於獻可有光矣。公因朝會見蔡京視日久而不瞬，嘗以語人曰：「京之精神如此，他日必貴。然矜其禀賦，敢敵太陽，吾恐此人得志必擅私逞欲，無君自肆矣。」尋居諫省，遂攻其惡。京聞公言，因所親以自解，且致情懇而以甘言啖公，公使答之曰：「杜詩所謂『射人先射馬，擒賊先擒王』，不得自已也。」於是，攻之愈力。

竇儀開寶中爲翰林學士，時趙忠獻王專政，帝患之，欲聞其過。一日，召儀語及普所爲多不法，且譽儀早負才望之意。儀盛言普開國勳臣，公忠亮直，社稷之鎮，帝不悦。儀歸，言於諸弟，張酒引滿，語其故曰：「我必不能作宰相，然亦不詣朱崖，吾門可保矣。」既而召學士盧多遜，多遜嘗有憾於普，不喜其進用，遂攻普之短，果罷相出镇河陽。普之罷甚危，賴以勳舊脱禍，多遜遂參知政事、作相。太平興國七年，普復入相，多遜有崖州之行，是其言之驗也。

熙寧二年，富文忠公自亳州被劾，移判汝州，過南京。張文定公留守，文忠來見，坐久之，文忠徐曰：「人固難知也。」文定曰：「謂王介甫乎？亦豈難知也。」文定曰：「皇祐間方平知貢舉，或薦介甫有文學，宜辟以考校，姑從之。介甫既來，凡一院之事皆欲紛更之，方平惡其人，檄以出，自此未嘗與之語也。」文忠俛首有愧色。蓋文忠素喜荆公，至得位亂天下，方知其姦云。

熙寧間王文公初拜參知政事，神宗方厲精求治，一日，紫宸早朝，二府奏事頗久，日刻既晏，例隔登對官于後殿，須上更衣復坐，以次贊引。時吕獻可公任御史中丞，將對於崇政，而司馬温公爲翰林學士，侍講邇英閣，亦將趨資善堂以俟宣召，相遇于路並行。而温公密問曰：「今日請對，欲言何事？」獻可舉手曰：「袖中彈文乃新參也。」温公愕然曰：

「以介甫之文學行義，命下之日，衆乃喜於得人，奈何論之？」獻可正色曰：「君實亦爲此言耶？王安石雖有時名，上意所向，然執偏見不通物情，輕信難回，喜人佞己，聽其言則美，施於用則疏，若在侍從猶或可容，置諸宰相府，則天下必受其弊矣。」温公又諭之曰：「與公素爲心交，苟有所懷，不敢不盡，今日之論，未見有不善之迹，似傷忽遽。或別有章疏，願先進呈，姑留是事，更加籌慮，可乎？」獻可曰：「上新嗣位，富於春秋，朝夕所與謀議者二三執政而已，苟非其人，將敗國事。此乃心腹之疾，治之惟恐不及，顧可緩耶？」語未竟，閤門吏抗聲追班，乃趨而去。温公退，自默坐玉堂，終日思之不得其説。既而搢紳間寖有傳其章疏者，往往偶語竊議，疑其太過。未幾聞中書置三司條例司，平日文公之門躁進諂諛之士悉辟召爲僚屬，日相與講議於局中，以經綸天下爲己任。始變更祖宗之法，專務聚斂，造出條目，頒於四方，妄引《周官》，蔽其誅剥之實。輔弼大臣抗議不可回，臺諫從官力爭不能奪，州縣監司奉行微忤其意，則譴黜隨之，於是百姓騷然矣。然後前日之議者始愧仰嘆服，以爲不可及，而獻可終緣此事出知鄧州。

韓魏公嘗云，吴文肅公有識，方天下盛推王安石，以爲必可致太平，唯文肅獨語所知曰：「王安石心强性狠，不可大用。」其後果如所言。

韓魏公自長安入覲，朝廷欲留之，公陰知時事，遂堅請相州。陛辭日，上謂：「卿去，誰可屬國者？」公引元老一二人，上默然，問：「金陵何如？」公曰：「爲翰林學士則有餘，處此地則不可。」上又不答，公退。後有問公何以識之，公曰：「嘗讀金陵答楊忱一書，窺其心術只爲一身，不爲天下，以此知非宰相器。」

韓魏公上疏論青苗之害，上感悟，欲罷其法，王文公稱疾求去。會拜司馬温公樞密副使，公上章力辭，至六七，曰：「上誠能罷置條例司，追還提舉官，不行青苗、助役等法，雖不用臣，臣受賜多矣。不然，終不敢受命。」上遣人謂公：「樞密兵事官，各有職，不當以他事爲辭。」公言：「臣未受命則猶侍從也，於事無不可言者。」文公起視事，青苗法卒不罷，公亦卒不受命，則以書喻文公，三往反，開喻切至，猶幸文公之聽而改也。且曰：「巧言令色鮮矣仁。彼忠信之士，於公當路時，雖齟齬可憎，後必徐得其力。諂諛之人，於今誠有順適之快，一旦失勢，必有賣公以自售者。」意謂吕惠卿。對賓客輒指言之曰：「覆王氏者必惠卿也。小人本以利合，勢傾利移，何所不至？」其後六年，而惠卿叛文公，上書告其罪，苟可以覆王氏者，靡不爲也。由是天下服公之先知。

寇萊公始與丁晉公善，嘗以丁之才薦於李文靖公屢矣，而終未用。一日，寇公語文靖公曰：「比屢言謂才，而相公終不用，豈其才不足用耶？抑鄙言不足聽耶？」文靖公曰：「如斯人者，才則才矣，顧其爲人，可使之在人上乎？」寇公曰：「如謂者，相公終能抑之使在人下乎？」文靖笑曰：「他日後悔，當思吾言也。」晚年與寇權寵相軋，交互傾奪，至有海康之禍，始服文靖之識。

王文正公常與楊文公評品人物，文公曰：「丁謂久遠果何如？」對曰：「才則才矣，語道則未，他日在上位，使有德者助之，庶得終吉，若獨當權，必爲身累。」後謂果被流竄。

趙元昊反，有詔削奪在身官爵，募能生擒元昊若斬首者，即爲節度使，仍賜錢萬貫。呂文靖公時在大名府，聞之驚曰：「謀之誤矣！」立削奏曰：「前代方鎮叛命，如此詰誓則有之矣，非所以禦戎狄也，萬一反有不遜之言，得無損國體乎？」朝廷方改之，已聞有指斥之詞矣。

張忠定公討劉旰兵廻，有以賊首級求賞者，公曰：「當奔突交戰之際，豈暇獲其首耶？此必戰後翦來，知復是誰？」殿直段倫曰：「學士果神明也。當時隨倫爲先鋒入賊用命者，皆中傷被體，主帥令付營將理矣。」公命悉舁以來，先録其功，帶首級者次之。於是軍情以公賞罰至當，相顧歡躍。

王文正公爲兗州景靈宫朝修，使内臣周懷政同行。或乘間請見，公必俟從者盡至，冠帶以出，見於堂隍，周乃白事而退。後周以事敗，方知公遠慮，不涉嫌忌之間。

伊川先生云：「君子知識爲本，行次之。今有人焉，力能行之，而識不足以知之，則有異端者出，彼將流宕而不知反，内不知好惡，外不知是非，雖有尾生之信、曾參之孝，吾弗貴矣！」

或問：「人之處己，當以何爲先？」無垢先生曰：「操守欲正，器局欲大，識見欲遠，三者有一，便可立身，兼之者極難。雖然，有識見者自別，當以識見爲先。」

器量

向文簡公除右僕射，麻下日，翰學李昌武當對，真宗謂之曰：「朕自即位以來未嘗除僕射，今日以命敏中，此殊命也，敏中應甚喜。」對曰：「臣不知宣麻，亦不知敏中何如。」上曰：「敏中今日門下賀客必多，卿往觀之。」昌武往見丞相，方謝客，門無一人。徑入見之，徐賀曰：「今日聞降麻，士大夫莫不歡慰，朝野相應。」公但唯唯。又曰：「自上即位，未嘗除端揆，自非勳德隆重、眷倚殊越，何以至此？」公復唯唯，終不測其意。又歷陳前世爲僕射勳勞德業之盛，禮命之重，公亦唯唯，卒無一言。既退，復使人至庖厨中問：「今日有無親戚賓客飲宴者？」亦寂無一人。明日對，上問：「昨日見敏中之意何如？」乃具以所見對，上笑曰：「向敏中大耐官職。」張九成論曰：「仕宦至宰相，亦可謂極榮矣，文簡處之若不足以動其心，其所養爲如何？後之學者平時高談闊論，自以爲富貴莫能動，然有得一官而滿者，有得一薦而滿者，傷哉！」

趙忠獻王在中書，吕正惠公爲參政。忠獻謂人曰：「吾嘗觀吕公，奏事得嘉賞未嘗喜，遇抑挫未嘗懼，不形於言，真台輔之器。」

王沂公前罷參政日，往候故太尉王文正公，已疾困，辭弗得見。既而顧其壻范令孫再言曰：「王君介，然他日勳業德望甚大，顧余不得見之耳。」且曰：「王君昨以避讓會靈僕在政府幾二十年，每進對忤意，即蹴踖不能自容，以是知其偉度矣。」

中書有事關送密院，事礙詔格，寇萊公在樞府，將以聞上以責王旦，旦拜謝引咎，堂吏皆遭責罰。不踰月，密院有事送中書亦違舊詔，堂吏得之欣然呈公，公曰：「却送與密院。」吏出白寇公，寇公大慙。翌日，見公曰：「同年甚得許大度量。」公不答。又《龜山語録》云：「昔王文正公在中書，寇萊公在密院，中書偶倒用印，寇公須勾吏人行遣。他日，密院亦倒用了印，中書吏人呈覆，亦欲行遣，文正問吏人：『汝等且道密院當初行遣倒用者是否？』曰：『不是』。文正曰：『既是不是，不可學他不是。』更不問。」

王太尉薦寇萊公爲相，寇公數短太尉於上前，而太尉專稱其長。上一日謂太尉曰：「卿雖稱其美，彼談卿惡。」太尉曰：「理固當然。臣在相位久，政事闕失必多，準對陛下無所隱，益見其忠直，此臣所以重準也。」上由是益賢太尉。

真宗出《喜雨詩》示二府，王文正公袖歸，諭同列曰：「上詩有一字誤寫，莫進入改却。」王欽若曰：「此亦無害。」欽若退，密奏之。翌日，上怒謂公曰：「昨日詩有誤字，何不奏來？」公再拜謝曰：「臣昨日得詩，未暇再閱，有失奏陳，不勝惶懼。」諸公皆再拜，獨樞密馬知節不拜，具以實奏，又曰：「王旦畧不辯，真宰相器也。」上顧公笑。

韓魏公在大名日，有人獻玉盞二隻，云：「耕者入壞塚而得，表裏無纖瑕可指，亦絶寶也。」公以百金答之，尤爲寶玩，每開宴召客，特設一桌，覆以錦衣，置玉盞其上。一日，召漕使，且將用之酌酒勸坐客，俄爲一吏誤觸倒，玉盞俱碎，坐客皆愕然，吏且伏地待罪。公神色不動，笑謂坐客曰：「凡物之成毁亦自有時數。」俄顧吏曰：「汝誤也，非故也，何罪之有？」坐客皆嘆服公寬厚不已。

韓魏公帥定武時，夜作書，令一侍兵持燭於旁。侍兵他顧，燭燃公鬚，公遽以袖麾之，而作書如故。少頃回顧，則已易其人矣。公恐主吏鞭之，亟呼視之曰：「勿易渠，今已解持燭矣。」軍中感服。

韓魏公器量宏博，無所不容，自在館閣已有重望於天下。與同館王拱辰、御史葉定基同發解開封府舉人，拱辰、定基時有喧爭，公安坐幕中閱試卷，如不聞。拱辰忿不助己，詣公室謂公曰：「此中習宰相器度耶？」公和顔謝之。公爲陝西招討時，師魯與英公不相得，師魯於公處即論英公事，英公於公處亦論師魯。公皆納之，不形於言，遂無事。

元城先生曰：韓魏公、文潞公俱嘗鎮北門。方魏公時，朝城令決一守把兵士，方二下，輒悖駡不已，令以解府。魏公使前問云：「汝駡長官，信否？」曰：「當時乘忿實有之。」公曰：「汝爲禁兵，既差在彼，便有階級，安可如此？」即於解狀判領赴市曹處斬，從容平和，略不變色。衆但見其投筆，方知有異。至潞公時，復有外鎮解一卒如前者，潞公震怒問之，兵對如實，亦判處斬而擲筆。以此見二公之量不同，如魏公則彼自犯法，吾何怒之有，不惟學術之妙，亦天資之過人爾。

歐陽永叔在政府時，每有人不中理者，輒峻折之，故人多怨。韓魏公則不然，從容諭之以不可之理而已，未嘗峻折之也。

韓魏公謂：「小人不可求遠，三家村中亦有一家，當求處之之理。知其爲小人，以小人處之，更不可校，如校之，則自小矣。人有非毁，但當反己是不是，己是，則是在我，而罪在彼，烏用計其如何？」

韓魏公惟務容小人，善惡黑白不大分，故小人少忌之。范、富、歐、尹常欲分君子、小人，故小人忌怨日至，朋黨亦起。方諸公斥逐，獨公安焉，後扶持諸公復起，皆公力也。

凡人語及其所不平，則氣必動，色必變，辭必厲。惟韓魏公不然，更説小人忘恩背義欲傾己處，辭和氣平，如道尋常事。

或問伊川量可學否？曰：「可。學進則識進，識進則量進。」曰：「如韓魏公可學否？」曰：「魏公是間氣。」

王沂公再莅大名，代陳堯咨。既視事，府署毁圮者，即舊而葺之，無所改作；什器之損失者，完補之如數；政有不便，委曲彌縫，悉掩其非。及移守洛帥，陳復爲代，覩之嘆曰：「王公宜其爲宰相，我之量弗及已。」蓋陳以昔時之嫌，意謂公必反其政發其隱也。

呂文穆不喜記人過。初參知政事入朝堂，有朝士於簾内指之曰：「是子亦參政耶？」文穆佯爲不聞而過之，其同列怒，令詰其官位姓名，文穆遽止之。罷朝，同列猶不能平，悔不窮問，文穆曰：「若一知其姓名，則終身不能忘，固不如不知也。」時皆服其雅量。

傅獻簡公言：李文靖公秉鈞日，有狂生叩馬獻書，歷詆其短，李遜謝曰：「俟歸家當得詳覽。」狂生遂發訕怒，隨公馬後肆言曰：「居大位不能康濟天下，又不能引退，久妨賢路，寧不愧於心乎？」公但於馬上躬踖再三曰：「屢求退，以主上未賜允。」終無忤也。

呂正獻公平生未嘗較曲直，聞謗未嘗辨也。少時書於座右曰：「不善加己，直爲受之。」蓋其初自懲艾如此。

或問呂滎陽公：「爲小人所詈辱，當何以處之？」公曰：「上焉者知人與己爲一，何者爲詈？何者爲辱？自然無忿怒心也。下焉者且自思曰：『我是何等人，彼爲何等人，若是答他，却與此人等也。』如此自處，忿心亦自消矣。」

王化基爲人寬厚。嘗知某州與僚屬同坐，有卒過庭下，爲化基智而不及幕職。幕職怒，退召其卒笞之。化基聞之笑曰：「我不知其欲得一智如此之重也，曏或知之，化基無用此智，當以與之。」人皆服其雅量。

王武恭公善撫士，狀貌雄偉動人，雖里兒巷婦，外至夷狄皆知其名氏。御史中丞孔道輔等因事以爲言，乃罷樞密出鎮，又貶官至隨州，士皆爲之懼。公舉止言色如平時，惟不接賓客而已。久之，道輔卒，客謂公曰：「此害公者也。」公愀然曰：「孔公以職言事，豈害我者？可惜朝廷亡一直臣。」於是言者終身以爲愧，而士大夫服公爲有量。

《程氏遺書》子言：「范公堯夫之寬大也。昔余過成都，公時攝帥，有言公於朝者，朝廷遣中使降香峨眉，實察之也。公一日訪予，款語，予問曰：『聞中使在此，公何暇也？』公曰：『不爾，則拘束。』已而中使果怒，以鞭傷傳言者耳，屬官喜謂公曰：『只此一事，足以塞其謗，請聞於朝。』公既不折言者之爲非，又不奏中使之過也。其有量如此。」

李翰林，其父文正公秉政時，避嫌遠勢，出入僕馬與寒士無辨。一日，中路逢文正公，前騶不知其爲公子，遽呵辱之。是後每見斯人，必自隱蔽，恐其知而自媿也。

韓魏公徙開封府推官，理事不倦，暑月汗流浹背。府尹王博文大器重之【三】曰：「此人要路在前，而治民如此，真宰相器也。」

王沂公狀元及第，還青州故郡，府帥聞其歸，乃命父老倡樂迎於近郊。公乃易服乘小騎由他門入，先謁守，守驚曰：「聞公來，已遣人奉迎，門司未報君至，何爲抵此？」公曰：「不才幸忝科第，豈敢煩太守父老致迓，是重其過也。故變姓名誑迎者與門司而來謁。」守嘆曰：「君真所謂狀元矣！」以遠大期之。

傅獻簡公歷臺諫，遷三司鹽鐵副使，出知江寧，坐事落職奪官，監衛州黎陽倉草場。郡掾行縣，公同邑官出迎，拜謁甚恭。郡守檄邑官代公治出納，公不可，曰：「居其官不

【三】徙開封府推官……府尹　原脱此十八字，據明嘉靖本及《宋名臣言行録》後集卷一同條補。

可以曠職。」雖祁寒隆暑必躬坐場中，治事不少懈。

丞相龐公初登第，爲郡掾，會郡守性褊急，好責人小禮，嘗令掾屬羅拜庭下，而已坐受之。衆皆忿恥詈罵，公獨處之自若。公曾以疾在告，月餘方出，例當庭參，偶是日大雨，守命張傘布茅於庭下，使公參拜，公拜起唯謹。此亦公遠到之量也。

傅獻簡公在徐，前守侵用公使錢。公寖爲償之，未足而公罷【四】，後守反以文移公當償千緡，公竭貲且假貸償之。久之，鉤考得實，公蓋未嘗侵用也。公卒不辯，其容物不校如此。

彭公季長【五】始就舉時，貧無餘貲，惟持金釧數隻。棲於旅舍，同舉者過之，衆請出釧爲翫。客有墜其一於袖間，公視之不言，衆莫知也，皆驚求之。公曰：「數止此，非有失也。」將去，袖釧者揖而舉手，釧墜於地，衆服公之量。

《程氏遺書》云：「人有斗筲之量者，有鍾鼎之量者，有江河之量者，有天地之量者。斗筲之量者固不足筭，若鍾鼎、江河者亦已大矣，然滿則溢也。唯天地之量者，無得而損益，苟非聖人，孰能當之？聖人者，天地之量也。聖人之量道也，常人之量天資也，天資有量者須有限，大抵六尺之軀，力量只如此，雖欲不滿，不可得。且如人有得一薦而滿者，有得一官而滿者，有改京官而滿者，有入兩府而滿者，滿雖有先後，然卒不免。譬如盛器物，初滿時尚可以蔽護，更滿則必出。此天資之量，非知道者也。昔王隨甚有器量，仁廟

【四】傅獻簡公……公罷　原「傅獻簡公」下脱「在徐前」三字，「公寖」下脱「爲償之未足」五字，據明嘉靖本及本書卷四《厚德》條補。

【五】彭公季長　「季」原作「李」，據明嘉靖本及《宋名臣言行録》後集卷五改。

賜飛白書曰『王隨德行，李淑文章』。當時以德行稱，名望甚重。及爲相，有一人求作三路轉運使，王薄之，出鄙言，當時人皆驚怪。到這裏位高後便動了，人之量只如此。古人亦有如此者多，如鄧艾位三公，年七十，處得甚好，及因下蜀有功便動了，言姜維云云。謝安聞謝玄破苻堅，對客圍棋，報至不喜，及歸折屐齒，終强不得也。更如大醉後益恭謹者，只益恭謹便是動了，雖與放肆者不同，其爲酒所動一也。又如貴公子位益高益卑謙，只卑謙便是動了，雖與驕傲者不同，其爲位所動一也。然惟知道者量自然宏大，不勉强而成。今人有所見卑下者，無他，亦其識量不足也。」

卷二

操修類

正心

楊龜山論《孟子》，一部書只是要正人心，教人存心養性，收其放心。至論仁義禮智，則以惻隱、羞惡、辭讓、是非之心爲之端。論邪説之害，則曰「生於其心，害於其政」。論事君，則欲格君心之非，正君心而國定。千變萬化，只説從心上來。人能正心，則事無足爲者矣。大學之脩身、齊家、治國、平天下，其本只是正心誠意而已。心得其正，然後知性之善，孟子遇人便道性善云。

徐仲車先生平日教學者，每以治心養氣四字爲先。曰：「脩身務學，爲文之要莫大於此，其效甚明，其術甚易曉。」乃著書，未成而病，嘗曰：「吾之書大要以正治心，以直養氣而已。」四方士大夫上謁請見者無虛日，先生酬答不倦，忘寢與食。或問立朝之要，則必曰：「以正輔乎君。」或問修身之要，則必曰：「以正修其身。」自遠方寄巨軸請教者，乃大書一「正」字與之。諸生有逾年不省侍者，以私財遺之使歸。先生初從安定胡先生學，潛心力行，不復仕進，其學以至誠爲本。自言初見安定先生退，頭容少偏，安定厲聲云：「頭容直！」積因自思，不獨頭容直，心亦要直也，自此不敢有邪心。

明道先生曰：「大人者，不失其赤子之心。赤子之心，良心也。天之所以降衷，民之所以受天地之中也，寂然不動，虛明純一，與天地相似，與神明爲一。傳曰『喜怒哀樂未發謂之中。』其謂此歟？此心自正，不待人正而後正，而賢者能勿喪，不爲物欲之所遷，動如衡之平，不加以物，如鑑之明，不蔽以垢，乃所謂正也。惟先立其大者，則其小者不能奪。如使忿懥、恐懼、好樂、憂患一奪其良心，則視聽食息從而失守，欲區區脩身以正其外，難矣！」

晦菴先生曰：「人之一心，湛然虛明，如鑑之空，如衡之平，以爲一身之主者，固其真體之本。然而喜怒、憂懼隨感而應，妍媸、俯仰因物賦形者，亦其用之所不能無者也。故其未感之時，至虛至靜，所謂鑑空衡平之體，雖鬼神有不得窺其際者，固無失之可議。及其感物之際而所應者，又皆中節，則其鑑空衡平之用，流行不滯，正大光明。是乃所以爲天下之達道，亦何不得其正之有哉？惟其事物之來，有所不察，應之既或不能無失，且又不能不與俱往，則其喜怒、憂懼必有動乎中者，而此心之用，始有不得其正者耳。傳者之意，固非以心之應物便爲不得其正，而必如槁木死灰然後乃爲得其正也，惟是此心之靈，既曰一身之主，苟得其正，而無不在是，則耳目、鼻口、四肢、百骸莫不有所聽命，以供其心，而其動静、語默、出入、起居唯吾所使，而無不合於理。如其不然，則身在於此而心馳於彼，血肉之軀無所管攝，其不爲仰面貪看鳥，回頭錯應人者幾希矣！孔子所謂操則存、舍則亡，孟子所謂求其放心、從其大體者，蓋皆謂此。學者可不深念而屢省之哉！」

或問：「有忿懥、恐懼、好樂、憂患，心不得其正，是無此數者，心乃正乎？」伊川曰：「非是要無，只是不以此動其心，學者未到不動處，須是執持其志。」

氣聽命於心者，聖賢也；心聽命於氣者，衆人也。凡氣之在人，逸則肆，勞則怠，樂則驕，憂則慴，生則盈，死則汩，氣變則心爲之變，有不能自覺焉。志者，氣之帥也，今心随氣變，是帥不能令，而氣反爲之帥矣。氣反爲志之帥，而吾心志之盛衰，惟氣之爲聽，則心者氣之役也。聖賢、君子以心御氣，而不爲氣所御，以心移氣，而不爲氣所移。歷山之耕，南風之琴，勞逸變於前，而舜之心未嘗變也。羑里之囚，虞芮之朝，憂樂變於前，而文王之心未嘗變也。避席之時，易簀之際，死生變於前，而曾子之心未嘗變也。自勞自逸，自憂自樂，自死自生，吾心曷嘗不自若哉！楚武王自憑侮諸夏，兵行中國，雖臨大敵，其心初不爲之蕩也；迨其季年，以堂堂楚師伐蕞爾之隨，將受兵而心蕩焉。蓋楚武初未嘗知治心之理，所恃者血氣之剛爾，平時臨敵而心不蕩焉，非真能不動，氣方剛也。死期將至，血氣既蕩，心安得不從之而蕩乎？

或問：「子能無心乎？」迂叟曰：「不能。若夫回心則庶幾矣。」「何謂回心？」曰：

「去惡而從善，捨非而從是。人或知之，而不能徙，以爲如制悍馬，如斡磻石之難也。靜而思之，在我而已，如轉户樞，何難之有？」

或問：「如何斯可以安心？」李樂庵曰：「樂則安。若早夜戚戚然，以得失榮辱爲慮，雖一日亦不得安矣！古人窮亦樂，通亦樂，未有其心不樂而能安之也。」又云：「逆順之境一也。世之昧者，方居順境，則逐物而失身，迨遭逆境，則執我而喪志。惟智者處之以無心，故窮亦樂，通亦樂。」

或曰：「正心於此，安得天下便平治？」曰：「正心一事，只人未嘗深知之，若深知而體之，自有其效。觀後世治天下，皆未嘗識此，然此亦惟聖人方做得徹。蓋心有所忿懥、恐懼、好樂、憂患，一毫少差，即不得其正，自非聖人，必有不正處。然有意乎此者，隨其淺深必有見效，但不如聖人之效著耳。觀王氏之學，蓋未造乎此，其治天下專講求法度，如彼修身之潔，宜足以化民矣，然卒不逮。王文正、吕晦叔、司馬君實諸人者，以其所爲誠意故也。明道常曰：『有關雎、麟趾之意，然後可以行周官之法度。』蓋深達乎此。」

檢身

滎陽吕公嘗説：「攻其惡無攻人之惡。蓋自攻其惡，日夜且自檢點，絲毫不盡，即不慊於心矣。豈有工夫點檢他人耶？」

趙康靖公厚德長者，口未嘗言人短。中歲常置黄黑二豆於几案間，自旦數之，每興一善念，則投一黄豆，興一惡念，則投一黑豆。暮發視之，初黑豆多於黄豆，漸久反之。既謝事歸南京，一念不興，遂徹豆無可數。人强於爲善，亦要在造次之間，每自防檢，此與趙清獻公焚香日告其所行之事於上帝同也。

趙清獻公平生日所爲事，夜必衣冠焚香拜，手告於天。意不可告者，則不敢爲也。晁無咎言，司馬温公有言：「吾無過人者，但平生所爲，未嘗有不可對人言者耳。」范文正公曰：「吾遇夜就寢，即自計一日食飲奉養之費及所爲之事。果自奉之費與所爲之事相稱，則鼾鼻熟寐，或不然，則終夕不能安眠，明日必求所以稱之者。」

張子韶曰：「予謫嶺下，居無與遊，憂過之不聞、學之不進也。乃於書室中置夫子、顔子像，適有淵明、曲江、萊公、富鄭公、韓魏公、歐公、温公、余襄公、邵堯夫、二蘇、梁況之、王彦霖、范淳夫、鄒志全、劉器之、龔彦和、陳瑩中、黄魯直、秦少游、晁無咎、張文潛諸畫像，乃環列於夫子左右，晨朝瞻敬，心志肅然，其所得多矣。有一毫愧心，其見諸人也，若市朝之撻矣。」

吕正獻公平生未嘗與人較曲直，聞謗未嘗辯也。少時書於座右曰：「不善加己，直爲受之。」蓋其初自懲艾也如此。至和中，手書東漢延篤與李文德書於座右。古人詩「好衣不近節士體，粱穀似怕腹中書」，書兩句於子舍屏風。

鄒侍郎曰：「聖人之道備於六經，千門萬户，何從而入？大要在《中庸》一篇，其要在謹獨而已。但於十二時中，看自家一念從何處起，即點檢不放過，便見工力。」

畢文簡公端方沈雅，有清識，所至以嚴正稱。然性謙退，嘗謂人曰：「僕仕宦無赫赫之譽，但力自規檢，庶幾寡過耳。」

張子韶云，富鄭公年八十，書座右曰「守口如瓶，防意如城」，在公尚然，況他人乎？

《家頤語録》云：「薄於修人事而厚於責天報者，舉世皆是，使造物何以厭其欲？」

張無垢曰：「用明於内者見己之過，用明於外者見人之過。見己之過者，視天下皆勝己也，見人之過者，視天下皆不如己也。此智愚所以分與！」

有盛待制名濤者，嘗有語云：「士大夫行己正如室女，常須置身在法度中，不得受人指點。」

范侍郎育作庫官，随行箱籠只置廳事，以防疑謗。凡若此類，皆守官所宜詳知也。

誠實

《程氏遺書》云：「李邦直云『不欺之謂誠』，便以不欺爲誠。徐仲車云『不息之謂誠』，《中庸》言『至誠無息』，非以無息解誠也。」或以問先生，先生曰：「無妄之謂誠，不欺其次矣。」

王沂公嘗語曰：「昔楊文公有言，人之操履無若誠實。吾每欽佩斯言，苟執之，不渝夷險可以一致。」

賈内翰以狀元及第，歸鄧州。范文正公爲守，内翰謝文正曰：「某晚進，偶得科第，願受教。」文正曰：「君不憂不顯，唯『不欺』二字可終身行之。」内翰拜其言不忘，每語人曰：「吾得於范文正者，平生用之不盡也。」嗚呼！得文正公二字者，足以爲一代之名臣矣！

杜正獻公嘗謂門生曰：「凡士君子作事行己，當履中道，不宜矯飾，矯飾過實，則近於僞。」

晏元獻公爲童子時，張文節薦之於朝，召至闕下，適值御試進士，便令公就試。公一見試題，曰：「臣十日前已作此賦，草尚在，乞别命題。」上極愛其不隱。及爲館職，時天下無事，許臣寮擇勝燕飲，當時侍從文館士大夫各爲燕集，以至市樓酒肆往往皆供帳，爲遊息之地【一】。公實以貧甚，不能出，惟家居與昆弟講習。一日，選東宫官，忽自中批除晏殊執政，莫喻所因。次日，進覆，上諭曰：「近聞館閣臣寮無不嬉遊燕賞，彌日繼夕，惟殊杜門與兄弟讀書，如此謹厚，正可爲東宫官。」公既受命，得對，上面諭除授之意，公語言質野，對曰：「臣非不樂燕遊者，直以貧，無可爲之具，臣若有錢，亦須往耳。」上益嘉其誠實，知事君體，眷注日深。仁宗時卒至大用。

司馬温公恭儉勤禮，出於天性，自以爲適，不勉而能。與二范公爲心交，以直道相與，以忠告相益，凡皆如此，其誠心終始如一，將殁而猶不忘祖禹。觀公大節與其細行，雖不

【一】以至市樓……之地　原「往往皆供」下闕「帳爲之遊息之」五字，據明嘉靖本及《宋名臣言行録》前集卷六補。

可遽數，然本於至誠無欲，天下信之，故能奮然有爲，超絶古今。居洛十五年，若將終身焉，一起而功被天下，内之嬰童婦女，外之蠻夷戎狄，莫不敬其德，服其名，唯至誠故也。

神宗即位，首擢司馬温公爲翰林學士，公力辭，不許。上面諭公：「古之君子，或學而不文，或文而不學，惟董仲舒、揚雄兼之。卿有文學，何辭爲？」公曰：「臣不能爲四六。」上曰：「如兩漢制詔可也。」公曰：「本朝故事，不可。」上曰：「卿能舉進士取高等，而云不能四六，何也？」公趨出，上遣内臣至閤門，强公受誥，拜而不受，趣公入謝曰：「上坐以待公。」公入至廷中，以誥置懷中，不得已，乃受。

司馬温公除知制誥，辭至八九，乃改天章閣待制兼侍講。按文集，公有《上龎丞相啓》云：「光於屬文，性分素薄，又懶爲之，當應舉時强作科場文字，雖僅能牽合，終於不甚工。頗慕作古文，又不能刻意致力闚前修之藩，徒使其言迂僻鄙俚，不益世用，雖親舊書啓，不免假手於人。今知制誥之職掌，爲天子作詔文，宣布華夷，豈可使假手荅書啓者爲之耶？若苟貪榮利，强顔爲之，不惟取一身没齒之羞，亦非所以增朝廷之光華也。」以是觀之，光之不受知制誥，出於赤誠，非飾讓也，但不爲朝廷及世人所諒耳。

劉敞前後拜官【二】，未嘗輒讓。唯初拜侍讀及諫議辭之，其誠心以謂所不宜處，則不欲苟受之，非以邀名也。

元城先生父開府，與司馬温公爲同年契，因遂從學於温公。熙寧六年，舉進士不就

【二】劉敞前後拜官　「敞」原作「敬」，據明嘉靖本及《彭城集》卷三十五改。

選，徑歸洛。温公曰：「何爲不仕？」公以漆雕開斯未能信之語對，温公説，後從學者數年。一日，避席問盡心行己之要可以終身行之者，温公曰：「其誠乎？吾平生力行之未嘗須臾離也，故立朝行己，俯仰無愧爾。」公問：「行之何先？」温公曰：「自不妄語始。」初甚易之，及退而自檃括日之所言，自相掣肘矛盾者多矣。力行七年而後成，自此言行一致，表裏相應，遇事坦然，常有餘裕。調洛州司法參軍時，吴守禮爲河北轉運使，嚴明守法，官吏畏之。吴一日問：「有人告司户贓汙，如何？」公對不知，吴不悦，明日閲視倉庫，召司户者謂曰：「人訴爾有贓，本來按爾，今劉司法言爾無之，姑去。」於是衆方知公長者。然公心常不自快，曰：「司户實有贓，而吾不以誠告，吾其違温公之教乎？」後因讀《揚子》云「君子避礙通諸理」，而後意方釋然，言不必信此而後可。

又《道護録》云：「安世平生只是一箇誠字，更撲不破。誠是天道，思誠是人道，天人無兩箇道理。因舉左手顧之笑曰：只爲有此軀殻，故假思以通之耳，及其成功一也。安世自從十五歲以後，便知有這箇道也，曾事事著力，畢竟不是，只有箇誠字，縱横妙用，無處不通。以此杜門獨立，其樂無窮，任怎生也動安世不得。」

元城先生云：「安世尋常未嘗服藥。方遷謫時，年四十有七，先妣必欲與俱，百端懇罷，不許。安世念不幸使老親入於炎瘴之地，已是不孝，若非義固不敢，爲父母惟其疾之憂，如何得無疾？祇有絶欲一事，遂舉意絶之。自是逮今，未嘗有一日之疾，亦無宵寐之變。」陳忠肅公曰：「公平生學術以誠入，無往而非誠，凡絶欲是真絶欲，心不動，故能爾。」公曰：「然。」公曰：「安世自絶欲來三十年，氣血意思只如當時。終日接士友劇談，雖夜不寐，翌朝精神如故。平生坐必端己，未嘗傾側靠倚。每日行千步，燕坐調息，復起觀書，未嘗晝寢。啜茶伴客，有至六七盌。終身未嘗草書。歲時家廟祭饗拜跪，七十有二，未嘗廢闕。此祖先相傳，安世終身由之，以勵子孫。一皆本之以誠，故心嘗前知。兩月前自覺必有變異，果長子不禄。故至誠如神，聖人豈吾欺哉！」

韓魏公器量過人，性渾厚不爲畦畛峭塹。功蓋天下，位冠人臣，不見其喜，任莫大之責，蹈不測之禍，身危於累卵，不見其憂，怡然有常，未嘗爲事物遷動。平生無僞飾，其語言其行事，進立於朝與士大夫語，退息於室與家人言，一出於誠。門人或從公數十年，記公言行，相與反覆考究，表裏皆合，無一不相應。

韓魏公因論君子小人之際，皆當以誠待之，但知其小人，則淺與之接耳。凡人至於小人欺己處，覺必露其明以破之，公獨不然，明足以照小人之欺，然每受之，未嘗形於色也。又《遺事》云：「人有疑公待君子小人皆以誠，往往爲小人所欺，奈何？公曰：『不然，亦觀其人何如隨分數處之耳，豈可以爲小人，不待以誠耶？』」

韓魏公晚與歐陽永叔相知而相親最深，永叔心服公之德量，嘗曰：「累百歐陽修，何敢望韓公！」公曰：「永叔相知無他，琦以誠而已。」公知永叔不以《繫辭》爲孔子書，又多不以《文中子》爲可取，中書相會累年，未嘗與之言及也。

《安定言行録》云：了翁嘗問徐先生，「佛氏有悟門，儒者有之否？」先生曰：「有之。」問：「先生之悟門云何？」曰：「積昔從安定先生學，先生晚畜二侍姬，諸弟子莫見。一日，因延食中堂，二女子侍側。食已，積請於安定曰：『門人或問見侍子否，何以告之？』安定曰：『莫安排。』積由是有得，此積之悟門也。」

明道先生之學以誠爲本。仰觀乎天，清明穹窿，日月之運行，陰陽之變化，所以然者，誠而已。俯察乎地，廣博持載，山川之融結，草木之蕃殖，所以然者，誠而已。人居天地之中，參合無間，純亦不已者，其在兹乎！先生得聖人之誠者也，才周萬物而不自以爲高，學際三才而不自以爲足，行貫神明而不自以爲異，識照古今而不自以爲得。至於六經之奥義、百家之異説，研窮披抉，判然胷中。天下之事，雖萬變交於前，而燭之不失毫釐，權之不失輕重。貧賤、富貴、死生，皆不足以動其心。非所得之深，所養之厚，能至是乎？邢恕謂：「先生身益退，位益卑，名益高於天下。蓋其所知，上極堯、舜、三代帝王之治，其所以包涵博大悠遠，纖悉上下，與天地同流；下至行師、用兵、戰陣之法，皆造其極，外之夷狄情狀，山川道路之險易，邊鄙防戍斥堠控帶之要，靡不究知。其吏事操決，文法簿書，又皆精密詳練。而所有不試其萬一，又不究於高年，此有志之士所以慟哭而流涕也。」

或問：「簿佐令者也，簿所欲爲，令或不從，奈何？」先生曰：「當以誠意動之。今令與簿不和，只是私意。令是邑之長，若能以事父兄之道事之，過則歸己，善則惟恐不歸於令，積此誠意，豈有不動得人？」

太祖事世宗於澶州，曹彬爲世宗親吏，掌茶酒，太祖嘗從求酒，彬曰：「此官酒，不敢相與。」自沽酒以飲太祖。及即位，語羣臣曰：「世宗舊吏不欺其主者，獨曹彬耳。」由是委以腹心。

寇萊公年十九舉進士，時太宗取人多問其年，年少者往往罷遣。或教公增年，公曰：「吾初進取，可欺君耶？」

仁宗在東宫，魯肅簡公爲諭德。其居側有酒肆，號仁和，酒有名於京師，公易服微行飲於其中。一日，真宗急召公將有所問，使者及門，而公不在，移時乃自仁和肆中飲歸。中使遽先入白，乃與公約曰：「上若怪公來遲，當託何事以對？」公曰：「但以實告。」中使曰：「然則當得罪。」公曰：「飲酒，人之常情；欺君，臣子之大罪也。」中使嗟嘆而去。真宗果問，中使具如公對，真宗問公：「何故私入酒家？」公謝曰：「臣家貧無器皿，酒肆百物具備，賓至如歸。適有鄉里親客自遠來，遂與之飲。然臣既易服，市人亦無識臣者。」真宗笑曰：「卿爲宫臣，恐爲御史所彈。」然自此奇公，以爲忠實大可用，後章獻果用之。

胡文恭公執政時，詳議官闕判院者，當擇人薦於上，公與同列得二人。此二人才智明法無上下，一人者監税河北，以水災虧課，同列議曰：「虧課小失，不足白上以累才。」公不可，至上前悉白之，且曰：「此人小累，才足惜！」仁宗曰：「果得才，小累何惜？」遂除詳議官。同列退，誚公曰：「詳議欲得人，公固欲白上，緣是不得奈何？」公曰：「彼得與不得，一詳議官耳，是固亦有命也。宿以誠事主，今白首矣，不忍絲髮欺君以喪生平之節，爲之開陳，聽上自擇耳。」同列驚曰：「某從公久，乃不知公所存如此。」

陳忠肅公雖閒居容止，常莊言不苟發，雖盛暑見子孫輩，未嘗不正衣冠。一日，嘗與家人語，家人戲問：「是實否？」公退自責者累日：「豈吾嘗有欺於人耶？何爲有此問也？」

操守

真宗東封泰山，車駕發京師，上及從官皆蔬食。封禪禮畢，上勞宰臣王旦等曰：「卿等久食蔬不易。」旦等皆再拜，馬知節獨進言：「蔬食者唯陛下一人耳，王旦等在道與臣同次舍，無不私食肉者。」於是旦等皆再拜曰：「誠如知節之言。」

真宗新棄天下，天子諒陰不言，丁晉公用事專權，欲邀致蔡文忠公，許以知制誥，公拒不往。已而寇萊公、王文康公皆以不附連黜，公歸嘆曰：「吾受先帝之知至於此，豈宜爲權臣所脅，得罪非吾懼也。」既而晉公敗，士嘗爲其用者皆恐懼，獨公終無所屈。

太后修景德寺成，詔蔡文忠公爲記。而宦者羅崇勳主營寺事，使人陰謂公曰：「善爲記，當得參知政事。」公故遲之頗久，使者數趣，終不以進，崇勳譖於太后。

章獻太后臨朝，內侍省都知江德元權傾天下。其弟德明奉使過杭州，時李及知杭州，待之一如常時中人奉使者，無所加益。僚佐皆曰：「江使者之兄居中用事，當今無比，榮枯大臣如反掌耳。而使者精鋭，復不在人下，明公待之禮無加者，意者明公雖不求福，獨不畏其禍乎？」及曰：「及待江使者不敢慢，亦不敢過，如是足矣，又何加焉？」既而德明謂僚佐曰：「李公高年，何不求一小郡以自處，而久居餘杭繁劇之地，豈能辦耶？」僚佐走告及曰：「果然使者之言甚可懼也。」及笑曰：「及老矣，誠能小郡以自逸，何傷？」待之如前，一無所加，既而德明亦不能傷也。時人服其操守。

孔中丞所至官治，數以爭職不阿或詘或遷，而公持一節以終身，蓋未嘗自詘也。其在兖州也，近臣有獻詩百篇者，執政請除龍圖閣直學士，上曰：「是詩雖多，不如孔道輔一言。」乃以公爲龍圖閣直學士。於是人度公爲上所思，且不久於外矣，未幾，果復召以爲中丞。而宰相使人説公稍折節以待遷，公乃告以不能，於是又度公且不得久居中，而公果出。

彭尚書平生好學喜問，樂聞其過，自任以聖賢之重，而於貧富貴賤、利害得喪一不以累其心。至於憂國愛君，推賢揚善，則拳拳孜孜常若不及。故自處顯於朝廷，事知無不言，言不行必爭，爭而不得必求去。人始而駭，中而疑，卒而信，則曰「名節之士也」，忌之者則以爲好異，或以爲近名。

哲宗嗣位，宣仁太后垂簾聽政，用司馬温公、吕申公爲宰相。士多隨時自效，曾文昭公獨挺然不爲世變所移，由是諸公益賢之，知其有常德也。

熙寧三年，王安石新用事，方變法令，傅獻簡公以母喪服除至京師。安石素善公，謂公曰：「舉朝紛紛，今幸公來，已議以待制諫院奉還矣。」公謝曰：「恩甚厚，但恐與公所謂新法者相妨耳，且爲言新法之不善者。」安石大怒，乃以爲直昭文館權同判流内銓。

劉元城先生，先是建中年間，公與蘇文忠公自嶺外同歸，道出金陵，時有吏人吴默者，以詩贄二公，文忠稱之，跋數語於詩後，公亦題其末，以勉其學。是後内侍梁師成得幸，自謂文忠遺腹子，與一二故家稍稍親厚，默知其説，因攜二公所跋詩謁之，梁甚悦，奏之以官。至宣和間，梁益大用，以太傅直睿思殿，參政三省、樞密院事，貴震一時，雖蔡京、童貫皆出其下。是時默改名可，爲正使，師成令可自京師來宋，欲鈎致公引以大用，且以書抵公。可至三日，然後敢出之，且道所以來之意，大槩以諸孫未仕爲言以動公。公謝曰：「吾若爲子孫計，則不至是矣。且吾廢斥幾三十年，未嘗有一點墨與當朝權貴，吾欲爲元祐全人，不可破戒。」乃還其書而不答，人皆爲公危之，而公自若也。

王尚書左丞極寬厚，儀狀偉然，平居恂恂，不爲詭激之行，至有所守，確不可奪，議論平恕，無所向背。司馬温公嘗曰：「並馳萬馬中能駐足者，其王尚書乎？」故自束髮起家，以至大耋，歷事五世，而所持一心，屢更變故，而所守一道。

陳文惠公居官，不妄進取，爲太常丞者十三年不遷，爲起居郎者七年不遷。自議錢塘堤爲丁晉公所黜，後晉公益用事，專威福，故人子弟以公久於外，多勉以進取。公曰：「唯久，然後見吾守。」如是十五年，今天子即位，晉公事敗，公乃召用。

吕吉甫參政事，使其親友謂蘇公丞相曰：「子容吾鄉里丈人行，若從吾言，執政可得也。」公笑而不答。

田諫議動必以禮，言必有法，賢不肖咸憚伏之。出處二十年，未嘗趨權貴之門，在貶廢中樂得其正，晏如也。

王内翰元之咸平初脩《太祖實録》，與宰相論不合，又以謗責落職，出知黄州。作《三黜賦》以見志，其卒章曰：「屈于身而不屈于道兮，雖百謫其何虧？吾當守正直而佩仁義兮，惟終身而行之。」

王内翰性剛狷，數忤權貴，宦官尤爲惡之。上累命執政召至中書戒諭之，元之終不能改。

章獻太后臨朝，有詔補一軍吏，王武恭公曰：「補吏，軍政也【三】，敢挾詔書以干吾軍！」亟請罷之，太后固欲與之，公不奉詔，乃止。及太后上仙，有司請衛士坐甲，公以爲

【三】補吏軍政也　原本作「補軍吏政」，據明嘉靖本及《宋名臣言行録》前集卷八乙補。

故事無爲太后喪坐甲，又不奉詔。於是天子以公可任大事。

慶曆初，上厭西兵久出而民弊，亟用富鄭公、韓魏公及范文正公三人者，遂欲盡革衆事以修紀綱，而小人權幸皆不悦，獨杜祁公與相佐佑。而公尤抑絶僥倖，凡内降與恩澤者，一切不與，每積至十數，則連封而面還之，或詰責其人，至慙恨涕泣而去。上嘗問諫官歐陽修曰：「外人知杜衍封還内降耶？吾居禁中，有求恩澤者，每以杜衍不可告之而止者，多於所封還也。其助我多矣，此外人及杜衍皆不知也。」然公與三人者卒皆以此罷去。

程文簡公罷政貶官，起守北京，與宦者皇甫繼明爭治行宫事，章交上。上遣一御史視其曲直，直公，遂罷繼明。是時，繼明方信用，其勢傾動中外，自朝廷大臣莫不屈意下之。公被中傷，方起未復，而獨與之爭，雖小故不少假也，故議者不以公所直爲難，而以能不爲繼明屈爲難云。

曾中書公自爲小官至在朝廷，挺立無所附，遠迹權貴，繇是愛公者少。爲編校書籍積九年，自求補外，轉徙六州更十餘年。人皆爲公歎然，而公處之自若也。公于是時既與任事者不合，而小人乘間又欲擠之，一時知名士往往坐刺譏辭語廢逐。公於慮患防微，絶人遠甚，政事弛張操縱雖出於己，而未嘗廢法自用，以其故莫能中傷，公亦不爲之動也。

元城先生因言及東坡先生曰：「士大夫只看立朝大節如何，若大節一虧，則雖有細行，不足贖也。東坡立朝大節極可觀，才意高廣，惟己之是信，在元豐則不容於元豐，人欲殺之；在元祐則雖與老先生議論亦有不合處，非隨時上下人也。」

太祖下滁州，世宗命竇儀籍其帑藏。至數日，太祖遣親吏取藏絹，儀曰：「公初下城，雖傾藏取之，誰敢言者？今既有籍，即爲官物，非詔旨不可得也。」後太祖屢對大臣稱儀有守。

太祖與符彦卿有舊，常推其善用兵。知大名十餘年，有告其謀叛者，亟徙之鳳翔。而以王晉公祐爲代，且委之密訪其事，戒曰：「得實，吾當以趙普所居官命汝。」面授旨，徑使上道。祐到，察知其妄，但得彦卿家僮二人挾勢恣横，以便宜決配而已。驛召問，因力爲辯曰：「臣請以百口保之。」太祖不樂，徙祐知襄州，彦卿竟亦無他。祐後創居第于曹門外，手植三槐於庭，曰：「吾雖不爲趙普，後世子孫必有登三公者。」已而魏公旦果爲太保。

杜正獻公嘗戒門生曰：「天下惟浙人褊急易動，柔懦少立。衍自在幕府至於監司，人尚不信，及爲三司副使，累於上前執奏不移，人始信之。反曰：『杜衍如是，莫非兩浙生否？』其輕吾黨也如此。覩子識慮高遠，志尚端慤，他日樹立，當爲鄉曲之顯，切勿少枉爲時上下也。」

尚書李公風度凝遠，與人有恩意，而遇事强毅，不爲苟合。初善王荆公，荆公當國，冀其助而詆之，乃力於他人。荆公嘗遣雱諭意曰：「所爭者國事，盍少存朋友之義？」公曰：「大義滅親，況朋友乎？」自守益確，士論以此歸之。

秦檜既外交仇讎，罔上自肆，惡嫉正論，諱言兵事，自以爲時已太平，日爲浮文侈靡，愚弄天下。獨忌張忠獻公，中丞万俟卨希檜旨，論公卜宅僭擬，至倣五鳳建樓，上不以爲然。檜遣朝士吴秉信以使事，至湖南有所按驗，且以官爵誘之。秉信造公，見其居不過中人常産可辦，不覺嘆息，乃密以檜意告公，而歸具奏其實，檜黜秉信十六年。

監察御史施廷臣擢侍御史，太府寺丞莫將賜出身，超拜起居郎，皆上書迎合者。翻黄下吏部，張公燾執奏曰：「故事，遷除未有如此之驟。」力詆兩人，引疾臥家。秦素厚公，命樓詔問疾，許直翰苑，公曰：「今日進退在我，遷官則在他人，某惟有去耳。」秦語人云：「張子公守正，官職不能動也。」

晏公敦復知衢州，發姦擿伏，吏畏民愛。公以母老，欲朝夕侍左右，明年丐祠，授提舉亳州明道宫。方議和之初，公力詆屈己之非是，執政患其不附己，使腹心之人啗公以利，曰：「公若能曲從其議，兩地旦夕可至。」公怒曰：「吾終不以身計而悮國家！況吾薑桂之性，到老愈辣，請勿復言！」公平居静默，似不能言者，及立朝論事，則出辭吐氣，明目張膽，不畏强禦，不避權要。當時將相大臣，如吕、趙、張、秦、韓、楊輩，皆無所阿附，善則揚之，惡則抑之，在朝莫不敬畏。方檜在位，附之者立取顯貴，公獨立不與交，秦雖欲屈致，不可得。當其辯劉光世對换田産，與夫論施廷臣等不合附會秦氏，聞者皆爲公危之，公處之裕如，神色不動。非氣之所養，至剛至大，有不可屈者，安能若是乎？

黄公中在王府時，龍大淵已親幸，他教授或與過從觴詠，公獨未嘗與之坐，朝夕見則揖而退，其後他教授多蒙其力，而公獨不徙官。爲司業時，芝草生武成廟，官吏請以聞，公不答。則陰畫以獻，宰相召長貳詰之曰：「治世之瑞，抑而不奏，何也？」祭酒周公綰未對，公指其畫曰：「治世何用此爲？」周退，謂人曰：「黄公之言精切簡當，惜不使爲諫諍官也。」

陳校書郎兼普安恩平郡王府教授，上曰：「卿乃朕自擢，秦檜日薦士，曾無一言及卿，以此知卿不附權貴，真天子門生也。」

賈文元公《戒子孫文》云：「古人重厚朴直，乃能立功立事，享悠久之福。士人所貴，節行爲大，軒冕失之有時而復來，節行失之終身不可得矣。」搢紳以爲名言。

孔嗣宗任河北憲，司農召議役法，别韓魏公，請言，公不答。請益堅，公曰：「故舊不當無言，此行但爲河北説些衆人不敢道意思足矣。」嗣宗臨上馬，又曰：「富貴易得，名節難保。」嗣宗歸，不懌者數日，終不能自克。

韓魏公嘗言：「保初節易，保晚節難。」在《北門九日燕諸曹》詩有曰：「莫羞老圃秋容淡，要看寒花晚節香。」李彦平深敬此語，嘗大書於壁以爲晚節之規。

种放嘗見陳圖南，曰：「子他日必白衣諫議。然名者，古今之美器，造物者深忌之，天地間無全名。子名將起，必有物敗之，子其戒哉！」放之晚節果如圖南之言。以此知士大夫有名節易，全名節難。

王文正公真賢相也，天書、封禪等事，公不敢爭，議者少之，爲天書使常邑邑不樂。是時寇萊公出爲外官，又不信天書，上益疎萊公。最後知京兆府，都監朱能復獻天書，上以問王旦，旦曰：「始不信天書者準也，今天書降準所，當令準上之，百姓將大服，而懷疑者不敢不信也。」上從之，使中貴人逼準。朱能素事宦官周懷政，而萊公壻王曙居中，與懷政善，勸萊公與能合。萊公始不肯，曙固要公，公亦因此復爲中書侍郎平章事，天禧三年也。

宋元獻公初執政，遇事輒分別是非可否，用是斥退。及再登用，遂沈浮偷安云。

杜正獻公爲相，蔡君謨孫之翰爲諫官，屢乞出，於是蔡除福州，之翰安州。正獻云：「諫官無故出，終非美事。」乞且仍舊，上可之。退書聖語，時陳恭公爲執政，不肯書，曰：「吾初不聞。」正獻懼，遂焚之，由此遂罷相。議者謂正獻當俟明日審奏，不當遽焚其書也。正獻言，始在西府時，上每訪以中書事，及爲相，中書事亦不以訪公，因言君臣之間能全始終者蓋難也。

定力

寇萊公之貶雷州也，丁謂遣中使齎勅往授之，以錦囊貯劍，揭於馬前。既至，公方與郡官宴飲，驛吏言狀，公遣郡官出迎之。中使避不見，入傳舍中，久之不出，問所以來之故，不答。上下皆皇恐，不知所爲。公神色自若，使人謂之曰：「朝廷若賜準死，願見勅書。」中使不得已乃以勅授之，公乃從録事參軍借緑衫著之，短纔至膝，拜受於庭，升堦，復宴飲，至暮而罷。李迪爲王仲宣恐，以刃自剄，人救得免，畧有間矣。

陳忠肅公謫台州，所過州郡皆令兵甲防送。至台郡數月，朝廷起遷人石愖知州事，且令赴闕之官。士論洶洶，咸謂將有處分於公也。愖至，揚言怖公，次日遣兵官突來約束，不得令出入，取責鄰人防守狀，置邏卒巡察。未幾，攝公至郡，郡庭垂簾如制獄，大陳獄具，蓋朝廷取索《尊堯》副本，而愖爲此以相迫脅耳。繼又幽公於僧舍，使小吏監守，對榻坐卧，窘辱百端。人情憂怖，慮有不測，公安之，不爲所撓，愖亦終不能爲害。

章惇、蔡卞用事，所以欲殺劉元城者至矣。故方竄廣東，則移廣西，既抵廣西，復徙廣東，凡甲令所載稱遠惡州軍，無所不至。雖盛夏，所在州軍監督日行一舍，或泛海往來，人謂必死。七年之間，未嘗一日病。及貶梅州【四】，忽有所厚士類數輩至，殷勤之餘，輒相向垂涕，公曰：「豈非安世有後命乎？」客曰：「聞朝廷遣使入郡，將不利於公，願公自裁，無辱。」公不爲動。貶所有土豪緣進納入仕，持厚資入京師，直以能殺公意達惇，見之不數日薦上殿，改秩除本路轉運判官。其人飛馭馳驅至公貶所，先遣其客來勸公治後事。公色不動，留客飲酒，談笑自若，對客取筆書數紙。徐呼其僕曰：「聞朝廷賜我死，死即

【四】梅州　原本作「海州」，明嘉靖本同，據《宋史・地理志》，海州屬淮南東路，與上文徙兩廣不合。據本書卷五《處患難》同條及《宋名臣言行録》後集卷十二、《宋史》卷三百四十五本傳改。

死，依此行之。」謂客曰：「死不難矣。」客取紙閱之，皆經紀其家與同貶當死者之家事甚悉，客驚歎以爲不可及也。俄報運使拒郡城三十餘里而止，翌日當至。家人聞之，益號泣，不食亦不能寐，且治公身後事。而公起居飲食如平常，夜半伺公，則酣寢鼻息如雷。忽聞鐘聲，上下驚曰：「何太早也？」問之，乃運判公一夕嘔血而斃矣。明日，有客唁者云：「若人不死，則公未可知。」公亦無喜色。

元城先生曰：「士大夫知舊多勸扁舟東下，窮山水之勝，且以遠屏自全者。余謝之曰：『萬一擾擾，如一鼎之沸，安有清泠處乎？安世世食君禄，又嘗備法從，緩急自知死所，何避之有？』以此泰然，未嘗經意。昔温公自陝論新法不可以治郡，得請歸洛。時劇寇王充聚黨數千，横行太行中，先人出兩驛延勞之，云：『今日且喜公歸，某前甚憂之，若此寇知公有人望，萬一刼公東來，以之動民，奈何？』公笑而不答。再問之，則云：『此何足問。吾輩平日學道，以忠孝爲質，有死而已。夫復何懼？』固知君子涉世自處，固有素矣。」

唐質肅公爲御史，因張堯佐以姪女有寵於仁宗，驟除宣徽節度、景靈郡牧使，唐公力爭不已，上怒，詳見諫諍門。貶公英州别駕。公之南遷，挈家渡淮，至中流大風，波濤汎濫，舟人恐不免飼魚鼈。公兀坐舟中，吟詩云：「聖宋非狂楚，清淮異汨羅。平生仗忠信，今日任風波。」夕濟南岸，衆亦欣然。

吕正惠公使高麗，遇風濤檣折，舟人大恐，公恬然讀書，若在齋閤中。

吕滎陽公晚年習静，雖驚恐顛沛，未嘗少動。自歷陽赴單守，過山陽渡橋，橋壞，轎人俱墜，浮於水，而公安坐轎上，神色不動，從者有溺死者。於熙寧初，監陳留税，章樞密粢方知縣事，心甚重公。一日，與公同坐，遽峻辭色折公以事，公不爲動。章嘆曰：「公誠有德者，我聊試爾。」

李清臣平日多於韓魏公前論釋氏貴定力，謂無定則不能主善，公每然之。後朝廷斥異論者，清臣頗持兩端，公因書問之曰：「比來臺閣斥逐紛紛，吾親得不少加定力耶？」公之善諭人如此。

韓持國罷門下侍郎，出帥南陽。已出國門，程子往見之，時程在講筵，公驚曰：「子來見我乎？子亦危矣！」程子曰：「只知履安地，不知其危坐。」頃之，公不言，程子曰：「公有不豫色，何也？」公曰：「在維固無足道，所慮者貽兄姊之憂耳。」程子曰：「領帥南陽，兄姊何所憂？」公悟曰：「正爲定力不固耳。」

尹舍人謫官均州，時范文正公知鄧州。舍人得疾，即擅去官詣鄧州，以後事屬文正，文正日往視其疾。一旦，遣人招文正甚遽，既至，舍人曰：「洙今日必死矣。人言將死者必見鬼神，此言不可信，洙並無所見，但覺氣息奄奄就盡耳。」隱几坐與文正語，久之謂文正曰：「公可出，洙將逝矣。」文正出至廳事，已聞其家哭。文正竭力送其喪及妻孥歸洛陽。

呂滎陽之行己，務自省察校量，以自進益。晚年嘗言，十餘年前在楚州，橋壞墮水中，時猶覺心動。數年前大病，已稍勝前。今次病疾，全不動矣。其自力如此。

初范文正公貶饒州，朝廷方治朋黨，士大夫莫敢往別，王待制質獨扶病餞於國門。大臣責之曰：「君長者，何自陷朋黨？」王曰：「范公天下賢者，顧質何敢望之。若得爲其黨人，公之賜質厚矣。」聞者爲之縮頭。

清廉

王待制公在相門，弗驕弗華，以貧爲寶。文正作舍人時，家甚虚，嘗貸人金以贍昆弟，過期不入，輟所乘馬以償之。公因閱家藏書而得真券，召家人示之曰：「此前人清風，吾輩當奉而不墜，宜秘藏之。」又得顔魯公爲尚書時乞米於李大夫墨帖，刻石以模之，遍遺親友間。其雅尚如此，故終身不貪，所至有水蘗聲。

畢文簡公仕至輔相，而四海無田園居第。没未終喪，家用已屈，其妻貸於王文正公家。故天下稱其清。

向文簡公判大理寺時，没入祖吉贓錢分賜法吏，公引鍾離意委珠事，獨不受。知廣州，至荆南惟市南藥以往，在官一無所須，以廉清聞。

唐質肅公，潭州一巨富私藏蚌胎，爲關吏所搜，太守而下輕其估悉自售焉。唐質肅公時以言事謫潭倅，分珠獄發，奏方入，仁宗謂近侍曰：「唐介必不肯買。」案具奏覆，覽之果然。

曾中書公在官，有所市易，取賈必以厚，與賈必以薄，於門生故吏以幣交者，一無所受。福州無職田，歲鬻園蔬收其直，自入常三四十萬。公曰：「太守與民爭利者可乎？」罷之，後至者亦不復取也。

陳龍圖從易爲館職，數十年不遷。居喪時，士大夫有致賻者，公不拒。服除，知廣州，罷官不蓄南物，獨載俸餘錢過嶺，半以償贈賻者，半以班宗族之貧者。

陳忠肅公爲越州僉判，蔡卞爲帥，待公甚厚，每以公學識卓異，待遇加禮，而公已得其心術，常欲踈遠之，屢引疾尋醫，章不得上。會明倅闕，蔡俾公權攝，以時當得職田，意公方貧，必喜於少紓。公到明，遂伸尋醫之請，將所得圭租遜前官。明州以法當公得，公以義不當受，卒不取而歸之官廩。

熙寧中，洛陽以清德爲朝廷尊禮者，大臣曰富鄭公，侍從曰司馬温公、吕申公，士大夫位卿監以清德早退者十餘人，好學樂善有行義者幾二十人，康節隱居，謝聘皆相從，忠厚之風聞於天下。里中後生皆知畏廉恥，欲行一事必須無爲不善，恐司馬端明、邵先生知。

荆公在上前爭論，或爲上所疑，則曰：「臣之素行似不至無廉恥，如何不足信？」且論事當問事之是非利害如何，豈可以素有廉恥刼人主使信己也。夫廉心在常人足道，若君子更自矜其廉恥亦淺矣。蓋廉恥自君子所當爲者，如人守官曰我固不受贓，不受贓豈分外事乎？

蘇丞相云：「平生薦舉不知幾何人，惟孟安序朝奉，分寧人，歲以雙井一斤爲餉。知吾無苞苴之入也。」

太宗時王禹偁爲學士，嘗草繼遷制，送馬五十匹以備濡潤，禹偁以狀不如式却之。及出守滁州，閩人鄭褒徒步謁，禹偁愛其儒雅，及别，爲買一馬。或言買馬虧價者，太宗曰：「彼能却繼遷五十匹，顧肯此虧價哉？」近時舍人院草制，有送潤筆物稍後時者，必遣院子詣門催索，而當送者往往不送。相承既久，今索者、送者皆恬然不以爲怪也。

滎陽吕公，文靖公之孫、正獻公之長子，更歷中外，凡典五州。晚居宿州、真、揚間十餘年，衣食不給，至絶糧者數日。其在和州，嘗作詩云：「除却借書沽酒外，更無一事擾公私。」古人清白傳家如此。

劉秘書丞家貧，至無以給甘旨，一毫不妄取於人。其自洛陽南歸，時已十月，無寒具，（司馬）光以衣襪一二事及舊貂褥贐之，固辭，强與之。行及潁州，悉封而返之於光。不受於他人可知矣。

後生少年乍到官守，爲猾吏所餌，不自省察，所得毫末，而一任之間，不復敢舉動。大抵作官嗜利所得甚少，而吏人所盜不貲矣，以此被重譴，良可惜也！

儉約

王文康公方嚴簡重，有大臣體。常言：「人臣患不節儉，今居第多踰僭，服玩奢侈，僕妾無數，宜有經制。」及貴顯，深自抑損，齋居蔬食，泊如也。

韓忠獻公布衣時，與李康靖公同遊，止一氊同寢，一日分途，遂割而分之。至汝州，太守趙學士請康靖爲門客，尤敬待韓公，每公至，即令設猪肉。康靖嘗有簡戲云：「久思肉味，請君早訪。」及李康靖爲長社，每日懸百錢於壁上，用盡即已。其貧儉如此。

韓忠獻公爲河北轉運使，王太夫人坐太平車，以葦蓆爲棚覆，獻肅公乘驢隨車。時王文正已貴，忠獻公又作一路使者，其儉如此。今人聞之，誠可愧也。

范文正公爲吏部員外郎，出守時有三婢。及官大，歷二府，以至於薨，凡十年，不增一人，亦未嘗易也。

范文正公既貴，嘗以儉約率家人，戒諸子曰：「吾貧時與汝母養吾親，汝母躬執爨，而吾親甘旨未嘗充也。今而得厚祿，欲以養親親不在矣，汝母又已早世，吾所最恨者，忍令若曹饗富貴之樂也。」

范文正公之子純仁娶婦，將歸，或傳婦以羅爲帷幔者。公聞之不悦曰：「羅綺豈幃幔之物耶？吾家素清儉，安得亂吾家法，敢持至吾家，當火於庭。」

范忠宣公親族間有子弟請教於公，公曰：「惟儉可以助廉，惟恕可以成德。」其人書於坐隅，終身佩服。公平生自奉養無重肉，不擇滋味麄糲，每退自公，易衣裋褐，率以爲常，自少至老，自小官至達官，始終如一。

范太史公作《布衾銘記》云：「温國文正公所服之布衾，隸書百有十字曰：『景仁惠者，端明殿學士范蜀公所贈也。』曰：『《堯夫銘》者，右僕射高平公所作也。』元豐中在洛，蜀公自許往訪之，贈以是衾。先是，高平公作《布衾銘》以戒學者，公愛其文義，取而書於衾之首。及寢疾東府，治命殮以深衣，而覆以是衾。公於物澹然無好，惟於德義若利欲，其清如水，而澄之不已，其直如矢，而端之不止。故其居處必有法，動作必有禮，其被服如陋巷之士，一室蕭然，圖書盈几，終日靜坐，泊如也。又以圓木爲警枕，小睡則枕轉而覺，乃起讀書云云。公序其本末，俾後世師公之儉云。」《范太史集·布衾銘》曰：「藜藿之甘，綈布之温，名教之樂，德義之尊，求之孔易，享之常安。綺繡之奢，膏粱之珍，權寵之盛，利欲之繁，苦難斯得，禍辱旋臻。取易捨難，去危就安，至愚且智，士寧不然？顏樂簞食，萬世師模，紂居瓊臺，死爲獨夫。君子以儉爲德，小人以侈喪軀，然則斯衾之陋，其可忽諸？」

張文節爲相，自奉養如爲河陽掌書記時。所親或規之曰：「公今受俸不少，而自奉若此，公雖自信清約，外人頗有公孫布被之譏，公宜少從衆。」公歎曰：「吾今日之俸，雖舉家錦衣玉食何患不能，顧人之常情由儉入奢易，由奢入儉難，吾今日之俸豈能常有，身豈能常存？一旦異於今日，家人習奢已久，不能頓儉，必致失所。豈若吾居位去位、身存身亡常如一日乎？」

杜正獻公食於家，惟一麵一飯而已。或美其儉，公曰：「衍本一措大爾，名位爵禄、冠冕服用，皆國家者，俸入之餘，以給親族之貧者，常恐浮食焉，敢以自奉也？一旦名位爵禄國家奪之，卻爲一措大，又將何以自奉養耶？」

蘇丞相平生未嘗問家人有無，晚年際會，所得俸賜隨即散用，其自奉養至儉薄，每養不過一肉。始薨之日，弔哭者至其寢堂，見其居處服用無不歎愕咨嗟，以爲寒素不若也。

寇萊公初爲樞密直學士，賞賜金帛甚厚，乳母泣曰：「太夫人不幸時，家貧，求一縑作衾襚不可得，豈知今日富貴哉！」公聞之慟哭，盡散金帛，終身不蓄財産，後雖出入將相，所得俸禄惟務施與。公外奢内儉，無聲色之娱，寢處一青幃二十餘年，時時有破壞，益命補葺。或以公孫弘事靳之，笑答曰：「彼詐我誠，雖敝何憂？且不忍處之久而以敝復棄也。」靳者愧之。

陳文惠公居家以儉約爲法，雖已貴，常使其子弟親執賤事，曰：「孔子固多能鄙事。」臨卒，口占數十言自誌其墓。

石徂徠爲舉子時，寓學於南都，其固窮苦學世無比者。王侍郎聞其勤約，因會客以盤餐遺之。石謝曰：「甘脆者亦介之願也，但日饗之則可，若止得一饗，則明日何以繼乎？朝饗膏粱，暮厭粗糲，人之常情也，介所以不敢當賜。」便以食還，王益重之。

吕滎陽公在維揚時，東萊公爲曹官，所居廨舍無几案，以竹縛架上置書册，器皿之屬悉不能具，處之甚安，其簡儉如此。

温公曰：「先公爲郡牧判官，客至，未嘗不置酒，或三行，或五行，不過七行。酒沽於市，果止梨栗棗柿，肴止於脯醢菜羹，器用甆漆。當時士大夫皆然，人不相非也，會數而禮勤，物薄而情厚。近日士大夫家，酒非内法，果非遠方珍異，食非多品，器皿非滿案，不敢會賓友，嘗數日營聚，然後敢發書，苟或不然，人爭非之，以爲鄙吝。故不隨俗奢靡者，鮮矣！嗟乎！風俗頽弊如是，居位者雖不能禁，忍助之乎？」

季元衡《儉説》云：「與其貪饕以招辱，不若儉而守廉。干請以犯義，不若儉而全節。侵牟以聚仇，不若儉而養福；放肆而逐欲，不若儉而安性。」

古人自奉簡約，類非後人所能及。如飲食高下，固自有制度，諸侯無故不殺牛，大夫無故不殺羊，士無故不殺犬豕，此猶是極盛時制度也。大抵古人得食肉者至少，如「食肉之禄冰皆與焉」、「肉食者謀之」、「肉食者無墨」，此言貴者方得食也。《莊子》九方歅相子綦之子，刖而鬻之於齊，適當渠公之術，然身食肉而終。班超者，虎頭燕頷，食肉相也。以此知古人以食肉爲貴，食肉爲難得，比之後人簡約甚矣。

迂叟曰：「世之人不以耳視而目食者鮮矣。」聞者駭曰：「何謂也？」迂叟曰：「衣冠所以爲容觀也，稱體斯美矣，世人捨其所稱，聞人所尚而慕之，豈非以耳視者乎？飲食所以爲味也，適口斯善矣，世人取菓餌而刻鏤之，朱緑之，以爲盤案之玩，豈非以目食者乎？」

人須是於一切世味淡薄方好，不要有富貴相。周恭叔才高識明，初言亦甚好，後來只緣累太重，若把得定儘長進。在昔聞明道先生一見吕微仲便曰：「宰相吕微仲須做，只是這漢俗。」謝上蔡云：「爲他有貴底相態，便有俗處。」王介甫在政事堂只喫魚羹飯，因薦两人不行，下殿便乞去，云：「世間何處無魚羹飯？」爲他緣累輕，便去住自在。孟子謂：「堂高數仞，食前方丈，侍妾數百人，我得志弗爲也。」學者且先除去此等，常自激昂，便不到得墜墮。嘗愛孔明當漢末自言：「臣本布衣，躬耕南陽，苟全性命於亂世，不求聞達於諸侯。」後來雖應劉先主之聘，宰割山河，三分天下，身都將相，手握重兵，亦何求不得，何欲不遂？却與後主言：「成都有桑八百株，薄田一十五頃，子弟衣食自有饒餘。臣身在外，别無調度，不别治生，以長尺寸。若死之日，不使廩有餘粟，府有餘財，以負陛下。」及卒，果如其言。如此輩人真可謂大丈夫矣。

鄧州花蠟燭名著天下，雖京師不能造，相傳云是寇萊公燭法。公嘗知鄧州，而自少年富貴，不點油燈，尤好夜宴劇飲，雖寢室亦燃燈燭達旦。罷官去後，人至官舍，見厠溷間燭淚在地往往成堆。杜祁公爲人清儉，在官未嘗燃官燭，油燈一炷，熒然欲滅，與客相對清談而已。二公皆爲名臣，而奢儉不同如此。然祁公壽考終吉，萊公晚有南遷之禍，遂殁不返，雖其不幸，亦可以爲戒也。

真宗臨御歲久，中外無虞，與羣臣燕語，或勸以聲妓自樂。王文正公性儉約，初無姬侍。其家以二直省官治錢，上使内東門司呼二人者，責限爲相公買妾，仍賜銀三千兩。二人歸以告，公不樂，然難逆上旨，遂聽之。蓋公自是始衰，數歲而捐館。初，沈倫家破，其子孫鬻銀器，皆錢塘錢氏昔以遺中朝將相者，皆花籃火筩之類，非家人所有。直省官與沈氏議，止以銀易之，具白於公，公顰蹙曰：「吾家安用此。」其後姬妾既具，乃呼二人問：「昔沈氏作器尚在可求否？」二人謝曰：「向私以銀易之，今見在也。」公喜，用之如素有。聲色之移人如此。【五】

王文正公沖澹寡欲，奉身儉約，每見家人服飾似過，即瞑目曰：「吾門素風，一至如此！」亟令減損。故家人或有一衣稍華，必於車中易之，不敢令公見焉。

王沂公與孫沖同榜，沖子京一日往辭，沂公相留云：「喫食了去。」飭子弟云：「已留孫京喫飯，安排饅頭。」饅頭時爲盛饌也。食後，合中送數軸簡紙，開看皆是他人書簡後截下紙，其儉德如此。

無嗜好

吕文穆公爲相，一朝士家藏古鑑，自言能照二百里，因公弟獻以求知。其弟伺間從容言之，公笑曰：「吾面不過楪子大，安用照二百里？」其弟遂不復敢言。聞者嘆服，謂賢

【五】此條原闕，據明嘉靖本及《龍川别志》卷上補。

於李衛公遠矣。蓋寡好而不爲物累者，昔賢之所難。

有貨玉帶於王文正弟以呈文正，文正曰：「如何？」弟曰：「甚佳。」公命繫之，曰：「還見否？」曰：「繫之安得自見？」文正曰：「自負重而使觀者稱好，無乃勞乎？我腰間不稱此物，亟還之。」故生平所服止於賜帶。

孫侍讀公人嘗與一硯，直三十千。公曰：「硯有何異？而如此之價也。」客曰：「硯以石潤爲賢，此石呵之則水流。」公曰：「一日得一擔水，纔直三錢，買此何用？」竟不受。

趙清獻公初任成都，攜一龜一鶴以行。其再任也，屏去龜鶴，止一蒼頭執事。張公裕學士送以詩云：「馬諳舊路行來滑，龜放長河不共來。」

范文正公少貧悴，依睢陽朱氏家，常與一術者游。會術者病篤，使人呼文正而告曰：「吾善鍊水銀爲白金，吾兒幼，不足以付，今以付子。」即以其方與所成白金一斤封誌，納文正懷中，文正方辭避，而術者已絶。後十餘年，文正爲諫官，術者之子長，呼而告之曰：「而父有神術，昔之死也，以汝尚幼，故俾我收之。今汝成立，當以還汝。」出其方并白金授之，封誌宛然。

天聖中，張文節在政府，國封歲時入見。莊獻母儀天下，見其二侍婢老且陋，怪其過自貶約，對以丞相不許市妙年者。因勑國封密市二少婢，或丞相問，但言吾意。國封遂買二女奴，首飾服用不啻三十餘萬。一日，文節歸第，二婢拜於庭，文節詢其所自，國封具以告。從容指旁侍二姬謂夫人曰：「此二姬乃夫人昔之媵也，今出之亦無所歸，固當終身於此耳。若二姝齒未踰笄，將嫁少年子，向去之事固不可知，若令守一老翁，甚無謂也。雖然太后聖慈垂憫，然某之志豈可渝也！他日入見，宜以此懇敷奏。」遽召宅老呼二婢之父兄，對之折券，并衣著首飾與之，俾爲嫁資。謂曰：「若更雇於人，必當送府勘罪。」

王荆公知制誥，吴夫人爲買一妾，荆公見之曰：「何物？」女子曰：「夫人令執事左右。」曰：「汝誰氏？」曰：「妾之夫爲軍大將，部米運舟失，家貲盡没，猶不足，又賣妾以償。」公愀然曰：「夫人用錢幾何得汝？」曰：「九十萬。」公呼其夫令爲夫婦如初，盡以錢賜之。司馬温公從龐潁公，辟爲太原府通判。尚未有子，夫人爲買一妾，公殊不顧，夫人疑有所忌也。一日，教其妾：「俟我出，汝自飾至書院中，冀公一顧也。」妾如其言，公訝曰：「夫人出，汝安得至此？」亟遣之。潁公知之，對僚屬咨其賢。荆公、温公不好色，不愛官職，不殖貨利皆同。二公除修注【六】，皆辭至六七，不獲已方受。温公除知制誥，以不善作辭令屢辭免，改待制。荆公官寖顯，俸禄入門，任諸弟取去盡不問。温公通判太原時，除給酒饋待賓客外，輒不請。晚居洛，買園宅，猶以元郎中爲户【七】。故二公平生相善，至議新法不合，始貽書絶交矣。

元城先生與僕言行己出處，且曰：「紹聖初，某謫嶺表，既到嶺上，北望中原，慨然自念，奉父母遺體而投炎荒，恐不生還。忽憶老先生語云：『北人在瘴煙之地，唯絶嗜慾可

【六】二公除修注　原脱「二」字，據明嘉靖本及《邵氏聞見録》卷十一補。

【七】猶以元郎中爲户　原闕「元」字，據明嘉靖本及《邵氏聞見録》卷十一補。

以不死。』是以遂絶，至於今更不復作。且大丈夫自誓不爲則止耳，何必用術也。趙清獻亦本朝名臣，欲絶慾不能，乃掛父母之遺像於卧床中，且己偃卧其下，而使父母具冠裳監視，不亦瀆乎？昔陶潛賦《歸去來》即徑歸，而王羲之乃自誓於父母墳前。且仕宦豈是不好事，但看行己如何耳。若仕宦有益於社稷生靈，其勝獨善一身多矣。」蓋先生之意欲自比彭澤，而以清獻比右軍。

蘇丞相言，少時聞計用章郎中曰：「人主不宜有所好，有所好則心腹肝膽皆在人矣。故好征戰則孫武、白起之徒出，而民殘於干戈矣。好刑名則韓非、張湯之徒出，而民苦於刻核矣。好聚斂則桑弘羊、皇甫鎛之徒出，而民困於掊克矣。好順從則張禹、胡廣之徒出，而民敝於夸大矣。豈惟人主，學士大夫亦宜知之。夫神龍騰驤豈可羈也，然或豢養於人，而可醢之者，謂其有嗜慾也。」

杜祁公享客多用髹器，客有面稱歎者，曰：「公嘗爲宰相，清貧乃爾耶？」公命侍人盡取白金燕器陳於前，曰：「衍非乏此，雅自不好耳。」然祁公好施，亦卒不蓄也。張唐公侍讀瓌曰：「祁公之好施，人所能也，其不妄施，人之所不能及也。」

謹言語

張子韶曰：「古人默觀方寸，孰偏孰正，偏處舍之，正處行之，心在於正，而情或居偏，吾則痛檢其偏，而不敢劇談正理，深恐所見隨言散去，其於行也必無力矣。今人寡言者，雖善惡未可知，然使其爲善必力，其爲惡也亦必力，若夫終日譊譊者，爲善爲惡，多見其不終耳。」

王文正公與人寡言笑，其語雖簡，而能以理屈人，默然終日，莫能窺其際。及奏事上前，羣臣異同，公徐一言以定。

胡文恭公爲人清儉謹默，内剛外和，羣居笑語讙譁，獨正顔色，温温不動聲氣，與人言必思而後對。故其莅官臨事，謹重不輒發，發亦不可回止，而其趣要歸於仁厚。

薛簡肅公知開封時，明參政鎬爲府曹官，簡肅待之甚厚，直以公輔期之。有問於公：「何以知其必貴者？」公曰：「其爲人端肅，其言簡而理盡。凡人簡重則尊嚴，此貴臣相也。」其後果至參知政事。

富鄭公年八十，書座屏云：「守口如瓶，防意如城。」

吕申公寡言，見康節必從容終日，亦不過數言而已。

韓魏公言：歐、曾同事兩府，歐性素褊，曾則齷齪，每議事至厲聲相攻不可解。公一切不問，俟其氣定，徐以一言可否之，二公皆伏。

陳了翁《雜説》云：「言滿天下無口過，非謂不言也。但不言人是非、長短、利害，雖多言無害，所謂終日言而未嘗言，此其所以無口過。」

元城先生因言及王荆公學問，先生曰：「金陵亦非常人，其粗行與老先生司馬温公。畧同，其質樸儉素、終身好學、不以官職爲意，是所同也。但學有邪正，各欲行其所學者爾。而諸人輒溢惡，此人主所以不信，而天下之士至今疑之，以其言不公，故愈毁之，而愈不信也。嘗記漢時大臣於人主之前，説人短長各以其實，如匡衡論朱雲，以爲雲素好勇，數犯法亡命，受《易》頗有師道，是其一長也。凡人有善有惡，故人有毁有譽，若不稱其善，而併以爲惡而毁之，則人必不信有是惡矣。故攻金陵者，只宜言其學乖僻，用之必亂天下，則人主必信。若以爲以財利結人主如桑弘羊，禁人言以固位如李林甫，姦邪如盧杞，大佞如王莽，則人不信矣。蓋以其人素有德行，而天下之人素尊之，而人主夷考之無是事，則舉凡言之不出於毁者，亦不信矣。此進言者之大戒！」

韜晦

錢樞密出守河橋，詣王沂公爲别，公酌酒餞之。錢曰：「惟演身列將相，不爲不重，然朝廷每闕輔相，議不在中。惟公憐之。」公答曰：「相公才用閎閲，豈曾所敢望！然曾忝冠宰府僅已數年，相公尚寄藩屏者何也？」錢曰：「惟演才識不茂，實假遭逢，相公科第文章敭歷中外，豈惟演所敢侔哉！」公曰：「不然。曾之才不及公，而猥當柄用乃先於公者，蓋以縉紳之士畏公而不畏曾也。公誠能去其可畏之跡，使人無所復畏，登庸調化，必有日矣。」

杜正獻公有門生爲縣令者，公戒之曰：「子之才器，一縣令不足施，然切當韜晦，無露圭角，毁方瓦合，求合於中可也。不然，無益於事，徒取禍耳。」門生曰：「公平生以直亮忠信取重天下，今反誨某以此，何也？」公曰：「衍歷任多歷年久，上爲帝王所知，次爲朝野所信，故得以伸其志。今子爲縣令，卷舒休戚，繫之長吏，良二千石者固不易得，若不見知，子烏得以伸其志，徒取禍耳。予所以欲子毁方瓦合、求合於中也。」

杜正獻公嘗謂門生曰：「作官第一清畏，無求人知。苟欲人知，同列不謹者，衆必譖己，爲上者又不加明察，適足取禍耳。但優游於其間，默而行之，無愧於心可也。」

《吕氏家塾記》云：「章獻明肅之盛，文靖公拯救防微杜漸者非一，未嘗與人言，天下亦莫知也。仁宗既親政，大臣或言當垂簾時，有劉涣者嘗上章請歸政，得罪於太后。帝顧文靖公曰：『當時樞臣欲黥配嶺南，賴公力言得免。』若公者，苟利國家，雖舉世不知弗與辯也。倘非聖主親發德音，人誰知之？豈比夫賤丈夫急己之毁譽，而緩國之休戚哉！」

韓魏公曰：「内剛不可屈，而外能處之以和者，所濟多矣。」又曰：「以之遇則可以成功，以之不遇則可以免禍者，其惟晦乎？」

吴文肅公子璟素以堅挺有氣節稱，韓魏公亦稱之。及幕府有闕，門下有以璟爲言者，公曰：「此人氣雖壯，然包蓄不深，發必暴，且不中節，當以此敗。」置而不用，不踰年，璟敗皆如其言。

蘇丞相云：「歐公不言文章而喜談政事，君謨不言政事而喜論文章，各不矜其所長也。」

謝子與伊川別一年，往見之，伊川曰：「相別又一年，做得甚工夫？」謝子曰：「也只是去個矜字。」曰：「何故？」曰：「仔細檢點來，病痛盡在這裏，若按伏得這箇罪過，方有向進處。」伊川點頭，便語在坐同志者曰：「此人爲學，切問近思者也。」余問「矜」字罪過何故恁地大，謝子曰：「今人做事，只管要誇耀別人耳目，渾不管自家受用事。有底人食前方丈，便向人前喫，只蔬食菜羹，却去房裏喫，爲甚恁地？」

攝養

任恭惠與吕許公同年進士，而同爲博士，恭惠登樞【八】，年耆康强。許公時尚爲相，嘗所歎羨，詢其服餌之法。恭惠謝曰：「不曉養生之術，但中年因讀《文選》有所悟爾，謂石韞玉以山輝，水含珠而川媚也。」許公深以爲然。

黄魯直曰：「人生血氣未定時，不知早服仲尼之戒，故其壯也，血氣當剛而不剛，所以寒暑易侵耳。學道以身爲本，不可不留意斯事也。」

安定胡先生判國子監，其教育諸生皆有法。每語諸生食飽未可據案，或久坐皆於血氣有傷，當習射投壺游息焉。是亦食不語、寢不言之遺意也。

客有語胡文定爲國子先生日，番禺有大商遣其子來就學，其子儇宕所齎千金，得病甚瘠，客于逆旅，若將斃焉。偶其父至京師，閔而不責，携其子謁胡先生，告其故。曰：「是

【八】恭惠登樞　原闕「樞」字，據明嘉靖本及《春明退朝録》卷上補。

宜先警其心，而後誘之以道者也。」乃取一帙書曰：「汝讀是可以先知養生之術，知養生之後可以進學矣。」其子視其書，乃黄帝《素問》也。讀之未竟，惴惴然懼伐性命之過，甚悔痛自責，冀可自新。胡知其已悟，召而誨之曰：「知愛身則可以脩身，自今以始，其洗心向道，取聖賢之書次第讀之，既通其義，然後爲文，則汝可以成名。聖人不貴無過而貴改過，無懷昔悔，第勉事業。」其人亦穎鋭善學，二三年登上第而歸。

關中隱士駱耕道嘗言：「修養之士當書《月令》置坐左右，夏至宜節嗜慾，冬至宜禁嗜慾。蓋一陽初生，其氣微矣，如草木萌生，易於傷伐，故當禁之，不特節也。且嗜慾四時皆損人，但冬夏二至，陰陽交爭之時，尤損人耳。」馬永卿曰：「不獨《月令》如此。唐柳公年八十有强力，人問其術，對曰：『吾平生未嘗以脾胃熟生物暖冷物，以元氣佐喜怒。』此亦可爲座右銘也。」耕道曰：「然。」

邵堯夫居洛，每歲春二月出，四月天漸熱即止，八月出，十月天漸寒即止。故有詩云：「時有四不出」，大風、大雨、大暑、大寒也。

韓魏公在相府時，家有女樂二十餘輩，及崔夫人亡，一日盡厚遣之。同列多勸且留以爲暮年歡，公曰：「所樂能幾何？而常令人心勞，孰若吾簡静之樂也。」識者以爲過人遠矣。

李畋苦病既瘳，請謁，公曰：「子於病中曾得移心法？」對曰：「未也。」公曰：「人能於病中移其心如對君父，畏之謹之，靜久自愈。」

蔡文忠公喜酒，飲量過人，既登第，通判濟州，日飲醇酎，往往至醉。是時太夫人年已高，頗憂之。一日，山東賈存道先生過濟，文忠館之數日。先生愛文忠之賢，慮其以酒廢學生疾，乃爲詩示文忠曰：「聖君恩重龍頭選，慈母年高鶴髮垂。君寵母恩俱未報，酒如成病悔何追？」文忠矍然起謝之，自是非親客不對飲，終身未嘗至醉。

陳貴一問：「人之壽數可以力移否？」伊川先生曰：「蓋有之。」唐棣問：「如今人有養形者，是否？」曰：「然，但甚難。世間有三件事至難，可以奪造化之力，爲國而至於祈天永命，養形而至於長生，學而至於聖人。此三事工夫一般，分明人力可以勝造化，自是人不爲耳。故關朗有周能過歷、秦止二世之説，誠有此理。」

伊川先生謂張繹曰：「吾受氣甚薄，三十而寖盛，四十五十而後完。今生七十二年矣，校其筋骨，於盛年無損也。」又曰：「人待老而求保生，是猶貧而後畜積，雖勤亦無補矣。」繹曰：「先生豈以受氣之薄而厚爲保生耶？」夫子默然曰：「吾以忘生徇欲爲深恥。」

太宗下詔召天下年高，前青州録事參軍麻希夢年九十餘，致仕歸鄉里，本州奏聞。召至闕庭，上御便殿，賜坐與語，極從容，因歷訪民間利病，多見采納。復問以攝生之理，希夢對曰：「臣無他術，惟是少情寡慾，節聲色，薄滋味。」上嘉之，賜金紫致仕。

呂滎陽公爲人處事皆有長久計，求方便之道。只如病中風，人口不能言，手不能書，而養疾者乃問所欲，病者既不能荅，適足增苦。故滎陽公嘗教人，每事作一牌子，如飲食衣服寒熱之類，及常所服藥，常所作事，病者取牌子以示人，則可減大半之苦。凡公爲人處事每如是也。

陳忠肅公有蚪餘酒量，每飲不過五爵，雖會親戚，間有歡適，不過大白滿引，恐以長飲廢事。每日有定課，自鷄鳴而起，終日寫閲，不離小齋。倦則就枕，既寤即興，不肯偃仰枕上。每夜必置行燈於床側，自提就案。人或問公，何不呼唤使者？公曰：「起止不常，若涉寒暑，則必動其念，此非可常之道。偶吾性安之，不欲勞人也。」

《明道先生語録》，問：「神僊之説有諸？」曰：「若説白日飛昇之類則無，若言居山林間，保形錬氣以延年益壽，則有之。譬如一爐火置之風中則易過，置之密室則難過，有此理也。」又問：「揚子言『聖人不師僊，厥術異也』，聖人能爲此等事否？」曰：「此是天地間一賊，若非竊造化之機，安能延年？使聖人肯爲，周、孔爲之矣。」

好生

曹武惠王國朝名將，勳業之盛無與爲比。嘗曰：「自吾爲將，殺人多矣，然未嘗以私喜怒輒戮一人。」其所居堂屋敝，子弟請加修葺，公曰：「時方大冬，牆壁瓦石之間百蟲所蟄，不可傷其生。」其仁心愛物蓋如此。

陳文惠公見動物，必誡左右勿殺，器服壞隨輒補之，曰：「無使不全以見棄也。」二宋丱角之年同於黌舍肄業，有胡僧見而謂曰：「小宋他日當魁天下，大宋亦不失甲科。」後十餘年春試罷，復遇僧於壓邸，僧執大宋手而驚曰：「公風神頓異昔時，若能活數百萬命者。」大宋笑曰：「貧儒何力及是。」僧曰：「不然，肖翹之物皆命也。公試思之。」大宋俛思良久，乃笑而言曰：「旬日前所居堂下有蟻穴爲暴雨所侵，羣蟻繚繞穴傍，吾乃戲編竹爲橋以渡之，由是蟻命獲全，得非此乎？」曰：「是也。小宋今歲固當首捷，然公不出小宋之下。」二宋私相語曰：「妄也。一歲固無兩魁。」比唱第，小宋果中首選，章獻太后當朝，謂不可以弟先兄，乃以大宋爲第一，小宋爲第十，始信僧言不妄。

吕滎陽公爲郡，令公帑多蓄鰒魚諸乾物及筍乾、蕈乾，以待賓客，以減鷄鴨等生物也【九】。

余少不喜殺生，時未能斷也。近年始能不殺豬羊，然性嗜蟹蛤，故不免殺。自去年得罪下獄，始意不免，既而得脱，遂自此不復殺一物。有見餉蟹蛤者，皆放之江中，雖知蛤在江中無活理，然猶庶幾萬一，便使不活亦愈於煎烹也。非有所求覬，但以親經患難，不異鷄鴨之在庖廚，不復以口腹之故，使有生之類受無量怖苦爾。猶恨未能忘味，食自死物也。又曰：今日從者買一鯉，長尺有咫，雖困，尚能微動，乃置水甕中，須其死而食，生即放之【一〇】。

【九】此條原闕，據明嘉靖本及《宋名臣言行録》外集卷六補。

【一〇】此條原闕，據明嘉靖本及《東坡志林》卷六、卷八補。

卷三

齊家類

孝友

元城先生與馬永卿論《禮記·内則》「雞鳴而起適父母之所」，僕曰：「不亦太早乎？」先生正色曰：「不然。禮，事父與君一等一體，父召無諾，君命召無諾，父前子名，君前臣名。今朝謁者必以雞鳴而起，適君之所，而人不以爲勞，蓋以刑驅其後也。世俗薄惡，故事父母之禮得已而已爾。若士人畏義如刑，則今人可爲古人矣。」僕聞其言，至今愧之。

徐積字仲車，謚節孝處士。事母謹嚴，非有大故，未嘗去其側。日具太夫人所嗜，或不獲，即奔走闤市，若有所亡，人或慕其純孝，損直以售之。親戚故人或致甘毳，誠不至，禮不恭，弗受也。所奉饌皆自調味，太夫人飲食時，先生率家人在左右爲兒戲或謳歌以説之。故太夫人雖在窮巷，而奉養與富貴家等，無須臾不快也。太夫人以疾終【一】，先生號慟嘔血，絶而復蘇，哭不輟聲。吕溱造廬下，聞其號哭曰：「想見鬼神中夜聞此聲，亦須

校勘記

【一】太夫人以疾終　原脱「太」字，據明嘉靖本及《節孝集》卷二十二補。

爲公泣也。」

蘇頌字子容。知婺州，泝桐廬【二】，江水暴迅，舟横欲覆，魏國太夫人在舟中，幾溺矣。公哀號赴水救之，舟忽自正，太夫人甫出，及岸，舟乃覆。衆以謂誠孝所感。

尚書許公元，宣城人，以孝謹稱鄉里。其父亡，一子可得官，兄弟相讓不受。久之，而兄乃曰：「吾弟之才後必能庇吾宗。」乃以公補郊社齋郎。

趙康靖公槩會郊祀當進階封，且任一子京官。槩乞以封母郡太君。宰相謂公曰：「公爲學士，擬封不久矣。」公曰：「母八十二，朝夕不可期，願及今以爲榮。」許之，後遂以爲例。改知審官院、判秘閣，與高若訥同判流内銓。若訥言，往嘗知貢舉，聞母病不得出，幾不能生。公矍然，即請郡以便親。宰相謂：「旦夕爲學士，可少待也。」公不聽，遂除蘇州。《神道碑》。

陳忠肅公性至孝，事親承順顔色，使親庭無不適之意。居喪毁瘠如禮，廬墳茹蔬，連年有甘露芝草之瑞。於兄弟友愛尤至，伯氏早世，公撫卹其孤，教養嫁娶，使皆有所成立。初奏補恩澤，捨己子而先伯父之子。及後貶責，以至終身，諸子皆白衣，未嘗有不滿之意。

伊川先生曰：「今人多不知兄弟之愛。且如閭閻小人，得一食必先以食父母，夫何故以父母之口重於己之口也？得一衣必先以衣父母，夫何故以父母之體重於己之體也？至於犬馬亦然，待父母之犬馬必異乎己之犬馬也。獨愛父母之子却輕於己之子，甚

【二】泝桐廬　原脱「廬」字，明嘉靖本同，據《宋史》卷三百四十及《道鄉集》卷三十九補。

者至若仇敵，舉世皆如此，惑之甚矣！」

國朝公卿能守先法久而不衰者，唯故李相昉家子孫。數世至二百餘口，猶同居共爨，田園邸舍所收，及有官者俸禄，皆聚之一庫，計口日給餉，婚姻喪葬所費，皆有常數，分命子弟掌其事。其規模大抵出于翰林學士宗諤所制也。

政和間，温人趙彦霄兄弟二人，父母服闋後同爨十二年。兄彦雲惟聲色博奕是娱，生業壞已踰半，彦霄諫之不入，遂求析籍。及五年，而兄之生計蕩然矣，公私逋負尚三千餘緡。彦霄因除夕置酒，邀兄嫂而告之曰：「向者初無分爨意，以兄用度不節，恐皆蕩盡，俱有饑寒之憂。今幸留一半，亦足以給伏臘。兄自今復歸中堂以主家務。」即取分書付之火，管鑰之屬悉以付焉，因言所少逋負已儲錢償之。兄初有慚色，不從，不得已而受之。次年，彦霄與長子俱膺鄉薦，一舉登第，鄉人大敬服之。予聞其事於其子姪，故録之以示訓焉。江唐卿《影響録》。

杜正獻公前母有二子，不孝悌，其母改適河陽錢氏。祖母卒，公年十五六，二兄遇之無狀，至引劒斫之，傷腦出血數升，其姑匿之，僅而得免。乃詣河陽歸其母，繼父不之容，往來孟洛間，貧甚，傭書以自資。嘗至濟源，富民相里氏奇之，妻以女，由是資用稍給。舉進士，殿試第四。及貴，其長兄猶存，待遇甚有恩禮，二兄及錢氏、姑氏子孫受公蔭補官者數人，仍皆爲之昏嫁。《記聞》。

温公與其兄伯康友愛尤篤，伯康年將八十，公奉之如嚴父，保之如嬰兒。每食少頃，則問曰：「得無饑乎？」天少冷，則拊其背曰：「衣得無薄乎？」《范太史集》。

蔡忠惠公襄云：「事父母之道曰孝，天之性也，事君上之道曰忠，人之義也，猶耳目心腹有身則有之，非外物也。邇代以旌賞勸其孝，爵禄勸其忠，則孝非天之性，忠非人之義矣，猶無耳目心腹，豈爲人歟！乃亦若鷺白烏玄，蓋物之本然也，苟染而色之，何可長也？惟忠與孝，待勸而行，詎至孝至忠乎？夫忠孝者，感天地，動鬼神，故有冰魚、寒笋之事，返風、起禾之應，或飾名沽譽。雖可勸諸，亦可捨諸，則三、五之世忠孝多由於性，三、五之後忠孝多由於勸也。勸之尚不能，況不勸乎？」

忠孝本非二事。孔子曰：「夫孝始於事親，中於事君。」又曰：「事親孝，故忠可移於君。」又曰：「資於事父以事君，而敬同。」《祭義》載曾子言曰：「事君不忠非孝也，莅官不敬非孝也，戰陣無勇非孝也。」忠與孝豈二事哉？要之，忠以孝爲本，未有孝而不忠者。古人謂「求忠臣於孝子之門」，又曰「孝立則忠遂可謂」，能識聖賢之意。若謂忠孝不兩立，如王陽、王尊之論，則不可。《樂庵語録》。

李順黨中有殺耕牛避罪亡逃者，張忠定公許其首身，拘母十日不出，釋之，復拘其妻，一宿而來。公斷云：「禁母十夜，留妻一宵，倚門之望何疎，結髮之情何厚？舊爲惡黨，今又逃亡，許令首身，猶尚顧望。」就市斬之。於是首身者繼至，並遣歸業，民悉安居。《樂庵語録》。

教子孫

滎陽吕公希哲，正獻公之長子也。正獻公居家簡重寡默，不以事物經心。而申國夫人性嚴有法度，雖甚愛公，然教公事事循蹈規矩。甫十歲，祁寒暑雨，侍立終日，不命之坐不敢坐也。日必冠帶以見長者，平居雖天甚熱，在父母長者之側，不得去巾襪縛袴衣服。唯謹行步出入，無得入茶房酒肆，市井巷里之語、鄭衛之音，未嘗一經於耳，不正之書、非禮之色，未嘗一接於目。正獻公通判潁州，歐陽文忠公適知州事，焦先生千之伯强客文忠公所，嚴毅方正。正獻公招延之，使教諸子。諸生小有過差，先生端坐，召與相對終日，竟夕不與之語，諸生恐懼畏伏，先生方畧降詞色。時公方十餘歲，内則正獻公與申國夫人教訓如此之嚴，外則焦先生化導如此之篤，故公德器成就，大異衆人。公嘗言：「人生内無賢父兄，外無嚴師友，而有成者，少矣！」

歐陽文忠公與其姪通理書云：「自南方多事以來，日夕憂汝。得昨日遞中書，頓解憂想。歐陽氏自江南歸明，累世蒙朝廷官禄，吾今又被榮顯，致汝等並列官品。當思報効，偶此多事，如有差使，盡心向前，不得避事，至於臨難死節，亦是汝榮事。但存心盡公，神明自祐汝，謹不可思避事也。昨書中言，欲買朱砂來，吾不闕此物，汝於官下宜守廉，何得買官下物？吾在官所，除飲食外，不曾買一物，可觀此爲戒也。」内翰蘇公題其後曰：「凡人勉強於外，何所不至？惟考之其私，乃見真僞。此歐陽公與其弟姪家書也。」

韓忠憲公教子，嚴肅不可犯。知亳州，第二子舍人自西京倅謁告省覲，康公與右相，及姪柱史、宗彦皆中甲科歸，公喜置酒，召寮屬之親厚者，俾諸子坐於隅。惟持國多深思，知必有義方之訓，託疾不赴。坐中忽云：「二郎，吾聞西京有疑獄奏讞者，其詳云何？」舍人思之未得，已訶之，再問未能對，遂推案索杖，大詬曰：「汝食朝廷厚禄，倅貳一府，事無巨細皆當究心。大辟奏案尚不能記，則細務不舉可知。吾在千里外，無所干預，猶能知之，爾叨冒廪禄，何顔報國？」必欲撻之，衆賓力解方已。諸子股栗，累日不能釋。家法之嚴如此，所以多賢子孫也。

包孝肅公拯字希仁，家訓云：「後世子孫仕宦，有犯贓濫者，不得放歸本家，亡歿之後，不得葬於大塋之中。不從吾志，非吾子孫！」共三十七字，其下押字又云「仰珙刻石，竪於堂屋東壁，以詔後世」又十四字。珙者，孝肅之子也。

劉忠肅公摯教子孫先行實後文藝，每曰：「士當以器識爲先，一號爲文人，無足觀矣。」

黄魯直云：「四民皆當世業，士大夫家子弟能知忠信孝友斯可矣。然不可令讀書種子斷絶，有才氣者出，便當名世矣。」

橫渠先生言：「勿謂小兒無記性，所歷事皆能不忘。故善養子者，當其嬰孩鞠之；使得所養，合其和氣，乃至長而性美教之，示以好惡有常至。如養犬者，不欲其升堂，則時其升堂而扑之，若既扑其升堂，又復食之於堂，則使孰從？雖日撻而求其不升，不可得也。養異類且爾，況人乎？故養正者，聖人也。」

吳庠妻謝氏，其子名賀。賀與賓客言及人之長短，夫人屏間竊聞之，怒笞賀一百。或解夫人曰：「臧否，士之常，忽笞之若是。」夫人曰：「愛其女者，必取三復白圭之士妻之。今獨產一子，使知義命，而出語忘親，豈可久之道哉？」因涕泣不食，賀由是恐懼謹默。

真宗嘗問高瓊：「卿子幾人？」曰：「臣子十有四人，臣愚不肖，然未嘗不教以知書。」於是賜諸經史於其家。每戒諸子：「毋曲事要勢以蘄進身，若吾奮節行間，至秉旄鉞，豈因人力哉！」又嘗與諸子論蔚昭敏、李斌之爲人，諸子曰：「此衆之所非也。」王曰：「吾嘗與此二人者言，其忠質一心，無銖髮敢欺朝廷，衆之所非，吾之所取也。」《神道碑》。

呂正獻公至和中手書東漢延篤與李文德書於座右，又書古人詩「好衣不近節士體，梁穀似怕腹中書」兩句於子舍屏風。《家塾記》

胡安定治家甚嚴，閨門整肅，尤謹内外之分，兒婦雖父母在，非節朔不許歸寧，嫁女必須勝吾家者，娶婦必須不若吾家者。或問其故，曰：「嫁勝吾家，則女之事人必欽必戒；

婦不若吾家，則婦之事舅姑必執婦道。」

《家養正語録》云：「人生至樂，無如讀書，至要無如教子。」

富者之教子，須是重道，貧者之教子，須是守節。

士人家切勤教子弟，勿令詩書味短。

人家子弟惟可使覿德，不可使覿利。

教子有五：導其性，廣其志，養其才，鼓其氣，攻其病。廢一不可。

養子弟如養芝蘭，既積學以培殖之，又積善以滋潤之。

父子之間不可溺於小慈，自小律之以嚴，繩之以禮，則長無不肖之悔。

子弟之賢不肖係諸人，而世人不以其不肖爲可憂。子弟之貧富貴賤係諸天，而世人乃憂其貧且賤，而多爲不義之事，以求富之貴之。得非倒見耶！

賑親族

范文正公仲淹嘗語諸子弟曰：「吾吴中宗族甚衆，於吾固有親疎，然以吾祖宗視之，則均是子孫，固無親疎也。吾安得不恤其饑寒哉？且自祖宗積德百餘年，而始發於吾，得至大官，若獨饗富貴而不恤宗族，異日何以見祖宗於地下，今亦何顔以入家廟乎？」故恩例俸賜常均族人，并置義田宅云。《遺事》。

公輕財好施，尤厚於族人，既貴，於姑蘇近郭買良田數千畝爲義莊，以養羣從之貧者。

擇族人長而賢者一人主其出納，人日米一升，歲衣縑一疋，嫁娶喪葬皆有贍給，聚族人僅百口。公殁逾四十年，子孫賢令至今奉公之法，不敢廢弛。《澠水燕談》。

公自政府出，歸姑蘇焚黄。搜外庫惟有絹三千疋，令掌吏録親戚及閭里知舊，自大及小，散之皆盡，曰：「宗族鄉黨見我生長、幼學、壯仕，爲我助喜，我何以報之哉！」

吕正獻公公著自爲小官，不問生事，而夫人亦好施。仕寖顯，内外姻戚亦益多，爲相，受賜所散至十之九，三公俸賜率以周九族，家無餘積，米不足，至糴以繼之。行狀。

程珦字伯温，前後五得任子，以均諸父子孫。嫁遣孤女，必盡其力。所得俸錢，分贍親戚之貧者。伯母劉氏寡居，公奉養甚至，其女之夫死，公逆從女兄以歸，教養其子，均於子姪。既而女兄之女又寡，公懼女兄之悲思，又取甥女以歸嫁之。時小官禄薄，克己爲義，人以爲難。

吴文肅公奎，姻族有不能自存者，爲畢嫁娶。以錢二千萬買田，號曰「義莊」，以賙親戚朋友之貧乏者。終之日家無餘財，諸子無宅以居焉。嗚呼，可謂篤義君子矣！

韓魏公琦合宗族百口，衣食均等無所異，嫁孤女十餘人，養育諸姪比於己子。所得恩例，先及旁族，逮其終，子有褐衣未命者。追孝祖考，恨不及養，奉塋域甚厚，自五世祖冢皆訪得之，買田其旁，植松檟，召人守視之。貴顯五十年，身爲將相，累更大賜予，及其殁也，庫無羡錢，室無奇玩。賴天子賜金帛，官出葬資，喪事得以無乏。

劉輝簽判，哀族人不能爲生者，買田數百畝以養之。初范文正公、吴文肅公皆有志置義田，及後登二府，禄賜豐厚，方能成其志。而輝於初仕，家無餘貲，能力爲之，士君子尤以爲難。《澠水燕談》。

彭汝礪居家孝友，事寡嫂謹甚，兄無子，爲立後官之，又官其弟汝方，而後其子。汝方聞公喪，即棄所居官歸，論者多之。族人貧者，分俸錢賙給，或爲置義莊。

居處

王文正公不置田宅，曰：「子孫當各念自立，何必田宅。置之，徒使爭財爲不義耳。」

李文靖公沆爲相，治居第於封丘門内，聽事前僅容旋馬。或言其太隘，公笑曰：「居第當傳子孫，此爲宰相聽事誠隘，爲太祝奉禮聽事已寬矣。」公奉身至薄，所居甚陋，真宗嘗欲治之，公以先人舊廬懇辭而止。

范文正公在杭州，子弟以公有退志，乘間請治第洛陽，營園圃以爲佚老之地。公曰：「人苟有道義之樂，形骸可外，況居室哉？吾今年踰六十，生且無幾，乃謀樹第治圃，顧何待而居乎？吾之所患，在位高而艱退，不患退而無居也。且西都士大夫園林相望，爲主人者莫得常遊，而誰獨障吾遊者，豈必有諸己而後爲樂耶。俸賜之餘，宜以賙宗族。若曹遵吾言，毋以爲慮。」

横渠先生言，嘗欲爲范文正公買緑野堂者，公不肯，曰：「在唐如晉公者，是可尊也，一旦取其物而有之，如何得安寧？使弊壞及它人有之，已則不可取也。」

趙清獻公抃字閲道，寬厚長者，與物無忤。家於三衢，所居甚隘，弟姪有欲悦公意者，厚以直易鄰翁之居以廣公第，公聞不樂，曰：「吾與此翁三世爲鄰矣，忍棄之乎？」命急還翁居，而不追其直。

處士魏野贈寇公詩曰：「有官居鼎鼐，無宅起樓臺。」及上即位，北使賜宴，兩府預坐，北使歷視坐中，問譯者曰：「誰是無宅起樓臺相公？」坐中無答，丁謂令譯者謂曰：「朝廷初即位，南方須大臣鎮撫，寇公暫撫南夏，非久即還。」

楊玢尚書致仕歸長安，舊居爲鄰里侵占，子弟欲詣府訴其事，以狀白玢。玢批紙尾云：「四鄰侵我我從伊，必竟須思未有時。試上含光殿基望，秋風秋草正離離。」子弟不敢復言。

李丞相沆頗通釋典，尤厭榮利，世務罕以嬰心。其自奉甚薄，所居陋巷，聽事無重門，其偪下已甚，頹垣壞壁，沆不以屑慮。堂前花欄壞，妻戒守舍者勿令葺，以試沆。沆朝夕見之，經月終不言。妻以語沆，沆笑謂其弟維曰：「豈可以此動吾一念哉！」家人勸治居第，未嘗答，維因語次及之，沆曰：「身食厚禄，時有横賜，計囊裝亦可以治第，但念内典以此世界爲缺陷，安得圓滿如意，自求稱足？今市新宅，須一年繕完，人生朝暮不可保，又豈能久居巢林一枝。聊自足耳，安事豐屋哉！」後遇疾，沐浴畢，右卧而逝。時盛暑，停屍七日，室中無穢氣，亦履行之報也。

真宗謂輔臣曰：「畢士安飭躬畏謹，有古人之風，遽此淪没，深可悼惜。」王旦等對曰：「士安官至輔相，而四方無田園居第，没未終喪，家用已屈。真不負陛下之所知矣！」帝感歎，賜其家白金五千兩【三】。

【三】此條原闕，據明嘉靖本補。

卷四

接物類

交際

熙寧、元豐間，士大夫論天下賢者，必曰君實、景仁，其道德風流足以師表當世，其議論可否足以榮辱天下。二公蓋相得歡甚，皆自以爲莫及，曰：「吾與子生同志，死當同傳。」而天下之人亦無敢優劣之者。二公既約更相爲傳，而後死者則誌其墓，故君實爲景仁傳。其略曰：「吕獻可之先見，景仁之勇決，皆予所不及也。」蓋二公用捨大節皆不謀而同，如仁宗時論立皇嗣，英宗時論安懿王稱號，神宗時論新法，其言若出一人，相先後如左右手。故君實嘗謂人曰：「吾與景仁兄弟也，但姓不同耳。」然至於論鍾律，則反復相非，終身不能相一。君子是以知二公非苟同者。

范文正公讚楊文公億像曰：「公以命世之才，其位不充，故天下知公之文而未知其道也。昔王文正公居宰府僅二十年，未嘗見愛惡之迹，天下謂之大雅。寇萊公當國，真宗有澶淵之幸，而能左右天子，如山不動，却戎狄，保宗社，天下謂之大忠。樞密扶風馬公慷慨立朝，有犯無隱，天下謂之至直。此三君子者，一代之偉人也。公與三君子深相交許，情如金石，則公之道其正可知矣。」

鞠詠爲進士，以文受知於王公化基。及王公知杭州，詠擢第釋褐爲大理評事，知杭州仁和縣，將之官，先以書及所作詩寄王公，以謝平昔獎進，今復爲吏，得以文字相樂之意。王公不答，及至任，畧不加禮，課其職事甚急。鞠大失望，於是不復冀其相知，而專脩吏幹矣。其後王公入爲參知政事，首以詠薦，人或問其故，答曰：「鞠詠之才不患不奮，所憂者氣俊而驕，我故抑之，以成其德耳。」鞠聞知，始以王公爲真相知也。

李光祖元亮，野夫學士之孫，少有俊聲，與蔡薿同學舍。薿既貴，元亮猶蹉跎場屋。薿在金陵，以同舍故先謁之，亮謝以啓事云：「跣足而見長者，古猶非之，輕身以先匹夫，今無是矣。」

《童蒙訓》曰：「同僚之契，交承之分，有兄弟之義，至其子孫亦世講之。」前輩專以此爲務，今人知之者蓋少矣。又如舊舉將及嘗爲舊任按察官者，後己官雖在上，前輩皆辭避坐下坐。風俗如此，安得不厚乎？

韓億布衣時與李康靖公同遊，止一氊同寢，一日分途，遂割而分之。至汝州，太守趙學士請康靖爲門客，尤敬待公，每公至，即令設猪肉。康靖嘗有簡戲云：「久思肉味，請君早訪。」及趙公有女，遂與議親，既過省，趙公遣人送女來，至京城外旅店中，一夕病卒，韓忠憲公具素服往哭之。李康靖爲長社，每日懸百錢於壁上，用盡即已，其貧儉如此。

韓億、李若谷未第時皆貧，同試京師，每出謁更爲僕。李先登第，授許州長社縣主簿，赴官，自控妻驢，億爲負一箱。將至長社三十里，李謂韓曰：「恐縣吏來。」箱中止有錢六百，以其半遺韓，相持大哭别去。次舉韓亦登第，後皆至參政，世爲婚姻不絶。

蘇子瞻云，慶曆五年，有李京者爲小官，吴鼎臣在侍從，二人相與通家。一日，京薦其友人於鼎臣，求聞達於朝廷，鼎臣即繳其書奏之，京坐貶官。未行，京妻謁鼎臣妻取别，鼎臣妻慙不出。京妻立廳事，召鼎臣幹僕語之曰：「我來既爲往還之久，欲求一别，亦爲乃公嘗有數帖與吾夫禱私事，恐汝家終以爲疑。」索火焚之而去。

范公貶饒州，諫官、御史不肯言，師魯上書言：「仲淹，臣之師友，願得俱貶。」貶監郢州酒税。《墓誌》。

今之朋友擇其善柔，以相與拍肩執袂以爲契合，一言不合，怒氣相加。朋友之際欲其相下不倦。橫渠。

初，王安石與吕正獻公晦叔善，及秉政，爲人所間，怒公甚。晚稍悔悟，及退居金陵既久，聞公至揚州，數寄聲欲就見。安石未用時，以兄禮事公甚謹，自熙寧後，間一通慶弔，皆書吏以公函答。至是，以親書復稱兄。然公未久即赴召，竟不果來見。

君子小人

堯夫解「佗山之石可以攻玉」，玉者，温潤之物，若將兩塊玉來相磨，必磨不成，須是得佗箇麄礪底物方磨得出。譬如君子與小人處，爲小人侵陵，則修省畏避，動心忍性，增益預防，如此便道理出來。

韓魏公常言：「君子小人如冰炭，決不可以同器，若兼收並用，則小人必勝，薰蕕雜處，終必爲臭。」其爲宰相及判河陽，最後請老家居，凡三上章，皆言天子無職事，惟辨君子小人而進退之，此天子之職也。君子與小人並處，其勢必不勝，則奉身而退，樂道無悶。小人不勝則交結黨扇，千岐萬轍，必勝而後已。小人復勝，必遂肆毒於善良，無所不爲，求天下不亂，不可得也。

韓魏公惟務容小人，善惡黑白不太分，故小人忌之亦少。如范、富、歐、尹常欲分君子小人，故小人忌怨日至，朋黨亦起。方諸公斥逐，獨公安焉，後扶持諸公復起，皆公力也。

韓魏公謂小人不可求遠，三家村中亦有一家，當求處之之理。知其爲小人處之，更不可校，如校之，則自小矣。人有非毁，但當反己是不是，己是，則是在我而罪在彼，烏用計其如何。

韓魏公因論君子小人之際，皆當以誠待之，但知其小人則淺與之接耳。凡人至於小人欺己處，覺必露其明以破之。公獨不然，明足以照小人之欺，然每受之，未嘗形色也。

韓魏公語，小人害君子，猶蜂蠆之毒物，遠之正使不能加諸人。可謂善處矣。

孝節先生徐積一日升堂訓諸生曰：「諸君欲爲君子，而使勞己之力，費己之財，如此而不爲，猶之可也；不勞己之力，不費己之財，何不爲君子？鄉人賤之，父母患之，如此而不爲，猶之可也；父母欲之，鄉人榮之，何不爲君子？」又曰：「言其所善，行其所善，思其所善，而不爲君子者，未之有也。言其不善，行其不善，思其不善，如此而不爲小人者，未之有也。」

曾公亮爲翰林學士，未識趙抃，而以臺官薦召爲殿中侍御史，彈劾不避權幸，京師號抃鐵面御史。其言常欲朝廷別白君子小人，以爲小人雖小過，當力排而絶之，後乃無患；君子不幸而有詿誤，當保持愛惜，以成就其德。故言事雖切，而人不厭。

元豐六年，富公疾上書言八事，大抵論君子小人爲治亂之本。神宗語輔臣曰：「富弼有章疏來。」章惇曰：「弼所言何事？」帝曰：「言朕左右多小人。」惇曰：「可令分析，孰爲小人。」帝曰：「弼三朝老臣，豈可令分析？」左丞王安禮進曰：「弼之言是也。」罷朝，惇責安禮曰：「左丞對上之言失矣。」安禮曰：「吾輩今日曰『誠如聖諭』，明日曰『聖學非臣所及』，安得不謂之小人？」惇無以對。是年五月，大星殞於公所居還政堂下，空中如甲馬聲，公登天光臺焚香再拜，知其將終也。閏六月丙申薨。司馬温公、范忠宣公來弔哭，公之子紹庭、紹京泣曰：「先公自有封押章疏一通，殆遺表也。」二公曰：「當不啟封以聞。」蘇内翰作公神道碑，謂「世莫知其所言」者是也。神宗聞訃震悼，出祭文，遣中使設祭，恩禮甚厚，政府方遣一奠而已。《聞見録》。

神宗皇帝鋭意求治，奬勵臣下，劉忠肅公摯既對，面賜褒諭，因論人物邪正，條對移時，上意嚮納。劉大諫序公文集云：「神宗面賜褒諭，且問『從學王安石耶？安石稱卿器識。』公對曰：『臣東北人，少孤獨學，不識安石也。』」因上疏極論，其畧曰：「君子小人之分，在義利而已。小人非不足用，特心之所嚮不在乎義，故希賞之志每在事先，奉公之心每在私後。陛下有勸農之意，今變而爲煩擾；陛下有均役之意，今倚以爲聚斂。其於愛君之心憂國之言者，皆無以容於其間。今天下有喜於敢爲之論，有樂於無事之論，彼以此爲流俗，此以彼爲亂常。畏義者，以進取爲可羞；嗜利者，以守道爲無能。臣願陛下虚心平聽，慎重好惡，前日意以爲是者，今更察其非，前日意以爲短者，今亦用其長。稍抑虚譁輕僞、志近忘遠、幸於苟合之人，漸察忠厚慎重、難進易退、可與有爲之士。抑高舉下，品制劑量，收合過與不及之俗，使會於大中之道。然後風俗一，險阻平，施設變化，唯陛下號令之而已。」行實。

張公商英從容進見，自以身居言路，職在分別淑慝，以章言曰：「臣夙夜爲陛下思之，如富弼之忠厚，文彦博之器度，吕公弼之純粹，陳升之之敏劭，邵必之嚴毅，韓絳之公正，王陶之鯁直，司馬光之學術，張方平之才識，王珪之文雅，范鎮之清謹，唐介之方勁，何郯之骨鯁，吕公著之朴茂，趙抃之節操，滕甫之明穎，韓維之沉靜，邵亢之醇亮，是皆時之寶器，宜在朝廷者也。如甲之彊塞，如乙之狠戾，如丙之姦邪，是皆時之蟊賊，宜畀四裔者也。」當國浸不悦。行狀。

神宗問政府地震之變，曾公曰：「陰盛。」上曰：「誰爲陰？」公曰：「臣者，君之陰；子者，父之陰；婦者，夫之陰；夷狄者，中國之陰。皆宜戒之。」上問吴奎，奎曰：「但爲小人黨盛耳。」上不懌。《温公日録》。

時西邊儒帥有以威敵斥境請於范純仁者，手自答曰：「大輅與柴車較逐，鸞鳳與鴟梟爭食，連城與瓦礫相觸，君子與小人鬭力，不惟不能勝，兼亦不可勝，不惟不可勝，雖勝亦非也。」

韓魏公嘗言：「仁廟議配饗，清議皆與沂公，不與申公，誠意不可欺如此。」又曰：「頃時丁、寇立朝，天下聞一善言【一】，皆歸之萊公，未必盡出萊公也，聞一不善事，皆歸之晉公，未必盡出晉公也。」蓋天下之善惡爭歸焉，人之修身養誠意，不可不謹。

樂善

韓魏公元勳盛德如此，聞人一小善，則曰：「琦不及也。」晏元獻公殊爲人剛直，遇人必以誠，雖處富貴如寒士，罇酒相對，歡如也。得一善稱之如己出，當世知名之士如范仲淹、孔道輔等皆出其門。

鄒公浩修潔有志行，記覽該總，援筆數千言立就，斯可畏者，然自視如未足。士有一

【一】天下聞一善言　「言」原作「事」，明嘉靖本同，據《宋名臣言行録》後集卷一改。

善，無貴賤必與之交，無遠邇必欲收而取之。

呂滎陽公希哲嘗言：世人喜言「無好人」三字者，可謂自賊者也。包孝肅尹京時，民有自言以白金百兩寄我者死矣，予其子，其子不肯受，願召其子予之。尹召其子，辭曰：「亡父未嘗以白金委人也。」兩人相讓久之。公言：「觀此事，而言無好人者亦可以少愧矣！人皆可以爲堯、舜，盍觀於此而知之。」

韓魏公言，希文嘗與呂申公論人物，申公曰：「吾見人多矣，無有節行者。」希文曰：「天下固有人，但相公不知爾。以此意待天下士，宜乎節行者之不至也。」

陳忠肅公瓘性謙和，與物無競，與人議論，率多取人之長，雖見其短，未嘗面折，惟微示意以警之，人多退省愧服。尤好獎進後輩，一言一行苟有可取，即譽美傳揚，謂己不能。

杜正獻公衍推獎後進，今世知名士多出其門。居家見賓客必問時事，聞有善，喜若己出，至有所不可，憂見於色，或夜不能寐，如任其責者。凡公所以行之終身者，有能履其一，君子以爲人之所難，而公自謂不足以名後世，遺戒子孫無得記述。嗚呼！豈所謂任重道遠，而爲善惟日不足者歟！

正獻呂公著晦叔，平生以人物爲己任，好德樂善，出於天性。士夫有以人物爲意者，公必問其所知與其所聞，參互考實，以待上求。上前議政事，盡誠去飾，博取衆人之善以爲善，至其所當守，毅然不可回奪也。

司馬文正對賓客，無問賢愚長幼，悉以疑事問之。有草簿數枚，常置坐間，苟有可取，隨手記録，或對客即書，率以爲常，其書字皆真謹。

先生每與司馬君實説話，不曾放過，如范堯夫十件事，只爭得三四件便已。先生曰：「君實只爲能受盡言，儘人忤逆終不怒便是好處。」《程氏遺書》。

教育

安定先生胡瑗在湖學時，福唐劉彝執中往從之，學者數百人，彝爲高第，凡綱紀於學者，彝之力爲多。熙寧二年召對，上問：「從學何人？」對曰：「臣少從學於安定先生胡瑗。」上曰：「其人文章與王安石孰優？」彝曰：「胡瑗以道德仁義教東南諸生時，王安石方在場屋修進士業。臣聞聖人之道有體、有用、有文，君臣父子，仁義禮樂，歷世不可變者，其體也。詩書史傳子集【二】，垂法後世者，文也。舉而措之天下，能潤澤其民，歸于皇極者，其用也。國家累朝取士不以體用爲本，而尚其聲律浮華之詞，是以風俗偷薄。臣師瑗當寶元、明道之間，尤病其失，遂明體用之學，以授諸生，夙夜勤瘁，二十餘年，專功學校，始自蘇湖，終於太學，出於門者無慮二千餘人。故今學者明夫聖人體用，以爲政教之本，皆臣師之功也。」上曰：「其門人今在朝爲誰？」對曰：「若錢藻之淵篤，孫覺之純明，范純仁之直温，錢公輔之簡諒，皆陛下之所知也。其在外明體適用，教於民者殆數十輩，其餘政事文學粗出於人者，不可勝數。此天下四方之所共知，而歎美之不足者也。」

【二】詩書史傳子集　原脱「子」字，據《群書考索》後集卷三十、《古今事文類聚》前集卷二十三補。

上悦。

陳公襄歷知仙居、河陽縣，留意教化，進縣子弟於學，或譏之於判府富文忠公，謂其誘邑子以資過客，文忠公疑焉。人勸毁學舍以塞謗，不從，而講説不少懈，文忠公益奇之【三】。平生以道德教育天下英才爲己任，故以學業出入其門者無慮千人，而齒於仕版輔大政、親近侍、列臺閣、帥邊防者有矣，守方州、使諸路、佐郡邑、宰人民者所至多焉，莫不知所以仁民爲固國之本也，治己爲臨下之範也，學古爲修身之資也，事親爲行道之始也。官於四方而民受其賜者，皆公之所教也。

晏丞相殊留守南京，范文正公仲淹遭母憂寓居城下，晏公請掌府學。范公常宿學中，訓督學者皆有法度，勤勞恭謹，以身先之，夜課諸生讀書，寢食皆立時刻。往往潛至齋舍詗之，見有先寢者詰之，其人紿云：「適疲倦，暫就枕耳。」問未寢之時觀何書，其人亦妄對，則取書問之，不能對，乃罰之。出題使諸生作賦，必先自爲之，欲知其難易及所當用意，亦使學者率以爲法。由是四方從學者輻湊，其後宋人以文學有聲名於場屋朝廷者，多其所教也。

曾文昭公肇知應天府，宋當東南孔道，宴勞無虚日。公曰：「飾厨傳以邀往來之譽，吾不爲也。」乃積公帑之餘大興學校，親加訓導，養成人材爲多。

泰山孫復，時孔給事道輔爲人剛直嚴重，不妄與人，聞先生之風，就見之。（石）介執

【三】原本脱「歷知仙居……文忠公益奇之」六十三字，據明嘉靖本補。

杖屨侍左右，先生坐則立，升降拜則扶之，及其往謝也亦然。魯人既素高此二人，由是始識師弟子之禮，莫不嗟嘆之。而李丞相、孔給事亦以此見稱於士大夫。

胡公安國，士子問學，公接之大抵以立志爲先，以忠信爲本，以致知爲窮理之門，以敬爲持養之道。開端引示，必當其才，訓厲救藥，必中其病。

伊川先生晚年接學者，乃更平易。蓋其學已到至處，但於聖人氣象差少從容耳。明道則已從容，惜其蚤死不及用也，使及於元祐間，則不至有今日事矣。

竇諫議禹鈞，爲人素長者，每量歲之所入，除伏臘供給外，皆以濟人之急。家唯素儉，器無金玉之飾，家無衣帛之妾。嘗於宅南建一書院，四十間，聚書數千卷，禮文行之儒延置師席。凡四方孤寒之士貧無供須者，公咸爲出之，無問識與不識，有志於學者聽其自至，故其子見聞益博。凡四方之士，由公之門登貴顯者，前後接踵來拜公之門，必命左右扶公坐，受其禮。及公之亡，蒙恩深者有持心喪三年，以報其遺德。

晏元獻公留守南京，大興學校，以教諸生。自五代以來，大小學廢，興自公始。神道碑。

厚德

李文正公昉，至道元年燈夕，太宗御樓，時李文正以司空致仕於家，上亟以安輿就其宅，召至，賜坐於御樓之側，敷對明爽，精力康勁。上親酌御樽飲之，選餚核之精者賜焉，謂近侍曰：「昉可謂善人君子也。事朕兩入中書，未嘗有傷人害物之事，宜其今日所享如此也。」

韓魏公爲丞相，每見文字有攻人隱惡者，即手自封之，未嘗使人見。

韓魏公在魏府，僚屬路拯者就案呈有司事，而狀尾忘書名，公即以袖覆之，仰首與語，稍稍潛卷從容以授之。

王文正公旦任事久，人有謗公於上者，公輒引咎，未嘗自辯。至人有過失，雖人主盛怒，可辯者辯之，必得而後已。日者上書言宫禁事，請籍其家，得朝士所與往還占問吉凶之説，真宗怒，欲付御史問狀，公曰：「此人之常情，且語不及朝廷，不足罪。」真宗怒不解，公因自取嘗所占問之書進曰：「臣少賤時不免爲此，必以爲罪，願并臣付獄。」真宗曰：「此事已發，何可免？」公曰：「臣爲宰相執國法，豈可自爲之幸於不發，而以罪之？」真宗意解，公至中書，悉焚所得書。既而真宗悔，復馳取之，公曰：「臣已焚之矣。」由是獲免者衆。

王文正公旦薦寇萊公爲相，萊公數短公於上，而公專稱其長。上一日謂公曰：「卿雖稱其美，彼專談卿惡。」公曰：「理固當然。臣在相位久，政事闕失必多，準對陛下無所隱，益足以見其忠直，此臣所以重準也。」上由是益賢公。萊公在藩鎮，嘗因生日建山棚大宴，又服用僭侈，爲人所奏。上怒甚，謂公曰：「寇準每事欲效朕，可乎？」公徐對曰：「準誠能臣，無如騃何？」上意解，遽曰：「然。此止是騃耳。」遂不問。文正公疾亟，上問以後事，唯對以宜早召寇準爲相。

陳忠肅公瓘性謙和，與物無競，與人議論，率多取人之長，雖見其短，未嘗面折，唯微示意以警之，人多退省愧服。尤好獎進後輩，一言一行苟有可取，即譽美傳揚，謂己不能。

杜正獻公衍嘗曰：「今之在上者，多擿發下位小節，是誠不恕也。」衍知兖州時，州縣官有累重而素貧者，以公租所得均給之，公租不足，則繼以公帑，量其小大，咸使自足，尚有復侵擾者，真貪吏也，於義可責。又曰：「衍歷知州、提、轉、安撫，未嘗壞一箇官員。其間不職者即委以事使之不暇墮，不謹者諭以禍福，俾之自新，從而遷善者甚衆，不必繩以法也。」

韓忠憲公億在中書，日見諸路職司捃拾官吏小過，輒不懌曰：「今天下太平，主上之心雖蟲魚草木皆欲得所，況仕者大則望爲公卿，次亦望爲侍從、職司二千石，其下亦望京朝幕職。奈何錮之於聖世乎？」

陳文惠公堯佐十典大州，六爲轉運使，常以方嚴肅下，使人知畏而重犯法。至其過失，則多保祐之，故未嘗按黜一下吏。

吕正獻公晦叔，議者或咎公持心太恕，今除惡不盡，將失有罪爲異日患。公曰：「爲治去其太甚者耳，人才實難，當使之自新，豈宜使之自棄耶？」

校書郎張子奭居三川間，嘗謁見王沂公延於便坐，屏左右語之曰：「聞伊闕令劉定基貪虐無狀，民將興訟。」又出書一軸，悉數其罪，且曰：「爲吏至此，誠不足念，若舉以成獄，則平民罹其害者不啻千人。今將先事除之如何？」子奭對以漢薛宣故事，公頷之。未幾，檄召令至府面詰之，仍示以鄉來書軸，俾自閱之，劉首伏不敢有隱，且求解去。翌日，以疾告自免，由是訟息而民安。

方諫議謹言爲侍御史時，丁謂貶，遣謹言籍其家，得士大夫書，多干請關通者，悉焚之，不以聞。世稱其長者。

蘇公頌平生於人無纖芥仇怨。在杭州日，有要人以事屬公，公不從，後其人當言路，懷忿抵巇，或謂其事迹書劄具存可辯，公笑曰：「吾豈爲是哉！」在潁州日，通判趙至忠本歸明人，所至輒與守競，公待之以禮，具盡誠意。他日，至忠泣曰：「至忠夷人也，然見義則服，平生誠服者，唯今韓魏公與公耳。」

王沂公曾再莅大名，政有不便【四】，委曲彌縫，悉掩其非。及移守洛帥，陳堯咨復爲代，覩之歎曰：「王公宜其爲宰相，我之量弗及已。」蓋陳以昔時之嫌，意謂公必返其政、發其隱也。

趙清獻公通判泗州，泗守昏不事事，監司欲罷遣之。公獨左右其政，而誨其所以然，使若權不己出者，守得以善罷。

胡文恭公宿知湖州，前守滕公大興學校，費錢數千萬，胡安定始教授於其間，未訖，滕

【四】政有不便　「政」上原有「如數」二字，據本書卷一《見識》同條刪。

公罷去，羣小斐然謗議，以爲滕公用錢有不明者，自通判以下不肯書其簿。公於坐折之曰：「君佐滕侯幾時矣？假滕侯之謀有不臧，奚不早告？陰拱以觀，俟其去乃非之，豈古人分謗之意？」一坐大慚，爲公書。

傅公堯俞在徐，前守侵用公使錢，公寖爲償之，未足而公罷。後守反以文移公，當償千緡，公竭資且假貸償之。久之，鈎考得實，公蓋未嘗侵用也，公卒不辯。其容物不校如此。

司門郎中王繕，濰州人，治三傳《春秋》中第，再調沂州録事參軍。時魯簡肅公宗道方爲司户參軍，家貧食衆，禄俸不給，每貸於王，猶不足，則又懇王預貸俸錢。魯御下嚴，庫吏深怨之，訴魯私貸緡錢，州并劾王。王諭魯曰：「第歸罪某，君無承也。」魯曰：「某貧不給，以私干公，過實自某，公何辜焉？」王曰：「某碌碌經生，仕無他志，苟仰俸入以養妻子，得罪無害，矧以官物貸人，過不及免。君年少有志節，明爽方正，實公輔器，無以輕過輒累遠業，併得罪何益？」卒明魯不知，而獨得私貸之罪，魯深愧謝不自容，王處之裕如，無慊恨也。由是沈困銓曹二十餘年。晚用薦者引對吏部，狀其功過，奏目有魯姓名。時魯已參大政，立殿中，仁廟目魯曰：「豈卿耶？」魯遽稱謝，且具呈其實，仁廟歎曰：「長者也。」先是，有私過者例改次等，由是得不降等，詔改大理寺丞，仕至省郎，累典名郡，晚年田園豐腆，子孫蕃衍，壽八十九卒，亦庇賢爲善之報也。《澠水燕談》。

高防初爲澶州防禦使，張從恩判官，有軍校段洪進盜官木造什物，從恩怒，欲殺之。洪進紿云：「防使爲之。」從恩問防，防即誣伏，洪進免死，乃以錢十千、馬一匹遺防而遣之。防別去，終不自明，既又以騎追復之。歲餘，從恩親信言防自誣以活人命，從恩驚嘆，益加禮重。

長樂陳希穎至道中爲果州户曹，有税官無廉稱，同僚雖切齒而不言，獨户曹數以大義責之，冀其或悛，已而有他隙。後税官秩滿將行，廳之小吏持其貪墨狀於郡曰：「行篋若干各有字號，某字號其篋皆金也。」郡將盛怒，以其事付户曹，俾陰伺其行，則於關門之外羅致其所狀字篋驗治之，聞者皆爲之恐。户曹受命不樂，曰：「夫當其人居官之時，不能懲艾，而使遂其姦，今其去也，反以巧吏之言害其長，豈理也哉？」因遣人密曉税官曰：「吾不欲以持訐之言危君，事無當自白，不則早爲之所。」税官聞之，乃易置行李，亂其先後之序。既行，户曹與吏候於關外，俾指示其所謂有金者拘送之官，他悉縱遣。及造郡庭，啟視則皆衣衾也，郡將釋然，税官得以無事去。郡人翕然稱户曹爲長者，然而户曹未嘗有德色也。

傅獻簡公堯俞言，以帷薄之罪加於人最爲暗昧，萬一非辜，則令終身被其惡名，至使君臣父子之間難施面目。言之得無訒乎？

曹侍中彬爲人仁愛多恕。嘗知徐州，有吏犯罪，既立案逾年，然後杖之。人皆不曉其旨，彬曰：「吾聞此人新娶婦，若杖之，彼其舅姑必以婦爲不利而惡之，朝夕笞駡使不能自存。吾故緩其事，而法亦不赦也。」其用志如此。《記聞》。

曹武惠王彬，國朝名將，勳業之盛無與爲比。嘗曰：「自吾爲將殺人多矣，然未嘗以私喜怒輒戮一人。」其所居堂室弊壞，子弟請加修葺，公曰：「時方大冬，牆壁瓦石之間百蟲所蟄，不可傷其生。」其仁心愛物蓋如此。

濮安懿王以英宗踐祚例當改封，英宗尤詳謹，不欲遽，既踰大祥，始詔兩制議其禮。兩制謂當封大國，稱皇伯，中書疑所生稱皇伯無經据，又封爵須下誥名之，則未得其中。方下三省再議，英宗復詔罷之。而臺諫官攻中書不已，尤指切歐陽公，諸公莫不避匿自解，韓魏公獨謂人曰：「此中書事皆共議，何可獨罪歐陽公。」士大夫嘆其平直忠諒，不肯推謗以與人。

于尼父師旦，密人，本選人，屢以贓失官，編管在蔡。尼嘗適人生子，後爲一鬼所憑，言事或有驗，遂爲尼，名惠普。士庶遠近輻湊，以佛事之，嘗因官者言邵亢、石全彬、富弼、李東之、肅之宜爲輔相，皆常敬之者也，東之姪女二人事之。王樂道命李氏甥爲其母首傳習妖教，收下獄，詔京東差官按之，得諸公書，自韓、曾以下皆有之，文潞公獨無。上問其故，文曰：「臣但不知耳，知之亦當有書。」時人美其分謗。

李和文都尉好士，一日，召從官，呼左右軍官妓，置會夜午。臺官論之，楊文公以告王文正，文正不答，退以紅牋書小詩以遺和文，且以不得預會爲恨。明日，真宗出章疏，文正曰：「臣嘗知之，亦遺其詩，恨不得往也，太平無象乎？」上意遂釋。

蔡襄常飲會靈東園，坐客有射矢誤中傷人者，客遽指爲公矢，京師喧然。事既聞，上以問公，公即再拜愧謝，終不自辯，退亦未嘗以語人。墓誌。

李文靖公沆爲相，專以方嚴重厚鎮服浮躁，尤不樂人論説短長附己。胡祕監旦謫州久未召，嘗與文靖同爲制誥，聞其拜參政，以啟賀之，詆前居職罷者，云：「呂參政以無功爲左丞；郭參政以酒失爲少監；辛參政非才謝病，優拜尚書；陳參政新任失旨，退歸兩省。」而譽文靖甚力，意將以附之。文靖慨然不樂，命小吏封置別篋，曰：「吾豈真優於是者耶？亦適遭遇耳。乘人之後而譏其非，吾所不爲，況欲揚一己而短四人乎？」終爲相，旦不復用。舊聞韓武宗云，後閲旦傳乃載此文。

蔡挺爲江東提點刑獄，有虔州職官譖本州曹掾姦利事，蔡留職官於坐，呼掾面證之，而初無是，職官慙懼辭伏。蔡責之曰：「汝小人也，吾雖可欺，奈何譖無過之人乎？」叱去之。自是無復譖毀，而人服其不可欺也。

陳彭年任翰林學士日，求對歸詣政府，王文正公見之。陳起呈其狀曰：「科場條貫。」公投之於地，曰：「内翰做官幾日？待隔截天下進士。」陳皇懼而退。

蘇公頌之孫曰：舒信道，元豐中爲御史中丞【五】，鋭於進取，言事多涉刻薄，爲王和

【五】爲御史中丞　「爲」原爲「自」，據《言行龜鑒》卷一改。

甫所繩，除名。紹聖復通直郎，知無爲軍，或言其得罪深重，不當叙復，改監中嶽廟。祖父聞之曰：「士大夫立朝當路，一涉非義失人心，則終躬遂廢。如王君貺，未三十爲御史丞，緣進奏院事終躬轗軻，不復大用。陷於刻薄，可不謹哉！」

邵伯温少時讀《文中子》，至「使諸葛武侯無死，禮樂其有興乎」，因著論以謂：「武侯霸者之佐，恐於禮樂未能興也。」康節先生見之，怒曰：「汝如武侯，猶不可妄論，況萬萬相遠乎？以武侯之賢，安知不能興禮樂也？後生輒議先賢，亦不韙也。」伯温自此於先達不敢妄論。

仁宗時，天下提刑、轉運、知府多以愛憎喜怒發摘官吏小失，以快比意。御史裏行陳洙奏，欲望凡奏到公案，其被奏官於理無罪者，兼取問元案舉官司重行謫罰，被奏之人移於鄰部以相回避。仍令班行天下，戒監司州郡苛察者。上深以爲然，令審刑院、大理寺，今後諸處勘到命官使司奏案内有不合書罪、顯涉捃拾者，仰奏勘干繫官吏。自是少敢以喜怒憎愛羅織官吏。

張文定公齊賢以右拾遺爲江南轉運使。一日家宴，一奴竊銀器數事於懷中，文定自簾下熟視，不問。爾後文定晚年爲宰相，門下厮役往往皆得班行，而此奴竟不霑禄。奴乘間再拜而告曰：「某事相公最久，凡後於某者皆得官矣，相公獨遺某，何也？」因泣下不止，文定憫然語曰：「我欲不言，爾乃怨我，爾憶江南日盗我銀器數事乎？我懷之三十年，不以告人，雖爾亦不知也。吾備位宰相，進退百官，志在激濁揚清，安敢以盜賊薦耶？念汝事我日久，今予汝錢三百千，汝其去吾門下，自擇所安。蓋吾既發汝平昔之事，汝其有愧於吾，而不可復留也。」奴震駭泣拜而去。

曹州于令儀者，市井人也，長厚不忤物，晚年家頗豐富。一夕，盜入其家，諸子擒之，乃鄰舍子也。令儀曰：「爾素寡過，何苦而爲盜耶？」迫於貧耳。」問其所欲，曰：「得十千足以資衣食。」如其欲與之，既去，復呼之，盜大懼，語之曰：「爾貧甚，負十千以歸，恐爲邏者所詰。」留之至明使去。盜大感愧，卒爲良民，鄉里稱君爲善士。君擇子姪之秀者，起學室，延名儒以掖之。子伋、姪傑、傚繼登進士第，今爲曹南令族。

彭公思永始就舉時，貧無餘貲，惟持金釧數隻棲於旅舍。同舉者過之，衆請出釧爲翫，客有墜其一於袖間，公視之不言，衆莫知也，皆驚求之，公曰：「數止此，非有失也。」將去，袖釧者揖而舉手，釧墜於地，衆服公之量。

張知常在上庠日，家以金十兩附致於公，同舍生因公之出，發篋而取之，學官集同舍檢索，因得其金。公不認，曰：「非吾金也。」同舍生至夜袖以還公，公知其貧，以半遺之。前輩謂公遺人以金，人所能也，倉卒得金不認，人所不能也。

張孝基娶同里富人女，富人只一子，不肖，斥逐之。富人病且死，盡以家財付孝基，與治後事如禮。久之，其子丐於塗，孝基見之惻然，謂曰：「汝能灌園乎？」答曰：「如得灌園以就食，何幸！」孝基使灌園，其子稍自力。孝基怪之，復謂曰：「汝能管庫乎？」答曰：「得灌園已出望外，況管庫乎？又何幸也。」孝基使管庫，其子馴謹無他過。孝基徐察之，知其能自新，不復有故態，遂以其父所委財産歸之。其子自此治家勵操，爲鄉閭善士。不數年，孝基卒，其友數輩遊嵩山，忽見旌幢騶御滿野，如守土之臣，竊視專車者，乃孝基也。驚喜前揖，詢其所以至此，孝基曰：「吾以還財之事，上帝命主此山。」言訖不見。

京師人有以金銀繒錦實二篋，託付於其相知，數年而死。彼人歸詣其子，子曰：「我父平日未嘗一言及此，且無契券之驗，殆長者之誤也。」其人曰：「我躬受之爾父，豈待券契與汝必預聞哉？」兩人相推無敢當，其人遂持以白於官。時包孝肅公尹京，驗究其實，斷與其子。世俗之説皆謂今人無復良心，惟知有利耳，聞是二人之風，可以釋一世之疑。

李文靖公素有長者譽。一世僕逋宅金數十千，忽一夕遁去，有女將十歲，美姿格，自寫一券，繫於帶，願賣於宅以償焉。丞相大惻之，祝夫人曰：「願如己子育於室，訓教婦德，俟長成求偶嫁之【六】，止請夫人親結縭以主婚，然而務在明潔。」夫人如所誨，及笄，擇一壻亦頗良，具奩幣歸之，女範果堅白。其二親後歸京聞之，論感公刻心骨。丞相病，夫婦刲股爲羹餽之，至薨，衰絰三年以報。《湘山野録》。

劉留臺自少極貧，專事趨謁，歲久鄉人厭之，不能自存。一日，與其子同往泉州謁親

【六】俟長成求偶嫁之　原脱「長」字，據《湘山野録》卷下補。

表徐司户。到泉州而司户得罪，憲司對移他郡，復徒步歸。至漳泉市，買浴堂中，拾金一袋，浴畢，託疾卧堂中，終夕不去。翌早，有一人號泣而至，自言爲商於外八年不歸，只收拾得金子八十五片，以一袋盛之，昨晚醉中與同行攜到此浴，浴罷乘月行三十里，始覺其金不見。公遂舉以還之，彼以數片遺公，公一無所受。及還，鄉人愈薄之，責以拾金不能營生，而復來相干？公答以：「平生賦分止合如此，若掩他人物以爲己有，必有禍災，身且不保，安用物爲？彼人辛勤所積，一旦失去，或不得還鄉，或死非其命，其害有不可勝言者，吾是以還之。惟安分以畢餘生耳。」未幾，父子同膺鄉薦，一舉登第，官至西京留臺。後五十年間，子孫趾美仕途者二十有三人。予乙卯秋還自滁陽，與其玄孫質夫縣丞同舟入霅川，得聞其詳，且言伯父侍郎嘗録其事鐫之，以戒子孫，當以高祖之心爲心，在家者慈儉以安分，居官者廉勤以守節，凡物非己有者，不得妄有覬覦云。江唐卿《影響録》。

竇諫議禹鈞嘗因元夕往延慶寺燒香，忽於後殿堦側拾得銀二百兩、金三十兩，遂持歸。明旦侵晨，詣寺守候失物主。須臾見一人泣涕至，公問所因，其人具以實告曰：「父罪已不復贖矣！」公驗其實，遂與同歸，以舊物還之，加以惻憫，復有贈賂。

林積南劍人，少時入京師，至蔡州息旅邸，既卧，覺床笫間有物逆其背，揭席視之，見一布囊，其中有錦囊，又其中則綿囊，實以北珠數百顆。明日詢主人曰：「前夕何人宿此？」主人以告，乃巨商也。林語之：「此吾故人，脱復至，幸令來上庠相訪。」又揭其名於室曰：「某年某月日劒浦林積假館。」遂行。商人至京師，取珠欲貨則無有，急沿故道處處物色之，至蔡邸見其榜，即還訪林於上庠。林具以告曰：「元珠俱在，然不可但取，可投牒府中，當悉以歸。」商如其教，林詣府盡以珠授商，府尹使中分之，商曰：「固所願。」林不受，曰：「使積欲之，前日已爲己有矣。」秋毫無所取，商不能强，以數百千就佛寺作大齋，爲林君祈福。林後登科，至中大夫，生子又字德新，爲吏部侍郎。出洪景盧《夷堅志》。

慶曆中，吕許公夷簡罷政事，以司徒歸第，拜晏元獻公殊、章郇公得象相，又以諫官歐陽修、余靖上疏，罷夏竦樞密使，其他升拜不一。是時，石介爲國子監直講，獻《慶曆聖德頌》，褒貶甚峻，而於夏竦尤極詆斥，至目之爲不肖，及有「手鋤姦枿」之句。頌出，泰山孫復謂介曰：「子之禍自此始矣。」未幾，黨議起，介在指名，遂罷監事，通判濮州，歸徂徠山而病卒。會山東舉子孔直温謀反，或言直温嘗從介學，於是夏英公言於仁宗曰：「介實不死，北走邊矣。」尋有旨編管介之子於江淮，又出中使與京東部刺史發介棺以驗虚實。是時，吕居簡爲京東轉運使，謂中使曰：「若發棺空而介果北走，則雖孥戮不足以爲酷。萬一介屍在未嘗叛去，即是朝廷無故剖人塚墓，何以示後世耶？」中使曰：「誠如金部言，然則若之何以應中旨？」居簡曰：「介之死必有棺殮之人，又内外親族及會葬門生無慮數百，至於舉柩窆棺必用凶肆之人，今皆檄召至此劾問之，苟無異説，即皆令具軍令狀以保任之，亦足以應詔也。」中使大以爲然，遂自介親屬及門人姜潛以下，并凶肆棺殮舁柩之人，合數百狀，皆結罪保證。中使持以入奏，仁宗亦悟竦之譖。尋有旨放介妻子還鄉，而世以居簡爲長者。

章、蔡同肆羅織，遷謫元祐諸公，蔡率章以奏，乞發司馬光墓，門下侍郎許將獨無言。蔡等退，哲宗留將問曰：「卿不言何也？」將曰：「發人之墓，非盛德事。」哲宗曰：「朕與卿同。」乃不從。

曹彬討蜀初，成都有獲婦女者，彬悉閉於一第，竅以度食，且戒左右曰：「是將進御，當密衛之。」洎事罷，訪其親以還之，無者備禮以嫁之。

東坡記，齊人劉庭式未第時，議娶其鄉人之女，既約而未納幣也，庭式及第，其女以病兩目皆盲，女家躬耕貧甚，不敢復言。或勸納其幼女，庭式笑曰：「吾已許之矣，雖盲豈負吾初心哉？」卒娶盲女，與之偕老。予偶讀《唐摭言》載，孫泰山陽人，少師皇甫穎，守操頗有古賢之風。泰妻即姨女也，先是，姨老以二女爲托，曰：「其長幼損一目，汝可娶其女弟。」姨卒，泰娶其姊，或詰之，泰曰：「其人有廢病，非泰何適？」皆服泰之義。乃知古人已先劉庭式矣。陳無己《談叢》亦云，華陰吕君舉進士，聘里中女行。既中第，婦家言曰：「吾女故無疾，既聘而後盲，敢辭。」吕君曰：「既聘而後盲，君不爲欺，又何辭？」遂娶之，生五男，皆中進士第，其一人丞相汲公是也。

姚雄初爲將，以女議定一寨主子，無何，寨主物故，妻及子皆淪落。後雄以邊帥赴闕奏計，一嫗浣衣，喜其有士人家風，問所從來，嫗云：「昔良人守官邊寨，有將姚其姓者，許以女歸妾子，今夫既喪，無以自存，方貨餅餌以自給。」姚曰：「爾尚記形容否？」嫗曰：「流落困苦，不復省記。」姚曰：「雄是也。女自許歸之後不與他族，日望壻來，豈以父之存没爲間耶？」嫗泣下，氣咽不語久之。因留嫗并其子，易以新衣，俱載還鎮，遂畢其禮。

鍾離權開寶間宰江州德化，明年，以女嫁許氏，諭胥魁市婢從嫁。翌日，胥與老嫗引一女子來，問其何許人，曰：「撫之臨川人也。」女受嫗戒，不敢有他言。君視事歸，見於屏，女流涕有戚容，且疑其家叱罵，詰曰：「不然。某之父昔令是邑，不幸與母俱亡，無親戚依倚，方五歲育於胥家，十年且將爲己女，今明府欲得妾，胥與嫗以某應命。適見明府視事，追感吾父，不覺涕零。」君大驚，呼牙儈問之，復咨於老吏，具得其實。是時，許之子納采有日矣，鍾離遽以書抵許氏而止其子，且曰：「吾買婢得前令之女，吾特憐之而悲之，義不可久辱，當輟吾女之奩篚，先求壻以嫁前令之女。更俟一年，别爲女營嫁資以歸君子，可乎？」許君答書曰：「蘧伯玉耻獨爲君子，君何自專仁義？願以前令之女配吾子，君别求良奥以嫁君女。」於是，前令之女卒歸許氏，此等事前輩之所常行，今不復得見矣。

《韓魏公語録》曰：「人能扶人之危，賙人之急，固是美事，能勿自談，則益善矣。」

丁晉公雖險詐，亦有長者之言。仁宗常怒一朝士，再三語及，公不答，上作色曰：「叵耐問輒不應？」謂徐奏曰：「雷霆之下，更加一言，則虀粉矣。」上顔爲之稍舒。《嘉祐雜志》。

報德不報怨

司馬温公曰：「受人恩而不忍負者，其爲子必孝，爲臣必忠。」

崔子玉座右銘曰：「施人戒勿念，受人戒勿忘。」

曹彬征幽州，偶失律於涿鹿，素服待罪，趙參政昌言請按軍法，朝廷察之，止責右驍衛上將軍，未幾，遂起。趙參政自延安還，因事被劾於尚書省，久不許見。時公已復樞密使，三抗疏力雪之，方許朝謁，士論歎伏。

景祐中，吕許公夷簡執政，范文正公仲淹以天章閣待制知開封府，屢攻許公之短，坐落職知饒州，徙越州。康定元年，復天章閣待制，知永興軍，尋改陝西都轉運使。會吕許公自大名復入相，對仁宗曰：「范仲淹賢者，朝廷將用之，豈可但除舊職？」即除龍圖閣直學士、陝西經略安撫使，上以許公爲長者，天下亦美許公不念舊惡。仲淹謝曰：「嚮以公事忤犯相公，不意相公奬拔乃爾。」許公曰：「夷簡豈敢復以舊事爲念耶？」及仲淹知延州，移書諭元昊以利害，答書不遜，仲淹焚其書不以聞，執政以爲不當通書而又擅焚之，宋庠請論以軍法，上顧問夷簡何如，夷簡曰：「止可薄責而已。」乃降一官【七】。□□□□□□事契如此，若以伯氏嘗薦而後見攻，此乃韓厥之舉也。若琦當言責，亦不爲元規隱，此何待琦之不廣，願公勿疑。元規疑之，終不講書，公秉政，頗以公有害己心。後起廢爲慶帥，過闕，乃泣見曰：「沔真小人，公知沔，沔不知公。」家傳亦曰：「沔帥慶州，過闕賜對，英宗諭曰：『韓琦稱卿有邊帥才，故復用卿。』沔退，而袖長書俯伏謝罪，皇恐幾無所容。」【八】

唐質肅公介爲御史，論文潞公專權植黨，交結宮禁。仁宗怒，召二府示之疏，唐公語益切，樞密副使梁適叱唐公下殿，詔送臺劾之。潞公獨留再拜曰：「御史言事職也，願不加罪。」於是唐公既貶，而公亦罷相判許州。未幾，公復召還相位，即上言：「唐某所言正中臣罪，召臣未召唐某，臣不敢行。」仁宗用公言，起唐公通判潭州。後御史吳中復請還介言路，潞公復言：「唐介頃所言皆中臣病，而責太重，願召之。」尋至大用，與公同執政，相知爲深。後潞公爲平章重事，薦介之子義問以集賢殿修撰帥荊南。潞公之德度過人如此。

彭汝礪在臺嘗論呂嘉問事，且與蔡丞相異趣，使外十年，蔡爲有力。後治嘉問獄，不肯阿執政意擠之，坐奪一官，至是又辨蔡丞相不當謫，至得罪乃已。人以此益賢之。

至和中，范景仁爲諫官，趙閱道爲御史，以論陳恭公事有隙。熙寧中，介甫執政，恨景

【七】上顧問夷簡……乃降一官　原自「上顧問」以下脱十七字，據《言行龜監》卷三補。

【八】明嘉靖本無此條，查宋諸書亦未見。

仁，數毁之於上，且曰：「陛下問趙抃，即知其爲人。」他日，上以問閲道，對曰：「忠臣。」上曰：「卿何由知其忠？」對曰：「嘉祐初，仁宗違豫，鎮首請立皇嗣，以安社稷，豈非忠乎？」既退，介甫謂閲道曰：「公不與景仁有隙乎？」閲道曰：「不敢以私害公。」

吴參政育初尹開封，范仲淹在政府，因白事數與仲淹忤。既而仲淹安撫河東，有奏請多爲任事者所沮，公取可行者固執之。

陳龍學公從易，天禧中，坐失舉送，宰相寇準素惡之，遂除知吉州。及準貶道州，從易爲湖南轉運使，咸謂曰：「可忘廬陵之命耶？」準至，從易以故相禮敬之，言者爲慙。

張文節知白初參知政事，爲宰相王欽若所排。及知南京，欽若分司南京，衆謂必報之，而知白待之加厚。

楊侍郎偕知審官院，元昊乞和而不稱臣，偕上言以謂，連年出師，國力日以蹙，莫如以書遺之，徐圖誅滅之計。諫官歐陽修、蔡襄交章劾奏：「偕職爲從官，不思爲國討賊，而助元昊不臣之請，罪當誅。」偕不自安，求知越州，道改知杭，而襄謁告迎親，輕遊里市，或謂曰：「何不以言於朝？」偕曰：「襄嘗以公抵我，豈可以私報也。」

陳恭公執中素不喜歐陽公，其知陳州時，公自潁移南京，過陳，拒而不見。後公還朝作學士，陳爲首相，公遂不造其門。已而陳出知亳州，罷使相，换觀文，公當草制。陳自謂必不得其美辭，至云：「杜門却掃，善避權勢以遠嫌；處事執心，不爲毁譽而更變。」陳大驚喜曰:「使與我相知深者,不能道此,此得我之實也。」手録一本寄其門下客李中師,曰:「吾恨不早識此人。」

陳忠肅公瓘既還寓通州,時開封尹盛章與石㦗以私隙詬爭,章密取旨送㦗獄,以罪編置通州。因揚言爲公報怨,蓋公貶台州,石㦗窘辱百端迫脅累矣。公聞而嘆曰:「此豈盛世所宜有耶!」因謀徙居以避之。時縣宰與公姻家,而於㦗亦沾親,㦗屬宰求館舍,宰以爲疑,公謂宰曰:「親戚患難宜相周旋,置此恤彼,乃爲義事,無足嫌也。」宰於是與之盡力,㦗聞而愧感,遣其子來致謝。公曰:「吾爲宰盡親戚忠告之益爾,非欲以德報怨也。」却之不見,月餘遂挈家爲江上之遊。

孫文懿公眉州人,欲典田赴試京師,尉李昭言戲之,「似君人物求試京師者有幾!」文懿以第三登第,後判審官院,李昭言者赴調,見公恐甚,意公不忘前日之言也,公特差昭言知眉州。又公嘗聚徒榮州,貧甚,得束脩之物持歸,爲一村鎮將悉税之。至公任監左藏庫,鎮將者部川絹綱至,見公愧懼,公慰藉之,黄金一兩贈其歸。其盛德如此。

宋元憲公以言者斥其非才,罷樞相守洛。有一舉人行囊中有不税之物,爲僕夫所告,公曰:「舉人應舉,孰無所貨之物? 未可深罪。若奴告主,此風不可長也。」僚屬曰:「犯人乃言官之子也。」意欲激其報之,公不答,但送税院倍其税,仍治其奴罪而遣之。

寇萊公好士樂善,不倦推薦,丁謂之徒皆出其門。公與丁謂會食都堂,羹染公鬚,謂起拂之，公正色曰：「身爲執政，而親爲宰相拂鬚耶？」謂塹不勝。公持正直，而不虞巧佞，故卒爲所陷。公貶雷州時，丁與馮拯在中書，丁當秉筆，初欲貶崖州，而丁忽自疑，語馮曰：「崖州再涉鯨波如何？」馮唯唯而已，丁乃徐擬雷州。丁之貶也，馮遂擬崖州。當時好事者曰：「若見雷州寇司户，人生何處不相逢？」比丁之南也，準從者有欲釋憾，謀不利於謂。準知之，陳大席一廡間，設戲具，悉召坐，且命之博奕，因隱几觀焉，聞謂行乃罷。

歐陽文忠公自云：「學道三十年，所得者平心無怨惡爾。」公初以范希文事得罪於時相，坐黨人遠貶三峽，流落累年，比吕公罷相，公始被進擢。及後爲范公作神道碑，言西事時，吕公擢用希文，盛稱公之賢，能釋私憾而共力於國家。希文子純仁大以爲不然，刻石則輒削去此一節，云：「我父至死未嘗解仇。」公嘆曰：「我亦得罪於吕丞相者，唯其言公，取信於後世也。吾嘗聞范公平生自言『無怨惡於一人』，兼其與吕公解仇書見范集中，豈有父自言無怨惡於一人，而其子不使解仇於地下？父子之性相遠如此！」

范文正公生三歲而孤，母夫人貧無依，再適長山朱氏。以朱氏長育有恩，常思厚報之。及貴，用南郊所加恩乞贈朱氏父太常博士，曁諸子皆公爲葬之，歲别爲饗祭。朱氏他子弟，以公蔭得補官者三人。

王章惠公隨舉進士時，甚貧，遊於翼城，逋人飯，執而入縣，石務均之父爲縣吏，爲償錢，又飯之，館之於其家，而其母尤所加禮。一日，務均醉毆之，王遂去。明年，登第，久之爲河東轉運使。務均恐懼逃竄，然王豈有害之意乎？至是事敗，文潞公爲縣，捕之急，往投王，王已爲御史中丞矣。未幾，封一鋌銀至縣葬務均之母，事少解。至王爲參知政事，奏務均教練使，務均亦改行自修。王公長厚，而不忘一飯之恩也如此。《東齋記事》。

虞公允文天資寬厚，每以德報怨。故王之望公所薦，馮方公所厚，而每排公，章服與公無怨，而附他執政彈公。及公爲相，念之望以罪廢，請授以資政殿學士；方以水死而禄不及嗣，請官其子；服久遠竄，請貼職與郡。或問公曰：「聖人謂何以報德，何如？」公曰：「聖人豈不曰以直報怨乎？」

原叔曰：趙槩與歐陽修同在館，及同修起居注，槩性重厚寡言，修意輕之。及修除知制誥，是時韓、范在中書，以槩爲不文，乃除天章閣待制，槩澹不以屑意。及韓、范出，乃復除知制誥。會修甥嫁爲修從子晟妻，與人淫亂事覺，語連及修。修時爲龍圖閣直學士、河北都轉運使，疾韓、范者皆欲文致修罪，云與甥亂。上怒獄急，羣臣無敢言者，槩乃上書言：「修以文學爲近臣，不可以閨房曖昧之事轉加污衊。臣與修蹤跡素疎，修之待臣亦薄，所惜者朝廷大體耳。」或謂槩曰：「公不與歐陽公有隙乎？」公曰：「以私廢公，槩所不敢。」書奏，上不悦，人皆爲之懼，槩亦澹然如平日。久之，修終坐降爲知制誥、知滁州，執政私曉譬槩令求出，乃出知蘇州，遭喪去官。服闋，除翰林學士，槩復表讓以歐陽修先進，不可超越。奏雖不報，時論美之。《記聞》。

王荆公秉政，更新天下之法，宿德舊人議論不叶，遂選用新進，待以不次，驟引吕惠卿至執政，惠卿事荆公如父子。荆公罷相，惠卿欲代荆公，恐其復來，乃因鄭俠獄陷王安國，亦以沮荆公也。自是凡可以害荆公者，無所不用其智。荆公再相，於是起華亭詔獄，而使徐禧、王古、蹇周輔三輩按之，惠卿情不得，練亨甫、吕嘉問以鄧綰所條惠卿事交鬬其間。復爲惠卿所中，語連荆公子雱，雱時已病，坐此憂憤而卒。荆公憂傷益不堪，遂再求罷去。初，康節先生嘗謂富鄭公曰：「安石、惠卿本以勢利合，惠卿、安石勢利相敵，將自爲仇矣。」後果然。

哲宗親政，吕汲公大防欲遷殿中侍御史楊畏爲諫議大夫，范忠宣公曰：「天子諫官當用正人，楊畏不可用。」汲公方約畏爲助，謂忠宣曰：「豈以楊畏嘗言公耶？」忠宣曰：「不知也。」蓋上初召忠宣，畏嘗有言，上不行，忠宣故不知也。忠宣因乞罷政，上不許。後楊畏首叛汲公，凡可以害汲公者無所不至。

濟昏葬

范文正公在睢陽，遣堯夫到姑蘇般麥五百斛。堯夫時尚少，既還，舟次丹陽，見石曼卿，問：「寄此久，何也？」曼卿曰：「兩月矣，三喪在淺土，欲葬之而北歸，無可與謀者。」堯夫以所載麥舟付之，單騎自長蘆捷徑而去。到家拜起，侍立良久，文正曰：「東吳見舊故乎？」曰：「曼卿爲三喪未舉，方留滯丹陽，時無郭元振，莫可告者。」文正曰：「何不以麥舟付之？」堯夫曰：「已付之矣。」

范文正公守邠州，暇日帥僚屬登樓置酒。未舉觴，見縗絰數人營理喪具者，公亟令詢之，乃寄居士人卒於邠，將出殯近郊，賵斂棺槨皆所未具。公憮然，即徹宴席，厚賙給之，使畢其事。坐客感歎有泣下者。

范公堯夫知太原府，河東土狹，民衆惜地不葬其先。公遣屬僚收無主燼骨，別男女異穴以葬。又檄一路諸郡皆倣此不可，以萬數計，刻石以記歲月。

查道淳化中初赴舉，貧不能上道，親族裒錢三萬遺之。道出滑州，過父友呂翁家，翁喪，無以葬，母兄將鬻其女以辦喪事。道傾褚中錢悉與之，又與嫁其女。又嘗有僚卒，女爲人婢，道贖之以嫁大族。

沈内翰文通治杭州，令行禁止。人有貧不能葬及女子孤無以嫁者，以公使錢嫁數百人，倡優養良家女爲己子者，奪歸其父母。

趙清獻公嫁兄弟之女以十數，皆如己女。在官爲人嫁孤女二十餘人，居鄉葬暴骨及貧無以殮且葬者，施棺給薪不知其數。

趙清獻公得虔州，虔當二廣之衝，行者常自虔易州而北。公間取餘材造舟百艘，移二廣諸郡曰：「仕宦之家有父兄没而不能歸者，皆移文以遣，當具舟載之。」至者既悉授以舟，復量給公使物，歸者相繼於道。

竇禹鈞同宗外姻有喪不能舉，公爲出錢葬之，由公而葬者凡二十七喪。孤遺女及貧不能嫁，公爲出錢而嫁之，由公而嫁凡二十八人。

歐陽文忠公平生篤於朋友。如尹師魯、梅聖俞、孫明復既卒，其家貧甚，公力經營之，使皆得以自給。又表其孤於朝，悉録以官，由是三族賴公之力，其後昌熾。

太常少卿陳公希亮輕財好施，篤於恩義。少與蜀人宋輔游。輔卒於京師，母老子少，公養其母終身，而以女妻其孤端平，使與諸子游學，卒與子忱同登進士第。

尚書彭公汝礪，少時師事桐廬倪天隱，天隱亦奇之。及官保信，迎天隱置於學，執弟子禮事之。天隱死，無子，公爲并其母葬之，又葬其妻，又割俸資其女。同年宋渙未官而死，公經理其後，不啻家人。蓋其篤行如此。

韓忠獻公琦重恩義，賙人之急，視財物如瓦礫糠粺，不以圂其意，既乏，則捐己服用玩好，或脱取家人簪珥與之。士歸趨之，無遠近，公不厭。疎戚與交舊之孫子寒窶無所托，而依以爲生者常十數家。少善尹師魯，師魯亡，割俸畀其孤，爲直其寃於朝，仍奏録其子。

韓魏公知并州，河東俗雜羌夷，用火葬。公爲買田封表刻石，著令使得葬於其中，人遂以焚屍爲耻。

王公質權知荆南府，民有訟婚者，訴曰：「貧無貲，故後期。」問其用幾何，以俸錢與之使婚。或盜竊人衣者，曰：「迫於飢寒而爲之。」公爲之哀憐，取衣衣之遣去。荆公比公爲子産。

薛簡肅公奎爲蜀，以惠愛得名。民有老嫗告其子不孝者，子訴貧不能養，公取俸錢與之，曰：「用此爲生以養。」母子遂相慈孝。

《東軒録》云：「縣令鍾離君與鄰縣令許君結姻，鍾離女將出適，買一婢以從嫁。一日，其婢執箕箒治地至堂前，熟視地之窊處惻然淚下。鍾離君適見，怪問之，婢泣曰：「幼時我父於此穴地毬窩道，我戲劇歲久矣，而窊處未改也。」鍾離君驚曰：「而父何人？」婢曰：「我父乃兩政前縣令也，身死家破，我遂落民間，而更賣爲婢。」鍾離君遽呼牙儈問之，復質於老吏，具得其實。是時許令子納采有日，鍾離君遽以書抵許氏而止其子曰：「吾買婢得前令之女，吾特憐而悲之，義不可久辱，當輟吾女之奩篚，先求壻以嫁前令之女也。更俟一年，别爲吾女營辦嫁資以歸君子，可乎？」許君答書曰：「蘧伯玉耻獨爲君子，君何自專仁義？願以前令之女配吾子，然後君别求良奥以嫁君女。」於是前令之女卒歸許氏。此等事前輩之所常行，今不復見矣。

謝逸記，曾魯公布衣游京師，舍於市側，旁舍泣聲甚悲。詰朝過而問之，旁舍生意慘愴，欲言而色愧。公曰：「若第言之，或遇仁人，戚然動心，免若於難。不然，繼以血無益也。」旁舍生顧視左右，欷歔久之，曰：「僕頃官於某，以某事而用官錢若干，吏督之且急，視其家無以償之，乃謀於妻，以女鬻於商人，得錢四十萬，行與父母訣，此所以泣之悲也。」公曰：「商人轉徙不常，且無義，愛離色衰，則棄於溝中瘠矣！吾士人也，孰若與我？」旁舍生踸曰：「不意君之厚貺小人如此，且以女與君不獲一錢，猶愈於商人之數倍。然僕已書券納直，不可追矣。」公曰：「第償其直，索其券，彼不可則訟於官。」旁舍生然之，公即與四十萬錢，約曰：「後三日以其女來，吾且登舟矣，俟君於水門之外。」旁舍生如公教，商人果不敢爭。攜女至期以往，則公之舟無有也。詢旁舟之人，則曰：「某舟去已三日矣。」其女後嫁爲士人妻。逸自言元祐八年至京師，得於鄴郡黄正叔，以爲公墓刻不載，故惜其不傳，因書其大畧以示人云。江唐卿《影響》載王丞相曾事同。

趙鄰幾好學，善著述，太宗朝權知制誥逾年卒，子東之亦有文，前以職事死塞上，家極貧，三女皆幼，無田以養，無宅以居。僕趙延嗣者，久事舍人，義不轉去，竭力營衣食以給之，雖苦不避。如是者十餘年，三孤女且幼，使其女與同處女之院，延嗣未嘗至其門，三女皆長，延嗣未嘗見其面。一日，至京師，訪舍人之舊，謀嫁三女。見宋翰林白、楊侍郎徽之，發聲大哭，具道所以。二公驚謝曰：「吾徒被儒衣冠，且與舍人友，而不能恤舍人之孤，不迨汝遠矣。」即迎三女京師，求良士嫁之，長配職方郎中戚維之子，次並適屯田員外郎張文鼎之子，三女皆有歸，延嗣乃去。徂徠先生石守道爲之作傳，以勵天下，謂延嗣有古君子之行，古烈士之操，古仁人之心，豈特僕夫之賢，天下之賢也。《淄水燕談》，參見《石徂徠集》。

校勘記

卷五

出處類

出處

韓魏公因論進退曰：「處去就之難者，不可猛而有迹。」

韓魏公既解相印，王丞相遺公書謂：「過周勃、霍光、姚崇、宋璟。」又曰：「爲古人所未嘗，任大臣所不敢。」天下以爲名言。歐陽文忠公亦曰：「進退之際，從容有餘，德業兩全，謗讒自止，過周公遠矣。」

富鄭公、韓魏公爲相，務推尚廉退有德之士，以厲風俗。知蘇公頌久次儒館，不干榮利，屢問所欲，惟力求外以便親養，遂除知潁州。從富公遺公書曰：「若吾子出處，可謂真古君子矣。」

胡公安國仕止久速，由道據義，行心之所安，其欲出也，非由勸勉，其欲去也，不可挽留。朱震被召，問出處之宜，公曰：「子發學《易》二十年，至有成説，則此事當素定矣。某謂世間惟講學論政，則當切切詢究，若夫去就語默之幾，如人飲食，其飢飽寒温必自斟酌，不可決諸人，亦非人所能決也。某之出處，自崇寧以來皆內斷於心，雖游定夫、謝顯道諸丈人行，亦不以此謀之，而後亦少悔矣。浮世利名，真如蠛蠓過前，何足道哉！」

王荊公平生養得氣完，爲他不好做官職、作宰相，只喫魚羹飯，得受用底不受用，緣省便去就自在。嘗上殿進一劄子擬除人，神宗不允，對曰：「阿除不得？」又進一劄子擬除人，神宗亦不允，又曰：「阿也，除不得？」下殿出來便乞去，更留不住。平生不屈，也奇特。

范堯夫每仕京師，早晚二膳，自己至僕妾皆治於家，往往鐫削，過爲簡儉，有不能飽者，雖晚登政府亦然。補外則付之外厨，加料幾倍，無不厭餘。或問其故，曰：「人進退雖在己，然亦未有不累於妻孥者，吾欲使居中則勞且不足【一】，在外則逸而有餘，故處吾左右者，朝夕所言必以外爲樂，而無顧戀京師之意，於吾亦一佐也。」前輩嚴於出處，每致其意如此。

司馬光爲相，每詢士大夫私計足否。人怪而問之，光曰：「儻衣食不足，安肯爲朝廷而輕去就耶？」

王荊公作宰相只喫魚羹飯，得受用底不受用，緣省便去就自在。汪信民嘗言，人常咬得菜根，則百事可做。信斯言也！

賈黯廷試第一，往謝杜祁公，公獨以生事有無爲問。賈退，謂祁公門下士曰：「黯以

【一】吾欲使居中則勞且不足　「使」下原衍「吾」字，據《避暑録話》卷一及《明本釋》卷下删。

鄙文冠天下，而謝於公，公皆不問，而獨在於生事，豈以黯爲不足魁乎？」公聞而言曰：「凡人無生事，雖爲顯官，不能無俯仰依違，進退不輕。今賈君名在第一，則其學不問可知，其爲顯官則又不問可知。衍獨懼其生事不足，以致進退不輕，而道不行而已。何怪焉？」賈爲之歎服。

歐陽文忠公初坐論救范公仲淹遠貶三峽，後元昊反，范起爲環慶帥，辟公掌牋奏。公歎曰：「吾初論范公事，豈以爲己利哉？同其退不同其進可也。」遂辭不往。

吕氏《雜志》云，或問二程先生以吕公、温公出處爲有優劣？先生云：「正不如此。吕申公世臣也，不得不歸見上；司馬公爭臣也，不得不退處。」蓋自熙寧初，正人端士相繼屏伏，上意常不樂，以爲諸賢不肯爲我用。故正獻公求在京宫祠，以明不然，上意始大喜。

忠文范蜀公鎮在許，范公祖禹謁告省覲，上遣使宣問，賜銀百兩，仍頒手詔龍茶，命公賫賜蜀公。初，朝廷既相温公、申公，詔起蜀公，欲以門下侍郎處之。蜀公以書問出處於祖禹，公以謂不當起，蜀公得書大喜，曰：「是吾心也。凡吾所欲爲者，君實已爲之矣，何用復出？」又與親舊云：「比亦欲出矣，而三郎勸止，遂已。」三郎，乃祖禹第行。家傳。

義命

《伊川先生語録》云：「賢者惟知義而已，命在其中，中人以下乃以命處義。如言求之有道，得之有命，是求無益於得，知命之不可求，故自處以不求。若賢者則求之以道，得之以義，不必言命。」又云：「君子以義安命，小人以命安義。」

或問：「家貧親老，應舉求仕，不免有得失之累，何修可以免此？」伊川先生曰：「此只是志不勝氣，若志勝，自無此累。家貧親老，須用禄仕，然得之不得爲有命。」曰：「在己固可，爲親奈何？」曰：「爲己爲親，也只是一事，若不得，其如命何？孔子曰『不知命，無以爲君子。』人苟不知命，見患難必避，遇得喪必動，見利必趨，其何以爲君子？然聖人言命，蓋爲中人以上者設，非爲上智者言也。中人以上，於得喪之際不能不惑，故有命之説，然後能安。若上智之人更不言命，惟安於義，借使求則得之，然非義則不求，此樂天者之事也。上智之人安於義，中人以上安於命，若乃聞命而不能安之者，又其下者也。」

問：「富貴、貧賤、壽夭，固有定分，君子先盡其在我者，則富貴、貧賤、壽夭可以言命。若在我者未盡，則貧賤而夭，理所當然，富貴而壽，是爲僥倖，不可謂之命。」伊川先生曰：「雖不可謂之命，然富貴、貧賤、壽夭是亦前定。孟子曰：『求則得之，捨則失之。』是求有益於得也，求在我者也。求之有道，得之有命，是求無益於得也，求在外者也。故君子以義安命，小人以命安義。」

范内翰祖禹每誦董仲舒之語曰：「正其義不謀其利，明其道不計其功。」謂沖曰：

「君子行己立朝，正當如此，若夫成功，則天也。」

胡公安國仕止久速，由道據義，行心之所安也。其欲出也，非由勸勉，其欲去也，不可挽留。朱震被召，問出處之宜，公曰：「子發學《易》二十年，至有成説，則此事當素定矣。某謂世間惟講學論政，則當切切詢究，若夫去就語默之幾，如人飲食，其飢飽寒温必自斟酌，不可決諸人，亦非人所能決也。」

韓魏公尤知命，每誡其子曰：「窮達禍福，固有定分，枉道以求之，徒喪所守，慎勿爲也。余以孤忠，自信未嘗有夤緣憑藉，而每遭人主爲知己。今忝三公，所恃者公道與神明而已矣焉，可誣哉！」其自守如此。

胡文恭公宿平生守道，不以進退爲意。在文館二十餘年，每語後進曰：「富貴貧賤莫不有命，士人當修身俟時，無爲造物者所嗤。」世以爲名言。

東陽胡百能跋邵德升《分定録》云：「先君嘗言，『人生所享，厚薄各有定分。世有以智力取者，自謂己能，往往不顧名義，殊不知皆其分所固有，初不可毫未加也，所可加者，徒得小人之名而不悟。悲夫！』百能佩服斯訓，未嘗不以語朋舊也。」

徐師川歸洪州，欲不復來，先生問之曰：「公免得仕宦否？若端的有以自贍，不必復來固好，第亦須著仕宦如何【二】？」師川曰：「亦以免仕宦未得。」曰：「如此，則當復來供職。仕宦處處一般，既免未得，須復爲他官，逃此之彼，彼亦有不安處，是無地可以自容

【二】第亦須著仕宦如何　「著」原作「看」，據原出處《龜山集》卷十二改。

也。」師川曰：「來此復爲人所羅織，陷於禍，奈何？」曰：「顧吾所自爲者如何耳。苟自爲者皆合道理而無愧，然而不能免者，命也。不以道理爲可憑依，而徒懼其不免，則無義無命矣。」師川曰：「極是。亦待來此，若做不得，去之未爲晚。」又言：「人只爲不知命，故纔有些事便自勞攘，若知徹，便於事無不安。孔子曰：『天生德於予，桓魋其如予何！』固嘗解云，使孔子不免於桓魋之難，是亦天也，桓魋其如何哉？蓋聖人之於命如此。夫富貴、死生，人無與焉，何尤人之有？孟子分明爲臧倉所毀不遇魯侯，而以爲不遇非臧倉之力，蓋知命也。」《龜山語録》。

劉彝一日謁曾魯公公亮，魯公曰：「久知都官治狀，屢欲進擢，然議論有所未合，姑少遲之，吾終不忘也。」彝曰：「士之淹速詘伸，亦皆有命，今姓名已蒙記録，而尚屈於不合之論，亦某之命也。」魯公嘆曰：「比來士大夫見執政，未始不有求，求而不得，即多歸怨。而君乃引命自安，吾待罪政府行十年，未見如君之言也。」

唐質肅公一日自政府歸，語諸子曰：「吾備位政府，知無不言，桃李固未嘗爲汝等栽培，而荆棘則甚多矣。然汝等窮達莫不有命，惟自勉而已。」

内翰范公鎮三疏力詆王安石青苗之法，不行即請致仕，疏凡三上，聞者皆爲公懼。安石怒，公落翰林學士致仕。公以表謝曰：「臣雖乞身而去，敢忘憂國之心。望陛下集羣議爲耳目，以除壅蔽之姦。」公既得謝，蘇軾往賀之曰：「公雖退，而名益重矣！」公愀然不樂曰：「君子言聽計從，消患於未萌，使天下陰受其賜，無智名，無勇功。吾獨不得爲此，命也！夫使天下受其害，而吾厚其名，吾何心哉？」

范忠宣公知襄城縣，伯兄久病心疾，公承事照管，湯藥、飲食、居處、衣服，必躬必親，如孝子之事嚴父。賈文元守北都，辟掌機密，召編校祕閣書籍，皆以兄病辭不赴。富文忠公責之曰：「臺閣清資，人豈易得？小官出常調，亦難事，何必苦辭？」公曰：「富貴有命。」

范忠宣公奏疏，乞將吕大防等引赦原放，辭甚懇，至忤大臣章惇，落職知隨。公草疏時，或以難回觸怒爲解，萬一遠謫，非高年所宜。公曰：「我世受國恩，事至於此，無一人爲上言者。若上心遂回，所繫非小；設有不從，果得罪，死復何憾！」命家人促裝，以俟謫命。公在隨幾一年，素苦目疾，忽全失其明，上表乞致仕。章惇戒堂吏不得上，懼公復有指陳，終移上意，遂貶公武安軍節度副使，永州安置。命下，公怡然就道。人或謂公爲近名，公聞而嘆曰：「七十之年兩目俱喪，萬里之行豈其欲哉！但區區愛君之心，不能自已。人若避好名之嫌，則無爲善之路矣！」每諸子怨章惇，忠宣必怒止之。江行赴貶所，舟覆，扶忠宣出，衣盡濕，顧諸子曰：「此豈章惇爲之哉？」至永州，公之諸子聞韓維少師謫均州，其子告惇以少師執政日與司馬公議論多不合，得免行，欲以忠宣與司馬公議役法不同爲言，求歸。白公，公曰：「吾用君實薦，以至宰相，同朝論事不合即可，汝輩以爲今日之言，不可也。有愧而生者，不若無愧而死。」諸子遂止。

蘇公頌之孫曰：「祖父知滄州，陛辭，上曰：『朕屢欲用卿，輒爲事奪，豈非命耶！然卿直道久而自明。』祖父頓首謝。」

扈載顯德中以文章有名，朝議以合爲知制誥，樞密使王朴力薦之，久未除改。朴詣中書問李穀，穀曰：「非不知其文學，但斯人命薄，不能荷負耳。」朴曰：「公當以才進人，何言命耶？」未幾，命載知制誥，及召爲學士，席未煖而卒。識者以爲穀能知人，朴能薦士。

萬事真實有命，由人力計較不得。吾平生未嘗干人，在書局亦不謁執政，或勸之，吾對曰：「他安得陶鑄，我自有命在。若信不及，風吹草動，便生恐懼憂喜，枉做却閒工夫，枉用却閒心力。信得命及，便養得氣不折挫。」《謝上蔡語録》。

君子當守道崇德，蓄價待時，爵禄不登，信由天命。須求趨競，不顧羞慙，比較才能，斟量功伐，厲色揚聲，東怨西怒。或有劫持宰相瑕疵而獲謝，或有喧聒時人視聽求見發遣，以此得官，謂爲才力，何異盜食致飽，竊衣致温。或世見躁競得者，便謂弗索何獲，不知時運之來，不求亦至矣。見静退未遇者，便謂弗爲胡成，不知風雲不興，徒求無益也。凡不求而自得求而不得者【三】，焉可勝算乎？汝曹勉之。《顔氏家訓》。

蘇文忠公平生於人，見善稱之，如恐不及，見不善斥之，如恐不盡，見義勇於敢爲，而不顧其害。用此數困於世，然終不以爲恨。孔子謂伯夷、叔齊古之賢人，曰：「求仁而得

【三】凡不求而自得求而不得者　原脱「自」及「求而不」四字，據《顔氏家訓》卷下補。

仁，又何怨！」公實有焉。

恬退

王荆公至和中召試館職，固辭不就，乃除羣牧判官，又辭，不許，乃就職。懇求外補，得知常州。由是名重天下，士大夫恨不識其面，朝廷嘗欲就以美官，惟恐其不肯就也。自常州徙提點江南西路刑獄。嘉祐中召除館職、三司度支判官，固辭不許。未幾，命修起居注，辭以新入館，館中先進甚多，不當超處其右，章十餘上。有旨令閤門吏賫勅就三司授之，安石不受，吏隨而拜之，安石避之於廁，吏置勅於案而去，安石使人追而與之，朝廷卒不能奪。歲餘，復申前命，安石辭七八章，乃受除知制誥，自此不復辭官矣【四】。

吕正獻公公著既中第，詔叙次所業以進，將召試館職，公謙避，終無所進，朝廷知其意，不復索所業，令徑就試，亦不赴，故仁宗心重之。及領南曹，因引選人對便殿奏事畢，帝謂公曰：「知卿恬退，有顔氏之節。」時仁宗臨朝淵默，雖貴近亦罕聞德音，公以小官對，獨被褒語。

范忠文公鎮，字景仁，善文賦，場屋師之，爲人和易修敕，薛簡肅公奎、宋景文公祁皆器重之，補國子監生，及貢院奏名，皆第一。故事，殿廷唱第過三人，則爲奏名之首者，必抗聲自陳以祈恩，雖考校在下，天子必擢寘上列，以吴春卿育、歐陽永叔之耿介，猶不免從衆。景仁獨不然，左右與並立者，屢趣之使自陳，景仁不應。至七十九人，始唱名及之，景

【四】此條原闕，據明嘉靖本及《宋名臣言行録》後集卷六補。

仁出，拜退就列，訖無一言。衆皆服其安恬，自是始以自陳爲耻，舊風遂絶。後參知政事王公薦召試學士院，詩用「彩霓」字，學士以沈約《郊居賦》「雌霓連蜷」，讀霓爲入聲，謂景仁爲失韻，由是除館閣校勘。殊不知約賦但取聲律便美，非「霓」不可讀爲平聲也，當時有學者皆爲景仁憤鬱，而景仁處之晏然，不自辨考。校勘四年，應遷校理，丞相龐公薦景仁有美才，不汲汲於進取，特除直祕閣。

至道初，吕蒙正罷相，以僕射奉朝請。上謂左右曰：「人臣當思竭節以保富貴，吕蒙正前日布衣臣，擢爲輔相，今退在班列寂寞，想其目穿望復位矣。」劉昌言曰：「蒙正雖驟登顯貴，然其風望不爲忝冒。僕射師長百僚，資望崇重，非寂寞之地，且亦不聞蒙正之鬱悒也。況今巖穴高士不求榮達者甚多，惟若臣輩苟且官禄，不足以自重矣。」上默然，又嘗言：「士大夫遭時得位，富貴顯榮，豈得不竭誠以報國乎？」錢若水言：「高尚之人固不以名位爲光寵，忠正之士亦不以窮達易志操，其或以爵禄恩遇之故而效忠於上，此中人以下者之所爲也。」上然之。及劉昌言罷，上問趙鎔等曰：「頻見昌言否？」鎔等曰「屢見之。」上曰：「涕泣否？」曰：「與臣等談多至流涕。」上曰：「大率如此。當在位之時，不能悉心補職，一旦斥去，即汍瀾涕泗。」若水曰：「昌言實未嘗涕泣，鎔等迎合上意耳。」若水因自念上待輔臣如此，蓋未嘗有秉節高邁，不貪名勢，能全進退之道，以感動人主，遂貽上之輕鄙。將以滿歲移疾，遂草章求解職，會晏駕，不果上。及今上之初年，再表遜位，得請。考李端明辨疑謂非是。

呂許公夷簡聞包拯之才，欲見之，一日，待漏院見班次有包拯名，頗喜，及歸，又問知居同里巷，意以拯欲便於求見。無幾，報拯朝辭，乃就部注一知縣而出，尤奇之。遽使人追還，遂薦對除裹行，自此擢用。

富鄭公、韓魏公爲相，務推尚廉退有德之士，以勸厲風俗。知蘇公頌久次儒館，不干榮利，屢問所欲，惟力求外以便親養，遂除知潁州。後富公遺公書曰：「若吾子出處，可謂真古君子矣。」

待制王公質子野充職館殿二十餘年，同舍皆顯官，公介然不動，惟求外補。當國者非戚必舊，未嘗折顔色屈議論以合其意。

韓公維不好進，篤志問學，嘗以進士薦禮部，父任執政，不就廷試，乃以父任守將作監主簿。丁外艱，服除，闔門不仕。仁宗患搢紳奔競，諭近臣曰：「恬退守道者旌擢，則躁求者自當知耻。」於是宰相文彦博、宋庠等言公好古嗜學，安於静退，乞加甄録以厚風俗。召試學士院，辭不赴，除國子監主簿。

文潞公爲相，因進對言，嘗聞德音，以搢紳多務奔競，非裁抑之，何以厚風俗？莫若稍旌恬退之人，則躁競者自知愧耻，乃薦王安石、韓維、張瓌，皆擢用焉。

轉運黄虞部好舉時才之士，張忠定公詠勸曰：「大凡舉人須舉好退者，廉謹知耻若舉之，則志節愈堅，少有敗事。莫舉奔競者，奔競者能曲事諂媚，求人知己，若舉之，必能矜才好利，累及舉官故不少矣，其人既解奔競，將自得之，何暇吾舉？」

王文正公時，諫議大夫張師德謁向文簡公曰：「師德兩詣王相公門，皆不得見，恐爲人輕毁，望公從容明之。」一日，方議知制誥，公曰：「可惜張師德。」向公曰：「何謂？」公曰：「累於上前説張師德名家子，有士行，不意兩及吾門。狀元及第，榮進素定，但當静以待之耳，若復奔競，使無階而進者當如何也！」向公方以師德之意啟之，公曰：「且處安得有人敢輕毁人，但師德後進，待我淺也。」向公固稱師德，適有闕，望公弗遺，公曰：「第緩之，使師德知，聊以戒貪進激薄俗也。」

韓忠獻公琦監左藏庫時，方貴高科，多徑去爲顯職，公獨滯於筦庫。衆以爲非宜，公處之自若，不以爲卑冗職事，亦未嘗苟且。

熙寧三年，司馬温公修《歷代君臣事迹》，辟范公祖禹同編修、供職秘省，時王荆公當國，人皆奔競，公未嘗往謁。王安國與公友善，嘗諭荆公意，以公獨不親附，故未進用，公竟不往見。後章惇拜相，公知陝州，罷，坐貶永州。公平生澹然無欲，家人不見其喜怒之容，修書於洛，有終焉之志。及登侍從，無時不求退，每被除擢必力辭，不得已然後就職。及被貶責，處之怡然，嘗曰：「吾西蜀一布衣耳，今復不仕，何爲不可？」

吕正獻公晦叔每事持重近厚，然去就之際，極於介潔，其在朝廷，小不合，便脱然無留意。故歷事四朝，無一年不自引求去。《家塾記》。

建州有君子曰胡憲，曰劉勉之，非身所得外，一毫不受，此後生所宜法也。近見世人緣親姻故舊干求差遣，爲世鄙笑，尤可戒也。頃年嘗聞，元祐間范忠宣作相，其子子夷名正平，第七。當入遠，忠宣欲以恩例换近地，子夷堅不肯，曰：「當入遠，不欲以恩例求僥倖。」前人立志，例皆如此。《舍人答書》。

韓魏公言，希文、師魯畏王沂公。師魯初入館，編校四年，復欲得一差遣，遂至中書，授錢廷年例。沂公徐曰：「學士自待何爲在錢廷年等列耶？」師魯終身以爲媿。《别録》。

處患難

患難即理也，隨患難之中而爲之計，何有不可？文王困羑里而演《易》，若無羑里也；孔子圍陳、蔡而弦歌，若無陳、蔡也；顔子簞食瓢飲而不改其樂，原憲衣敝履穿而聲滿天地。至夏侯勝居桎梏而談《尚書》，陸宣公謫忠州而作《集驗》，此無他，若素生患難中而安之也。《中庸》曰：「君子無入而不自得焉。」其是之謂乎？

章子厚與蘇東坡書云：「慎静可以處患難。」東坡佩服嘉嘆不已。

范忠宣公在隨幾一年，州事毫髮必親，客至，談笑終日無倦色。公素苦目疾，忽全失其明，因上表乞致仕。章惇戒堂吏不得上，蓋懼公復有指陳，終移上意，遂貶公武安軍節度副使、永州安置。命下，公怡然就道，切戒子弟，不得小有不平意，曰：「不見是而无閎，爾曹勉之。」人或謂公爲近名，公聞而嘆曰：「七十之年，兩目俱喪，萬里之行，豈其欲哉？但區區愛君之心不能自已，人若避好名之嫌，則無爲善之路矣！」行狀。又《聞見録》云：「永州命下，忠宣欣然而往。每諸子怨章惇，忠宣必怒止之。江行赴貶所，舟覆，扶忠宣出，衣盡濕，顧諸子曰：『此豈章惇爲之哉？』至永州，公之諸子聞韓維少師謫均州，其子告惇以少師執政日，與司馬公議論多不合，得免行，欲以忠宣與司馬公議役法不同爲言求歸。白公，公曰：『吾用君實薦以至宰相，同朝論事不合即可，汝輩以爲今日之言不可也。有愧而生者，不若無愧而死。』諸子遂止。」

范忠宣公安置永州，課兒孫誦書，躬親教督，常至夜分。在永三年，怡然自得，或加以横逆，人莫能堪，而公不爲動，亦未嘗含怒於後也。每對賓客，惟論聖賢修身行己，餘及醫藥方書，他事一語不出口，而氣貌益康寧，如在中州時。

陳忠肅公瓘謫台州，朝旨不下，司行移峻急，所過州郡皆令兵甲防送，不得稽留。至台久之，人莫敢以居屋借賃者，暫館僧舍。而郡守以十日之法，每遣廂巡起遣，故十日必爲之遷一寺，公處之澹然，不以介意。到台數月，朝廷起遷人石悈知州事，且令赴闕之官。士論汹汹，咸爲將有處分於公也。悈至，果揚言怖公。視事次日，即遣兵官突來約束，不得令出入，取責鄰人防守狀，又置邏卒數鋪，前後巡察，抄録賓客書問之往還者，雖親戚家書殆至隔絶。未幾，復令兵官突來所居搜檢行李，攝公至郡，郡庭垂簾如制獄，大陳獄具。蓋朝旨取索《尊堯》副本，而悈爲此以相迫脅耳。公知其意，遂發問曰：「今日之事豈被旨耶？」㳂非所料，失措而應曰：「有書劄子。」卷簾出示公，劄子所行，蓋取《尊堯集》副本，以爲係詆誣之書，合繳申毀棄也。公曰：「然則朝廷指揮取《尊堯集》耳，追瓘至此，復欲何爲？」因問之曰：「君知《尊堯》所以立名乎？蓋以神考爲堯，而以主上爲舜也，助舜尊堯，何爲詆誣？時相學術淺短，名分之義未甚講求，故爲人所法，使請治《尊堯》之罪，將以結黨固寵也。君所得於彼者幾何？乃亦不畏公議干犯名分乎？請具申瓘此語，瓘將顯就誅戮，不必以刑獄相恐。」㳂不待公言畢，屢揖公退，尋語人曰：「不敢引其說，尚自如此，良可畏也。」繼又幽公於僧舍，使小吏監守，對榻坐卧，窘辱百端，人情憂怖，慮有不測。公安之不以爲撓，㳂亦終不能爲害。

章惇、蔡卞用事，所以欲殺劉元城者至矣，故方竄廣東則移廣西，既抵廣西復徙廣東，凡甲令所載稱遠惡州軍，無所不至，雖盛夏，令所在州軍監督日行一舍，或泛海往來貶所。人謂公必死，然七年之間未嘗一日病，年幾八十，堅悍不衰，此非人力所及，殆天相之。或問何以至此，曰：「誠而已。」公貶梅州，忽有所厚士類數輩至，殷勤之餘，輒相向垂涕，公曰：「豈非安世有後命乎？」客曰：「屬聞朝廷遣使入郡，將不利於公。願公自裁，無辱。」公告之曰：「安世罪大責輕，若朝廷不貸，甘心東市之誅，使國家明正典刑，誅一戒百，亦助時政之萬一。何至效匹夫匹婦自經於溝瀆哉？」不爲動。使者入海島，杖死元祐內臣陳衍。蓋累聖相授不殺近臣，惇、卞屢造此禍而不克，故因令使者迂往諸郡，以虛聲逼諸流人，使其自盡也。自是廣人寖知惇、卞意，時公貶所有土豪緣進納以入仕者，因持厚資入京師以求見惇，犀珠磊落，賄及僕隸，久之不得見，其人直以能殺公意達之，惇乃見之。不數日，薦上殿，自選人改秩，除本路轉運判官。其人飛馭徑驅至公貶所，郡將遣其客來勸公治後事，涕泣以言。公色不動，留客飲酒，談笑自若，對客取筆書數紙，徐呼其僕曰：「聞朝廷賜我死，即死依此行之。」謂客曰：「死不難矣。」客從其僕取紙閱之，則皆經紀其家與同貶當死者之家事甚悉，客驚嘆以爲不可及也。俄報運使距郡城三十餘里而止，翌日當至，家人聞之，益號泣不食，亦不能寐，且治公身後事。而公起居飲食如平常，曾無少異。至夜半伺公，則酣寢，鼻息如雷。忽聞鍾動，上下驚曰：「鍾聲何太早也？」黎明問之，嗚鍾者乃運判公一夕嘔血而斃矣。明日，有客唁者曰：「若人不死，則公未可知矣。」然公亦無喜色。於是見公處死不亂如此。惇等謀害公既不克，是時昭懷寵冠六宮，隆祐幽廢，惇乃以公頃論禁中雇乳母事媒孽之。始鄒志完亦嘗諫立劉氏坐竄嶺外，至是，詔應天少尹孫橐以檻車抵二公貶所，欲收以致京師。至泗、濵，聞哲宗登遐，徽宗即位，置郵走赦，孫即聞於朝，乃不收。

唐介既南遷，朝中士大夫以詩送者甚衆，獨李師中待制一篇頗爲傳誦。詩云：「孤忠自許衆不與，獨立敢言人所難。去國一身輕似葉，高名千古重於山。並遊英俊顔何厚，未死姦諛骨已寒。天爲吾皇扶社稷，肯教夫子不生還？」介至神宗朝果大用，官至執政，時人以爲詩讖之驗。

魯公已罷政，言路率公素所不合者，未敢顯言排公，迺言元符末有外臣上書議及宫禁，因疏大臣數人嘗有是議，而竄曾公肇名其間，坐奪兩官，徙居岳州。明年秋，治上封事異趣者千餘人，因追咎公草求言詔，貶濮州團練副使、汀州安置。在汀二年，杜門不與人接，日閲書數卷而已，室内僅容一榻，坐卧其中若將終身焉。人不堪其憂，而公處之裕如也，其量過人遠矣。行述。

蘇文忠公謫惠州，獨以少子過自隨。瘴癘所侵，蠻蜒所侮，胷中泊然無所芥蔕，人無賢愚皆得其驩心。疾苦者畀之藥，殞斃者納之竁，又率衆爲大橋以濟病涉者，惠人愛敬之。居三年，大臣以流竄者爲未定也，四年，復以瓊州别駕安置昌化。昌化非人所居，食飲不具，藥石無有，所僦官屋以庇風雨，有司猶謂不可，則買地築室，昌化士人畚土運甓以助之，爲屋三間。人不堪其憂，公食芋飲水著書以爲樂，時從其父老遊，亦無間也。墓誌。

蘇子由崇寧中居潁昌，方以元祐黨籍爲罪，深居自守，不復與人相見，逍遥自處，終日默坐。如是者幾十年，以至於没，亦人所難能也。《吕氏雜志》。

紹聖間，伊川先生有涪州之行。自涪還洛，氣貌容色髭髮皆勝平昔，門人問何以得此，先生曰：「學之力。大凡學者，學處患難貧賤，若富貴榮達即不須學也。」

張無垢謫居南安，了無愠懟之態。至則閉門謝客，以經史自娱，緼袍糲食，家人輩幾無以自存，親知聞之，爭餽遺以奉，公皆謝遣之。廣帥時致饟金，公曰：「賻惠不遺舊，友朋之義也，濫窮而苟取，吾何敢脂韋以適己爲悦哉？」悉歸之。君子謂公誠樂道以自安者。

無垢先生謫居凡十四年，結門掃軌，動止有則，談經自樂，手不停披。歲久，庭磚足蹟依然，公題於柱曰：「予平生嗜書，老來目病，執書就明於此者十四年矣，倚立積久，雙趺隱然，可一笑也。」因自號横浦居士。

張公浚念秦檜欺君誤國，使災異數見，彗出西方，欲力論時事以悟上意，又念太夫人年高，言之必被禍，惡不能堪。太夫人覺公形瘠，問故，公具言所以，太夫人誦先雍公紹聖初對方正策之詞曰：「臣寧言而死於斧鉞，不忍不言而負陛下。」至再三，公意遂決，乃言曰：「當今事勢，譬若養大疽於頭目心腹之間，不決不止，決遲則禍大而難測，決速則禍輕而易治，惟陛下謀之於心，斷之以獨，謹察情僞，豫備倉卒。」檜大怒，時公又以天中節手書《尚書·無逸》篇，具劄子爲賀。七月，檜命臺諫論公，章四五上，以特進提舉江州太平興國宫，連州居住。公在連作《四德銘》以示其人，曰：「忠則順天，孝則生福，勤則業進，儉則心逸。」連人相與鑱之於石，家傳人誦焉。二十年九月，移永州。蓋公去國，至是幾二十年，退然若無能者，而天下士無賢不肖，莫不傾心，武夫健將言公者，咨嗟嘆息，至小兒婦女亦知天下有張都督也。

休致

歐陽文忠公在蔡，屢乞致仕。門下生蔡承禧因間言曰：「公德望爲朝廷倚重，且未及引年，豈容遽去也？」歐公答曰：「修平生名節，爲後生描畫盡，惟有早退，以全晚節，豈可更俟驅逐乎？」初，公在亳已六請致仕，比之蔡，逾年復請？四年，以觀文殿學士、太子少師致仕。公年未及謝事，天下益以高公。公昔守潁上，樂其風土，因卜居焉。及歸，而居室未完，處之怡然，不以爲意。

龐莊敏公籍知定州，請老，召還京師，公陳請不已。或謂公：「今精力克壯，年少所不及，主上注意方厚，何遽引去若此之堅？」公曰：「必待精力不支，明主厭棄，然後乃去，是不得已，豈止足之謂耶？」凡上表者九，手疏二十餘通，朝廷不能奪，五年，聽以太子太保致仕。

孫宣公奭以太子少保致仕，居於鄆。一日，置宴御詩廳，仁宗嘗賜詩，刻石所居之廳壁，語客曰：「白傅有言，『多少朱門鏁空宅，主人到老不曾歸。』今老夫歸矣。」喜動於色，復顧石守道誦《易》離卦九三爻辭，且曰：「樂以忘憂，自得小人之志；歌而鼓缶，不興大耋之嗟。」公以醇德奧學，勸講禁中二十餘年，晚節勇退，優游里中，始終全德，近世少比。

陳恭公執中初罷政，判亳州，年六十九，遇生日，親族往往獻《老人星圖》以爲壽，獨其姪世修獻《范蠡遊五湖圖》，且贊曰：「賢哉陶朱，霸越平吳，名遂身退，扁舟五湖。」恭公甚喜，即日表納節，明年累表求退，遂以司徒致仕。

范公景仁既退，居有園，第在京師，專以讀書賦詩自娛。客至，無貴賤皆野服見之，不復報謝，故人或爲具召之，雖權貴不拒也，不召則不往見之。或時乘輿出遊，則無遠近皆往。嘗乘籃輿歸蜀，與親舊樂飲，賑施其貧者，周覽江山，窮極勝賞，期年然後返。年益老而視聽聰明，支體尤堅强。嗚呼！曏使景仁枉道希世以得富貴，蒙屈辱，任憂患，豈有今日之樂耶！則景仁所失甚少，所得殊多矣。詩云：「愷悌君子，神所勞矣。」又曰：「樂只君子，遐不眉壽。」景仁有焉。元祐初，首以詔起公曰：「西伯善養，二老來歸，漢室卑詞，四臣入侍。爲我强起，無或憚勤，天下望公與温公同升矣。」公辭曰：「六十三而求去，蓋以引年，七十九而復來，豈云中禮。」卒不起。

詩人類以棄官歸隱爲高，而謂軒冕榮貴爲外物，然鮮有能踐其言者。故靈澈答韋丹云：「相逢盡道休官去，林下何曾見一人。」蓋譏之也。趙嘏云：「早晚粗酬身事了，水邊歸去一閒人。」若身事了，則仕進之心益熾，愈無歸期矣。王易簡云：「青山得去且歸去，官職有來還自來。」是豈須臾忘情於軒冕耶？張乖崖在蜀，有一幕職官不爲乖崖所禮，遂獻書云：「秋光都似宦情薄，山色不如歸意濃。」公謝而留之，彼蓋有激而云，豈誠心哉！《筆談》言，有武人忽作詩云：「人生本無累，何必買山錢。」遂棄官歸。此最勇決。

予嘗於驛壁間見人題兩句云：「人生待足何時足，未老得閒方是閒。」予深味其言，服其精當，而媿未能行也。此與夫所謂「一日看除目，三年損道心」者異矣。

仁宗時，朝議在官年七十而不致仕者，有司以時按籍舉行。翰林學士兼史館修撰胡宿以謂，「養廉耻、厚風化宜以漸，而一切以吏議從事，殆非所以優老勸功。當少緩其法，使人得自言而全美節。」朝廷嘉其言，是故至今行之。

曾魯公亮自嘉祐秉政，至熙寧中尚在中書，年雖甚高，而精力不衰，故臺諫無非之者。惟李復圭以爲不可，作詩曰：「老鳳池邊蹲不去，饑烏臺上噤無聲。」魯公亦致仕而去。

元豐五年，文潞公以太尉留守西都，時富韓公以司徒致仕，文潞公慕白樂天九老會，乃集洛中公卿大夫年德高者爲「耆英會」，以洛中風俗尚齒不尚官，就資聖院建大厦曰「耆英堂」，命閩人鄭奂繪像堂中。時富韓公年七十九，文公與司封郎中席汝言皆七十七，朝議大夫王尚恭年七十六，太常少卿趙丙、祕書監劉几、衛州防禦使馮行己皆年七十五，天章閣待制楚建中、朝議大夫王慎言皆年七十二，太中大夫張問、龍圖閣直學士張燾皆年七十。時宣徽使王拱辰留守北京，貽書潞公，願預其會，年七十一。獨司馬温公年未七十，文公素重其人，用唐九老狄兼謩故事請入會，温公辭以晚進，不敢班文、富二公之後。文公不從，令鄭奂自幕後傳温公像，又之北京傳王公像，於是預其會者凡十二人。文公以地主携妓樂就富公宅作第一會，至富公會送羊酒，餘不出，餘皆次爲會。洛陽多名園古刹，有水竹林亭之勝，諸老鬚眉皓白，衣冠甚偉，每宴集都人隨觀之。文公又爲「同甲會」，司馬郎中旦、程太中珦、席司封叔言皆丙午人也，亦繪像於資聖院。其夜，司馬公與數公又爲「真率會」，有約酒不過五行，食不過五味，唯菜無限，楚正議違約增飲食之數，罰一會。皆洛陽盛事也。洛之士庶又生祠潞公於資聖院，温公取神宗《送潞公判河南詩》，隸於牓曰：「竚瞻堂塑公像，其中冠劒偉然，都人事之甚肅。」

本朝大官最享高年者凡三人，曰太傅張公士遜、樞相張公昇、少保趙公槩，皆壽至八十六，又二人次之，曰陳文惠公堯佐，至八十二，杜祁公衍至八十一，又一人次之，曰富文忠公弼，壽至八十，餘皆不及焉。故文惠致政，以詩寄太傅曰：「青雲岐路游將遍，白髮光陰得最多。」蓋謂是也。《青箱雜記》。

卷六

事君類上

忠義

寇萊公當國，真宗有澶淵之幸，而能左右天子，如山不動，却寇敵，保宗社，天下謂之大忠。

吕文靖公夷簡在章獻朝，近臣頗以言事去職，或勸公宜退，公曰：「先帝待我厚，期以宗廟安寧，死而不愧於先帝。故平、勃不去所以安漢，仁傑不去所以安唐，使吾亦潔虚名而去，治亂未可知也。」故孜孜燮輔，知無不爲，雖禍之未形，事之將然，必先爲之救禦。

歐陽文忠公《奏事録》云：仁宗既連失褒、豫、鄂三王，遂更無皇子，自至和三年正月得疾，踰時不能御殿，中外憂恐。既而康復，自是言者常以國本不可不急交章論述，每輙留中，故樞密副使包公拯、今翰林學士范景仁所言尤激切，其餘不爲外人所知者不可勝數。今樞密富相與昭文韓相亦屢進説，雖余亦嘗因大水言之，然初無采納之意，如此五六年，言者亦已稍息。嘉祐六年秋，余自樞廷過東府，忽見内降一封，乃諫官司馬光言皇子事，既而知江州吕誨亦有疏論述。明日，奏事垂拱殿，二章讀畢，未及有所啓，仁宗遽曰：「朕有意多時矣，但未得其人。」余自爲校勘，及在諫垣忝兩制，逮此二十年，每進對嘗劇從容，至此始聞仁宗自稱「朕」。既而左右顧曰：「宗室中孰爲可？」韓公皇恐對曰：「不唯宗室不接外人，臣等不知此事，豈臣下敢議，當出自聖擇。」仁宗曰：「宫中嘗養二子，小者其純然近不慧，大者可也。」遂啓其名謂何，仁宗即道今上舊名曰：「名某，今三十歲矣。」余等遂力贊之，議乃定。余又奏曰：「此事至大，臣等未敢施行，請陛下今夕更思之，臣等來日取旨。」明日奏事崇政殿，因又啓之，仁宗曰：「決無疑也。」余等奏言：「事當有漸，容臣等商量所除官。」既退，遂議且判宗正，時今上猶在濮王喪，乃議起復。來日將上，仁宗大喜曰：「如此甚好。」二公與余又奏曰：「此事若行，不可中止，乞陛下斷在不疑，仍乞自内中批出，臣等奉行。」仁宗曰：「此事豈可令婦人知，中書行可也。」余等喜躍稱賀，六年十月也。命既出，今上再三辭避，有旨候服闋取旨。至七年二月一日，服除，今上堅卧稱疾，前後十餘讓。至七月，韓公議曰：「宗正之命始出，則外人皆知必爲皇子也，不若遂正其名，使其知愈讓而愈進，示朝廷有不可回之意，庶幾肯受。」曾公與余皆以爲然。及將上今上累讓表，仁宗問如何，韓公未對，余即前奏曰：「宗室自來不領職事，今外人忽見不次擢用，皆知將立爲皇子，不若正其名，命立爲皇子。緣誥勅降付閤門，某得以堅卧不受，若立爲皇子，只煩陛下命學士作一詔書，告報天下，事即定矣，不由某受不受也。」仁宗沈思久之，顧韓公曰：「如此莫亦好否？」韓公力贊之，遂降詔書立爲皇子，仍更名某。自議皇子事，凡所奏請皆余與西廳趙侍郎自書，其改名劄子余所書也。初擇日旁十字，其最下一字乃今名也，是仁宗親點，令封在中書。今上自在濮邸即有賢名，及遷入内，良賤不及三十口，行李蕭然，無異寒士，有書數廚而已，中外聞者相賀。

司馬温公上疏面言：「臣向者進建儲之説，陛下欣然無難意，謂即行矣。今寂然無所聞，此必有小人言，陛下春秋鼎盛，子孫當千億，何遽爲此不祥之事？小人無遠慮，特欲倉卒之際援立其所厚善者爾，唐自文宗以後立嗣，皆出於左右之意，至有稱定策國老、門生天子者，此禍豈可勝言哉！」上大感悟曰：「送中書。」公至中書，見琦等諸公，「不及今定議，異日夜半禁中出寸紙，以某人爲嗣，則天下莫敢違。」琦等皆唯曰：「敢不盡力。」後月餘，詔英宗判宗正寺，固辭不就職。明年遂立爲皇子，稱疾不入。公復上疏言：「凡人爭絲毫之利，至相爭奪，今皇子辭不貲之富，至三百餘日不受命，其賢於人遠矣。有識聞之，足以知陛下之聖，能爲天下得人。然臣聞父召無諾，君命召不俟駕而行。使者受命不受詞，皇子不當避，使者不當徒反。凡召皇子内臣皆乞責降，且以臣子大義責皇子，宜必入。」英宗遂受命。行狀。

英宗即位，以驚疑得疾，太后垂簾同聽政。帝遇宦官少恩，左右多不悦者，乃説間兩宫遂成隙，太后對輔臣嘗及之。韓魏公琦慮宫中有不測者，一日，因對以危言感動太后，曰：「臣等只在外面，不得見官家，内中保護，全在太后。若官家失照管，太后亦未安穩。」太后驚曰：「相公是何言語！自家更是用心。」公即曰：「太后照管，則衆人自照管。」同列爲縮頸流汗，或謂公曰：「語不太過否？」公曰：「不得不如此。」間有傳帝在禁中過失事，衆頗惑之，公曰：「豈有殿上不曾錯了一語，而入宫門得許多錯來？」自爾妄傳語言者稍息。帝疾甚，時有不遜語，太后不樂，大臣有不預立皇太子者陰進廢立之計，惟公確然不變，參政歐陽修深助其議。嘗奏事簾前，太后嗚咽流涕，具道不遜狀，公曰：「此病故耳，病已，必不爾。子病，母可不容之乎？」太后不懌曰：「皇親輩皆笑太后，欲於舊寨尋兔兒【一】。」聞者驚懼，皆退數步，獨公不動，曰：「太后不要胡思亂量。」少間，修乃進曰：「太后事仁宗數十年，仁聖之德著於天下。婦人之性鮮不妬忌，昔温成驕恣，太后處之裕然，何所不容。今母子之間而反不能忍耶【二】？」太后曰：「得諸君知此善矣。」修曰：「此事何獨臣等知之，中外莫不知也。」太后意稍和，修復進曰：「仁宗在位歲久，德澤在人，人所信服，故一日晏駕，天下稟承遺命，奉戴嗣君，無一人敢異同者。今太后一婦人，臣等五六措大耳，舉足造事，非仁宗遺意，天下誰肯聽從？」太后默然。他日，琦等見帝，帝曰：「太后待我無恩。」公曰：「自古聖帝明王不爲少矣，然獨稱舜爲大孝，豈其餘不孝也？父母慈愛而子孝，此常事不足道，惟父母不慈愛，而子不失孝，乃可稱爾。政恐陛下事太后未至，父母豈有不慈者？」帝大悟，自是不復言。熙寧中，歐陽公退居潁

【一】太后欲於舊寨尋兔兒　「寨」原作「渦」，據明嘉靖本改。

【二】反不能忍耶　「忍」原作「思」，據《龍川别志》卷下改。

上，蘇子由往見之，間言及此，曰：「古所謂社稷臣，韓公近之。」

韓魏公曰：「琦平生仗孤忠以進，每遇大事，即以死自處，幸而不死，皆偶成，實天扶持，非琦所能也。」

韓魏公當仁宗之末英宗之初，朝廷多故，公臨大節，處危疑，苟利國家，知無不爲，若湍水之赴深壑，無所疑憚。或諫曰：「公所爲如是誠善，萬一蹉跌，豈惟身不自保，恐家無處所。殆非明哲之所尚也。」公歎曰：「此何言也！凡爲人臣者，盡力以事君，死生以之，顧事之是非何如耳。至於成敗，天也，豈可預憂其不成，遂輟不爲哉？」聞者愧服。其忠勇如此，故能光輔三后，大濟艱難。使中外之人餔啜嬉遊自若，曾無驚視傾聽竊語之警，坐置天下於大寧，公之力也。

韓魏公嘗謂：「忠義之心，人皆有之。惟其執之不固，勉之不力，是以不及於古人。」

韓魏公謂，挺然忠義，奮不顧身，師魯之所存也。身安國家，可保明消息盈虚之理，希文之所存也。敢問二公，曰，立一節則師魯可也，考其終身，不免終亦無所濟，若成就大事，以濟天下，則希文可也。

蘇公頌執政時，諸公奏對，惟稟旨宣仁，哲宗有言，或無對者。蘇公奏事宣仁畢，必再稟哲宗，有宣諭必告諸公以聽聖語，哲宗蓋默識之。後罷相，周秩爲御史，嘗論元祐執政至蘇公，上曰：「蘇頌知君臣之義，與它人不同。」

初，寇之入真定也，父老號呼曰：「使劉資政韐在鎮，豈有此禍！」敵益知公名，必欲得公。宰相紿以割地遣公往，敵人以其國僕射韓正館公于城南壽聖院。正言：「國相知公名，今欲用公矣。」公曰：「偷生以事二姓，有死不爲也。」敵人謂尼堪爲國相，云明年正月正見公，言欲以公爲正代，許以家屬行。公仰天大呼曰：「有是乎？」歸召指使陳灌等曰：「敵人乃欲用我，我當以死報國耳。」灌等泣且拜，公曰：「死生命也，寧爲不義屈乎？」即手書片紙曰：「金人不以予爲有罪，而以予爲可用。夫貞女不事二夫，忠臣不事兩君，以順爲正者，妾婦之道，此予所以有死也。」付灌持歸報諸子，即沐浴更衣，酌卮酒，以衣絛自經，時十六日也。燕人讙然嘆曰：「劉相公忠臣也。」因與灌共葬公壽聖院西崗上，遍題院壁識其處。灌逸歸報，公子子羽具棺衾，公故將王瓊等以兵護出城，大殮。公死八十日矣，顏色如生，觀者異焉。

耿南仲等以李公綱堅執異議，決於用兵，乃曰：「方今欲援太原，非綱不可，宜以綱爲宣撫使。」上欲用綱，召對睿思殿，諭以所欲遣行者，綱自陳：「書生，兵事實非所長，今使爲大帥，恐不勝任，且誤國事，死不足以塞責。」上不許，即命尚書省出勑，令面受，綱奏曰：「借使臣不量力，爲陛下行，須擇日受勑，今拜大將如呼小兒，可乎？」上乃許別日受勑，綱退，即移疾入劄子乞致仕，乃陳所以不可爲大帥，且云：「此必有建議，不容臣於朝者。」章十餘上，輒批答不允，且督令受命。於是臺諫交章，言綱儒者不知軍旅，將兵必敗，又言：「綱忠鯁異衆，爲大臣所陷，他日成功亦死，敗事亦死，不宜遣。」

駐蹕錢塘，苗、傅、劉正彦逆亂，以上爲睿聖皇帝，册皇太子即位。鄭公憝庭立面折之不能奪，私竊謂逆賊凶焰熾甚，非結外援無可爲者，乃上章待罪求去，將北走平江、金陵，與吕頤浩等議興復計。太后降詔不允，遷中司。二凶竊威福之柄，肆行殺戮，日至都堂侵紊機政。公謂：「便宜軍法，行之所部士卒可也，餘當聞諸朝廷，付之有司。都堂，國論所從出，非外廷之臣可得而與也。」抗章力言之，乞告示傅等，宜一遵典法。章留中不下。公對，懇請降付三省施行，亂臣雖以横逆加臣，死職不當避也。章下，傅等果出怨言，然亦少戢矣。又聞以簽書樞密召吕頤浩，以禮部尚書召張浚，分張俊兵，令以五百人歸陝西。而浚不受尚書之命，俊不肯分所部兵，遂謫浚以散官居郴州，擢俊以節度知鳳翔。公知出傅等姦謀，假朝命使外無彊兵謀臣，内生變亂，得以自肆，遂具章乞留吕頤浩知金陵，浚不當謫降。即遣所親承議郎謝嚮，更姓名微服爲賈人，徒步如平江，見張浚等，具言城中事，令嚴設兵備，張聲勢，持重緩進，使其自遁，無致城中之變驚動三宫，此爲上策。浚等聞之，皆感激奮勵，爲赴難計。又忽宣詔以上爲皇太弟、天下兵馬大元帥，幼主爲皇太姪監國。公震恐不知所爲，即與大臣進議以爲：「在廷公卿、百司羣吏，皆昔之臣屬也，今則與之比肩事主矣，稽之於古，則無所取法，行之於今，則實逆天道。或者爲大元帥可以任軍旅之大事，臣竊以爲不然。昔舜之禪禹也，猶命禹徂征有苗，則禹雖受禪，而征伐之事舜猶親之也。唐之睿宗傳位皇太子以聽小事，自尊爲太上皇以聽大事。如是，無不可者。則稽之於古爲有法，行之於今爲得宜，太后依舊垂簾同聽政，以安人心。」其命遂已。既而義師西向，上復位，公之力爲多也。

蔡忠惠公襄云：「事父母之道曰孝，天之性也；事君上之道曰忠，人之義也，猶耳目心腹，有身則有之，非外物也。邇代以旌賞勸其孝，爵禄勸其忠，則孝非天之性，忠非人之義矣，猶無耳目心腹，豈爲人歟？乃亦若鷺白烏玄，蓋物之本然也，苟染而色之，何可長也？惟忠與孝待勸而行，詎至孝至忠乎？夫忠孝也者，感天地，動鬼神，故有冰魚、寒筍之事，返風、起禾之應。或飾名沽譽，雖可勸諸，亦可捨諸，則三、五之世，忠孝多由於性，三、五之後，忠孝多由於勸也。勸之尚不能，況不勸乎？」

司馬温公《通鑑》斷曰：「爲人臣者，策名委質，有死無貳。李希烈等或貴爲卿相，或親連肺腑，於承平之日，無一言以規人主之失，救社稷之危，迎合取容，以竊富貴。及四海横潰，乘輿播越，偷生苟免，顧戀妻子，媚賊稱臣，爲之陳力。此乃屠酤之所羞，犬馬之不如。儻更全其首領，復其官爵，是諂諛之臣無往而不得計也。彼顔杲卿、張巡之徒，世治則擯斥外方，沈抑下僚，世亂則委棄孤城，齏粉寇手。何爲善者之不幸，而爲惡者之幸，朝廷待忠義之薄，而保姦邪之厚邪？」

章獻垂箔，有方仲弓者上書，乞依武氏故事立劉氏廟。章獻覽其疏曰：「吾不作此負祖宗事！」裂而擲之於地，仁宗在側曰：「此亦出於忠孝，宜有以旌之。」乃以爲開封府司録。及章獻崩，黜爲汀州司馬。程琳亦嘗有此請，而人莫知之也。仁宗一日在邇英，謂講官曰：「程琳心行不中，在章獻朝，嘗請立劉氏廟，且獻七廟圖。」時王洙侍讀聞之，然仁宗性寬厚，琳竟至宰相，蓋無宿怒也。《龍川志》。

王廣淵除直集賢院，司馬温公言：「廣淵姦邪不可近。昔漢景帝爲太子，召上左右飲，衛綰獨稱疾不行，及即位，待綰有加。周世宗鎮澶淵，張美掌州之錢穀，世宗私有求假，美悉力應之，及即位，薄其爲人不用。今廣淵當仁宗之世，私自結於陛下，豈忠臣哉！願黜之以厲天下。」

王介甫不知事君道理，觀他意思，只是要樂子之無知。如上表言，「秋水既至，因知海若之無窮；大明方升，豈宜爝火之不息。」皆是意思常要己在人主上。自古主聖臣賢乃常理，何至如此。又觀其説魯用天子禮樂云：「周公有人臣所不能爲之功，故得用人臣所不得用之禮樂。」此乃大段不知事君。大凡人臣身上豈有過分之事，凡有所爲，皆是臣職所當爲之事也。介甫平居事親最孝，觀其言如此，其事親之際，想亦洋洋自得，以爲孝有餘也。臣子身上皆無過分事，惟是孟子知之，説曾子只言事親，若曾子可矣。不言有餘，只言可矣。唐子方作一事，後無聞焉，亦自以爲報君足矣。當時所爲，蓋不出誠意。嘉仲曰：「陳瓘亦可謂難得矣。」先生曰：「陳瓘却未見其已。」

元豐末創爲户馬之説，神宗俯首歎曰：「朕於是乎愧於文彦博矣！」王珪等請宣德音，復曰：「文彦博頃年爭國馬不勝，嘗曰：『陛下十年必思臣言。』」珪因奏曰：「罷去祖宗馬監，是王安石堅請行之者，本非陛下意也。」上復歎曰：「安石相誤，豈獨此一事！」

神宗聞安石之貧，命中使甘師顔賜安石金五十兩，安石好爲詭激矯厲之行，即以金施之定林僧舍。師顔因不敢受常例，回具奏之，上諭御藥院牒江寧府，於安石家取甘師顔常例。

安石約吕惠卿無令上知一帖，惠卿既與安石分黨，乃以其帖上之。上問熙河歲費之實於王韶，安石喻韶不必盡數以對，韶既畔安石，亦以安石言上之。

李迪至鄆半歲，真宗晏駕，迪貶衡州團練副使，謂使侍禁王仲宣押迪如衡州。仲宣始至鄆州，見通判以下而不見迪，迪皇恐，以刃自剄，人救得免。仲宣淩侮迫脅，無所不至，人往見迪者，輒籍其名，或饋之食，留至臭腐棄捐，不與迪。客鄧餘怒曰：「豎子欲殺我公以媚丁謂邪？鄧餘不畏死，汝殺我公，我必殺汝。」從迪至衡州，不離左右，仲宣頗憚之。迪由是得全至衡州，歲餘除祕書監知舒州。

王達者，屯田郎中李曇僕夫也，事曇久，曇親信之。既而去曇應募爲兵，以選入捧日營，凡十餘年。會曇以子學妖術妄言事，父母械繫御史臺獄，上怒甚，獄急，曇平生執友無一人敢餉問之者。達旦夕守臺門不離，給飲食候信問者四十餘日。曇貶恩州别駕，仍即時監防出門，諸子皆流嶺南，達追哭送之。防者遏之，達曰：「我主人也，豈不得送之乎？」曇河朔人，不習嶺南水土，其家人皆辭去，曰：「我不能從君之死鄉也。」數日，曇感恚自縊死，旁無家人。達使母守曇尸，出爲之治喪事，朝夕哭如親父子，見者皆爲流涕，殯曇於城南佛舍然後去。嗚呼！達賤隸也，非知有古忠臣烈士之行，又非矯迹求令名以取禄仕也。獨能發於天性至誠，不顧罪戾，以救其故主之急，終始無倦如此，豈不賢哉！嗟乎！彼所得於曇，不過一飲一衣而已，今世之士大夫因人之力或致位卿相，已而故人臨不測之患，屏手側足，戾目窺之，猶懼其禍之延及己也，若畏猛火遠避去之，又或從而擠之以自脱，敢望其憂卹振救也耶？彼雖巍然衣冠類君子，若稽其行事，則此僕夫必羞之。《涑水記聞》。

陳喬仕江南爲門下侍郎，掌機密，後主之稱疾不朝，喬預其謀，及王師問罪，誓以固守。時張洎爲喬之副，常言於後主，「苟社稷失守，二臣死之。」城陷，喬將死，後主執其手曰：「當與我同北歸。」喬曰：「臣死之，即陛下保無恙，但歸咎於臣爲陛下建不朝之謀，斯計之上也。」掣其手去，入視事廳内語二親僕曰：「共縊殺我。」二僕不忍，解所服金帶與之，遂自經。後主求喬不得，或謂張洎曰：「此詣北軍矣。」喬既死，從吏撤扉而瘞之。明年，朝廷嘉其忠，詔改葬，後見其屍如生而不僵，鬚髮鬱然。初求屍不得，人或見一丈夫衣黄半臂，舉手影自南廊而過，掘得屍，以右手加額上，如所覩者，人咸異之。見楊公傳。

公正

馬正惠公知節自始仕以至登用，遇事謇謇未嘗有所顧憚，王冀公、丁晉公用事，每廷議得其不直，輒面詆之。真宗初或甚忤，然終以此知公，而天下至今稱其正直。又《記聞》曰：「真宗末，王欽若每奏事或懷數奏，出其一二，其餘皆匿之，既退，以己意稱聖旨行之。嘗與馬知節俱奏事上前，欽若將退，知節目之曰：『懷中奏何不盡出之？』」又《王文正遺事》曰：「樞密馬公知節與同列奏對次，忽厲聲曰：『王欽若等讀盡劄子，莫謾官家。』馬公退，見王文正公詞色尚怒，因語公曰：『諸子上前議論如此，知節幾欲以笏擊死之，但恐驚動君相耳。』公歎撫久之。」馬公方直，惟公力保庇於上前。

蔡文忠公齊在大位，臨事不回，無所牽畏，而恭謹謙退，未嘗自伐。天下推之爲正人，搢紳之士倚以爲朝廷重。

章郇公爲宰相五六年，及死之後，天下不見其黨與偏私之迹云。

寇公準在樞府，上欲罷之。萊公已知，迺使人告王文正公曰：「遭逢最久，今出，欲一使相，望同年主之。」公大驚曰：「將相之任，極人臣之貴，苟朝廷有所授亦當辭，豈得以此私有干於人，仍亟往白之？」萊公不樂。後上議寇準，令出與一甚官，公曰：「寇準未三十歲已登樞府，太宗甚器之，準有才望，與之使相，令當方面，其風采足以爲朝廷之光。」上然之。翌日，降制，萊公捧使相告謝於上前，感激流涕曰：「苟非陛下主張，臣安得有此命！」上曰：「王旦知卿。」具道公之言。萊公出，謂人曰：「王同年器識非凖可測。」公薨之時，萊公不在都下，後入朝廷，白於上前求奠，哀慟久之。公在相府，抑私遠嫌類如此。《名臣遺事》。

王文正公一日諭諸公曰：「上官泌差知河陽。」乃批署之，諸公後白公，泌欲一轉運使，會京東有闕，諸公曰：「可差上官泌也。」公不答，因奏對言：「上官泌向日議差河陽，然亦合入一職司，會京東轉運使闕，更稟上旨。」上閱泌歷任，曰：「與轉運使。」諸公歸，以相語曰：「王公無私如此。」《名臣遺事》。

王文正公門庭未嘗接客，公薨，上諭近臣曰：「王旦家却不覺靜，緣當國日亦門庭清肅。」吕文靖夷簡、魯肅簡宗道初參預政事，二妻入謝，章憲太后語之曰：「爾各歸語其夫，王旦在政府多年，終始一節，先帝以此重之，宜爲師範也。」《名臣遺事》。

王沂公曾、李觀察維、薛尚書映一日謁王文正公，公託病，薛有不平之色。公婿韓億時在門下見之，一日，以此答白，公曰：「韓郎未之思耳。王、薛皆李之婿，相率而來，恐有所干於朝廷事，果不可，沮之無害，若可行，答以何辭？執政之大忌也。」韓乃謝曰：「非億所知。」後果李文靖有所請。《名臣遺事》。

王沂公與一朝士有舊，欲得齊州，沂公曰：「齊州已差人。」乃與廬州，不就，曰：「齊州望卑於廬州，但於私便耳。相公不使一物失所，改易前命當亦不難。」公正色曰：「不使一物失所，惟是均平。若奪一與一，此一物不失所，則彼一物必失所。」其人慙沮而退。

龐莊敏公爲相，專以公忠便國家爲事，不以官爵養私交取聲譽。端明殿學士程公戡知益州，將行，上俾公諭之曰：「戡還，當處以兩府。」公曰：「兹事出於上恩，臣不敢與聞。」卒不與言。墓銘。

王堯臣爲樞密副使，持法守正，以身任天下事。凡宗室、宦官、醫師、樂工、嬖習之賤，莫不關樞密，而濫恩倖請隨其事可損損之，可絶絶之，至其大者，則皆著爲定令。由是小人益怨，構爲飛書以害公。公得書自請曰：「臣恐不能勝衆怨，願得罷去。」上愈知公忠，爲下令購爲書者甚急。公益感勵，在位六年，廢職修舉皆有條理。墓誌。

王武恭公德用，故人爲人干進於公，公問約所遺幾何，乃出金厚謝之，曰：「故人吾不忘，公恩其敢私市耶？」上嘗賜飛白「清忠」二字，藏于家。

明肅攝政，馬季良聯姻劉氏，以非道干進，太后欲擢爲龍圖閣待制，顧王沂公曾守正難之。會公移疾數日，喻貳政者擢季良，且曰：「王曾在告，當亟行之。」諸公承順匆遽，故季良止以太常丞充職。蓋三丞未嘗有預内閣清職者，中外諠傳，而公持正之名益重焉。

彭思永召爲侍御史，極論内降授官賞之弊，以謂斜封非公朝之事，仁宗深然之。皇祐祀明堂前一日，有傳赦語百官皆得遷秩者。公方從駕宿景靈宫，亟上言不宜濫恩以益僥倖，既肆赦果然。時張堯佐以妃族進，王守忠以親侍帷幄被寵，參知政事闕員，堯佐朝暮待命，守忠亦求爲節度使。物議讙動，公帥同列言之，皆曰：「宜待命行。」公曰：「宜以先事得罪，命出而不可救，則爲朝廷失矣！」遂獨抗疏極言，至曰：「陛下行此覃恩，無意孤寒，獨爲堯佐、守忠故取悦衆人耳。」且言「妃族秉政，内臣用事，皆非國家之福。」疏入，仁宗震怒，人皆爲公危之，公曰：「苟二人之命不行，雖赴鼎鑊無恨！」於是御史中丞郭勸、諫官吴奎皆爲上言其忠，當蒙聽納，不宜加罪。仁宗怒解，而堯佐、守忠之望遂格，公猶以泛恩罷臺職。

婉容翟氏進位官吏轉行有礙舊法者，周益公言：「上皇扈從之賞，陛下登極之恩，事體至重，然法當回授者未嘗轉行，豈容掖廷奉事之人獨超此例？」上曰：「朕初以卿止能文，不謂剛正如此。」

縣有牧地，每歲衛士縱牧馬踐民田，百姓病之，而縣令不敢誰何。范純仁下車，恩威著於上下，百姓知公可賴。一日，民有訴衛士縱馬食田者，公捕而杖之。衛士校長申殿前司，殿前司申樞密院，有旨劾，公申中書曰：「非不知衛士非畿邑小官所敢刑，然養兵出於二税，二税出於民田，衛士牧馬而侵食民田，則税將使何從而出哉？身爲縣令，職在養民，若坐視而不恤，安用縣令哉？」章出，特免罪，仍令畿邑兼管勾牧地，自公始也。

太宗時一歲大旱，天子以爲憂，嘗輦過館中，汎以問衆。衆皆曰：「水旱，天數也，堯、湯所無奈何。」寇準獨曰：「朝廷刑罰偏頗，凡天旱，爲是發耳。」上怒，起入禁中，頃之，召準問所以偏頗狀，準曰：「願召兩府至前，臣即言之。」有詔召兩府入，準乃言曰：「某子甲坐贓若干少爾，罪乃至死；參知政事王沔其弟淮盜所主守財，至千萬以上，顧得不死無罪。非偏而何？」上顧問沔，沔頓首謝，即皆罷去。其暮遂大雨，上大喜，以準可用，遂驟進。劉貢父撰萊公傳。又遺事云：「公性忠朴，喜直言無顧避。時人爲之語曰：『寇準上殿，百僚股栗。』」

富公再使，以國書與口傳之詞不同，馳還奏曰：「政府故爲此，欲置臣於死，臣不足惜，奈國事何？」仁宗召宰相吕夷簡面問之，夷簡從容袖其書曰：「恐是誤，當令改定。」富公益辯論不平，仁宗問樞密使晏殊如何，殊曰：「夷簡决不肯爲此，真恐誤耳。」富公怒曰：「晏殊姦邪，黨吕夷簡，以欺陛下。」富公，晏公之婿也，其忠直如此。

吴正肅公育在諫職，時賈昌朝等數人名編脩資善堂書，而實教授内侍，公奏罷之。爲參知政事，山東盜起，仁宗遣中使察視，還奏：「盜不足慮，惟兖州杜衍、鄆州富弼得山東心，此爲可憂。」上欲徙二人淮南，公曰：「盜誠無足慮，而小人乘時以傾大臣，非國家福也。」乃止。後判西京留司御史臺，留臺舊不領民事，時張堯佐知河陽，民訟久不决，多詣公者，公爲辯曲直判狀尾，堯佐畏恐奉行。上嘗語輔臣曰：「育剛正可用，但嫉惡太過耳。」

張忠定公閲邸報，忽再言可惜許。門人李畋請問之，曰：「參政陳左丞恕無也。斯人難得，唯公唯正，爲國家斂怨於身，斯人難得！」退爲詩哭之。

祕書丞劉公爲人剛毅，一毫不挫於人。熙寧中，執政王文公有與之故舊者，欲引修三司條例，公不肯附之，且非其所爲，執政者寖不悦。當是時其權震天下，人不敢忤，而公憤欲與之校，面語侵之，至變色悖怒，而公不少屈。稠人廣坐抗言其失，聞者縮頸，而公意氣自若。久之亦不自安，以親老告歸南康，乞監酒稅以就養。【三】

方介甫用事，呼吸成禍福，凡有施置，舉天下莫能奪。高論之士始異而終附之，面譽而背毁之，口是而心非之者，比肩是也。劉道原獨奮厲不顧，直指其事，是曰是，非曰非，或面刺介甫，至變色如鐵，或稠人廣坐，介甫之人滿側，道原公議其得失無所隱。惡之者側目，愛之者寒心，至掩耳起避之，而道原曾不以爲意。見賢厚者親之如兄弟，姦諂者疾之如仇讐，用是困窮而終不悔，此誠人之所難也。昔申棖以多欲不得爲剛，微生高以乞醯不得爲直，如道原者，可以爲剛直之士矣。《十國紀年序》。

（胡）安國之子寅被召造朝，公戒之曰：「凡出身者本吾至誠懇惻、憂國愛君、濟民利物之心，立乎人之本，不可有分毫私意。善人君子，吾信重之，不輕慢之，惡人小人，吾憫憐之，不憎惡之，天下猶一家。如仲舉於甫節，元規於蘇峻，皆懷忿嫉之心，所以誤也。諸葛武侯心如明鏡，不以私情有好惡也，故黄皓甘於卑賤而不辭，李平、廖立甘於廢黜而不怨，馬謖入幕上賓，流涕誅之不釋也。」

【三】此條原闕，據明嘉靖本及《琬琰集》中卷三十八補。

韓魏公言：「杜祁公公心而樂與人善，既知其人，無復毫髮疑間。始琦爲樞密副使，論難一二事，祁公不樂。久之相亮，每事問曰：『諫議看來未？諫議曾看，便將來押字。』琦益爲之盡心不敢忽。以此見祁公存心至公，不必以出於己爲是，賢於人遠矣。」

趙公鼎與張公浚俱帶都督諸路軍馬，置司行在，浚出視師江上，經營興舉，鼎居中總政事，相爲表裏。鼎自以遭時多故，遇人主特達之知，心惟至公，務要協濟，未嘗有所疑忌。而行府所行之事，往往侵紊三省，樞密孟庾、參政沈與求憤然不平之，曰：「三省、樞密院乃奉行行府文書耶？」各稱疾罷去，鼎乃一切隱忍，未嘗計校輒分彼我，所幸國事有濟。然人以此爲難也。

范公祖禹除正言，客有言於温公，以公在言路，必能協濟國事。温公正色曰：「子謂淳夫見光有過不言乎？殆不然也。」《遺事》。

陳忠肅公譽望早達，自登科不汲汲於仕進，元祐、紹聖間諸公交薦於朝，公謹所主，多所退避。及後被眷知居言路，排姦扶正，所指議者，往往嘗相舉薦。故公疏文有曰：「在彼則舉爾所知，在此則爲仁由己，未嘗以預薦而入其黨，亦不以小故而絕其恩。」蓋公之意以士人出處，不因私薦而廢公議，則朋黨之説無緣而起。

彭公汝礪拜中書舍人，賜服金紫，詞命雅正，人以爲有古風。遇事不苟，多所建白，其論詩賦、回河事尤力，主議者皆不悦，公亦數請去。是時大臣有持平者，頗與公相佐佑，而一時進取者病之，欲排去其類，未有以發。會知漢陽軍吴處厚得蔡丞相確安州詩上之，傳會解釋，以爲怨謗，諫官交章請治，又造爲危言，以激怒太皇太后，必欲寘之極法。公曰：「此羅織之漸也。」數以白執政不能捄，則上疏論列甚切，又不聽，則居家待罪。時中書舍人止公一人，既而蔡丞相有謫命，公曰：「我不出，誰任其責者？」即入省封還除目，辯論愈切。御史臺自中丞而下五人坐是同日出，臺中一空，公復力爭，以爲不可，諫官指公爲朋黨。太皇太后曰：「汝礪豈黨確者？亦爲朝廷論事爾已。」而蔡丞相貶新州，用起居舍人草詞行下，而公亦落職知徐州，一二大臣相繼去位，自是正人道壅，而進取者得志矣。公在臺既嘗論吕嘉問事，且與蔡丞相異趣，使外十年，蔡爲有力。後治嘉問獄，不肯阿執政意擠之，坐奪一官，至是又辨蔡丞相不當謫，至得罪乃已。人以此益賢之。

龜山先生言，真宗問李文靖曰：「人皆有密啓，而卿獨無何也？」對曰：「臣待罪宰相，公事則公言，何用密啓？夫人臣有密啓者，非讒即佞，臣常惡之，豈可效尤。」因言祖宗時宰相如此，天下安得不治。

章聖即位，寇萊公守青州，上想見之，會遣中使撫巡山東，因令問公安否，且促取朝見表。萊公再拜謝曰：「陛下幸不棄臣，朝召而夕行也。要君之章，實不敢上。」既而召還，遂領相印。《遺事》。

李文定與吕文靖同作相，李公直而疏，吕公巧而密。李公嘗有所規畫，吕公覺非其所能及，問人曰：「李門下誰爲謀者？」對曰：「李無它客，其子東之，慮事過其父也。」呂公因謂李公：「公子東之才可用也，當付以事任。」李公謙不敢當，呂公曰：「進用才能，此自夷簡事，公勿預知。」即奏除東之兩浙提刑，李公父子不悟也，皆喜受命。二公内既不協，李公於上前求去，上怪問其故，李奏曰：「老病無堪夷簡公相謾欺。」具奏所以，上召呂面質之。時燕王貴盛，嘗爲其門僧求官，二公共議許之，既而呂公遂在告，李公書奏與之，久之忘其實，反謂呂獨私燕邸。呂公以案牘奏上，李慚懼待罪，遂免去。其後王沂公久在外，意求復用，宋宣獻爲參知政事，甚善呂公，爲沂公言曰：「孝先求復相，公能容之否？」呂公許諾，宣獻曰：「孝先於公事契不淺，果許，則宜善待之，不宜如復古也。」呂公笑然之。宣獻曰：「公已位昭文，孝先至，以集賢處之可也。」呂公曰：「不然，吾雖少下之何害。」遂奏言王曾有意復入，上許之，呂公復言願以首相處之，上不可，許以亞相，乃使宣獻問其可否，沂公無所擇。既至，呂公專決，事不少讓，二公又不協。王公復於上前求去，上問所以，對如李公去意。固問之，乃曰：「夷簡政事多以賄成，臣不能盡記，王博文自陳州入知開封府，所入三千緡。」上驚，復召呂公面詰之，呂公請付有司治之，乃以付御史中丞范諷推治，無之，王公乃請罪求去。蓋呂族子昌齡以不獲用爲怨，時有言武臣王博古嘗納賂呂公者，昌齡誤以博文告，王不審，遂奏之。上大怒，逐王公鄆州，呂公亦以節鉞知許州，參知政事宋宣獻、蔡文忠皆罷去。李、王二公雖以疏短去位，然天下至今以正人許之。《龍川志》。

元城先生曰：「金陵有三不足之説，聞之乎？」僕曰：「未聞。」先生曰：「金陵用事，同朝起而攻之，金陵闢衆論，進言於上曰：『天變不足懼，祖宗不足法，人言不足卹。』此三句非獨爲趙氏禍，乃爲萬世禍也。老先生嘗云：『人主之勢，天下無能敵者，或有過譽，人臣欲回之，必思有大於此者巴攬之，庶幾可回也。』今乃教人主使不畏天變，不法祖宗，不卹人言，則何等事不可爲也。」僕曰：「此言爲萬世禍，或有術可以絶此言，使不傳於後世乎？」先生曰：「安可絶也。此言一出，天下人皆聞之，若著論明辯之，曰此乃禍天下後世之言，雖聞之不可從也。譬如毒藥不可絶，而神農與歷代名醫言之，曰此乃毒藥，如何形色，食之必殺人，故後人見而識之，必不食也。今乃絶之不以告人，既不能絶，而人誤食之死矣。」先生又曰：「『巴攬』兩字，賢可記取，極有意思。」馬永卿編《語録》。

熙寧六年十一月，吏有不附新法，介甫欲深罪之，上不可。介甫固爭之，曰：「不然，法不行。」上曰：「聞民間亦頗苦新法。」介甫曰：「祁寒暑雨，民猶有怨咨者，豈足顧也。」上曰：「豈若并祁寒暑雨之咨亦無耶？」介甫不悦，退而屬疾家居。數日，上遣使慰勞之，乃出。其黨爲之謀曰：「今不取門下士，上所素不喜者暴進用之，則權輕，將有人窺間隙者矣。」介甫從之，既出，即奏擢章惇、趙子幾等。上喜其出，勉强從之，由是權益重。《記聞》。

王荆公與唐質肅公介同爲參知政事，議論未嘗少合。荆公雅愛馮道，以其能屈身安人，如諸佛菩薩之行。一日，於上前語及此事，介曰：「道爲宰相，易四姓，事十主，此得爲純臣乎？」荆公曰：「伊尹嘗五就湯五就桀者，志在安人而已，豈可亦謂之非純臣也！」質肅曰：「有伊尹之志則可。」荆公爲之變色，其論議不合而多致相侵率如此也。《東軒筆録》。

王安禮爲右丞，一日，宰執同對，上有無人材之歎，左丞蒲宗孟對曰：「人材半爲司馬光以邪説壞之。」上不語，正視宗孟久之，宗孟懼甚，無以爲容。上復曰：「蒲宗孟乃不取司馬光耶？司馬光者，未論别事，只辭樞密一節，朕自即位以來，惟見此一人，他人則雖迫之使去，亦不肯矣。」

孫和甫曰：固在西府，親見神宗晚年，以事無成功，當寧太息，欲召司馬君實用之。時王禹玉、蔡持正並在相位，相顧失色。禹玉憂不知所出，持正密議欲於西邊深入，探敵巢穴，以爲此議若行，必不復召君實，雖召，將不至。自是西師入討，夷夏被害，死者無算。蓋自西邊用兵，神宗嘗持淺攻之議，雖一勝一負，猶不至大有殺傷。至於西邊將帥習知兵事，亦無肯言深入者。非禹玉、持正不歷外任、不習邊事，無敢開此議者。《龍川志》。

德望

寇萊公鎮大名府，北使道由之，謂公曰：「相公望重，何以不在中書？」公曰：「皇上以朝廷無事，北門鏁鑰，非準不可。」《摭遺》。

處士魏野贈寇萊公詩曰：「有官居鼎鼐，無宅起樓臺。」及上即位，北使至，賜宴，兩府預坐，北使歷視坐中，問譯者曰：「誰是無宅起樓臺相公？」坐中無答，丁謂令譯者謂曰：「朝廷初即位，南方須大臣鎮撫，寇公暫撫南夏，非久即還。」《政要》。

寇萊公始謫道州司馬，素無公宇，百姓聞之，競荷瓦木不督而會，公宇立成，頗亦宏壯。守土者聞于朝，遂再有海康之行。《倦遊録》。

寇萊公貶死於雷，詔還葬雒陽，過公安，民皆迎祭，哭其喪，斬竹插地以掛紙錢，焚之，尋復生筍成林。邦人神之，號曰「相公竹」，因立廟其旁，祀奉甚謹。劉貢父、王樂道各嘗爲文，刻石以記其事。見《塵史》及《名臣傳》。

王沂公再涖大名，治政益信於俗，民居軍伍咸畫像以事之。時狄使每往復入境，皆云「此府王公在焉」，必沐浴潔服而後入。《言行録》。

契丹求和親，割關南之地，狄使見吕夷簡，畏伏曰：「觀宰相如此，雖留無益。」

范文正公帥邠、延、涇、慶四郡，威德著聞，夷夏聳服，熟户藩部率稱曰「龍圖老子」，至於元昊亦以此呼之。

包孝肅在言路，極言時事。復爲京尹，令行禁止，至今天下皆呼「包待制」又曰「包家」。市井小民及田野之人，凡徇私者，皆指笑之曰：「你一箇包家！」見貪污者曰：「你一箇司馬家！」天下稱司馬公曰「司馬家」。《吕氏家塾記》。

韓魏公所歷諸大鎮，皆有遺愛，人人畫像事之，獨魏人於生祠爲塑像，歲時瞻奠，比狄梁公。戎狄尤畏公名，凡使契丹及來使者，必問：「韓侍中安否？今何在？」其子忠彦使幕北，狄主問左右：「孰屢使南朝，識韓侍中，觀忠彦貌類父否？」或對曰：「頗類。」乃即宴坐，命畫工圖之而去。館伴楊興功遽以告忠彦。北門爲聘使道舊與京尹書，皆押字不名，及公留守，則名于書。其副使成禹錫仍喻來介曰：「以侍中在此，故特名。」及公去魏後，留守引前比，欲得其名，數强之，卒不可。每南來，涉臨青界【四】，即誡其下曰：「此韓侍中境，無多需索也。」行狀。

《澠水燕談》云：公舊有德於關中，秦人愛之。後子華自丞相公宣撫陝西，父老有遠來觀於道傍者，愕然相謂曰：「吾以韓公，乃非也。」於是相引以去。

慶曆三年三月，遂命富韓公爲樞密副使，辭愈力。至七月，申前命，公言：「敵既通好，議者便謂無事，邊備漸弛，敵萬一敗盟，臣死且有罪。非獨臣不敢受，亦願陛下思契丹輕侮中原之恥，坐薪嘗膽，不忘脩政。」因以告納上前而罷。逾月，復以命公，時元昊使辭，上俟公綴樞密院班乃坐，且使章得象諭公曰：「此朝廷特用，非以使邊故也。」公不得已乃受。時晏殊爲相，范仲淹爲參知政事，杜衍爲樞密使，韓琦與公副之，歐陽脩、余靖、王素、蔡襄爲諫官，皆天下之望，魯人石介作《慶曆聖德詩》以美之。公既以社稷爲任，而

【四】涉臨青界　「青」原作「清」，據《琬琰集》中卷改。

仁宗責成於公與仲淹，數以手詔督公等條具其事，又開天章閣召公等坐，且給筆札，書其所欲爲者，遣中使二人更往督之。且命仲淹主西事，公主北事。公遂與仲淹各上當世之務十餘條，又自上河北安邊十三策，大略以進賢退不肖、止僥倖、去宿弊爲本，欲漸易諸路監司之不才者，使澄汰所部吏。於是小人始不悦矣。神道碑。

韓魏公既解相印，王丞相遺公書謂：「過周勃、霍光、姚崇、宋璟。」又曰：「爲古人所未嘗，任大臣所不敢。」天下以爲名言。歐陽文忠公亦曰：「進退之際，從容有餘，德業兩全，謗讒自止。過周公遠矣！」行狀。

韓魏公鎮大名四年，敵使每涉臨青縣，即戒其下曰：「此韓侍中境内，慎勿亂需索以辱我也。」又嘗有使曰：「我在國中想望韓公名，今幸至此，如何得見？」故事，惟通攝少尹與之相見而已，留守不出也。又嘗有諭其下者曰：「獻侍中馬須擇好者來。」既而不如旨，怒曰：「此豈比他處，敢爾不加意！」遂笞其人，易其馬。

仲淹與韓琦叶謀，必欲收復靈夏横山之地。邊上謡曰：「軍中有一韓，西賊聞之心骨寒；軍中有一范，西賊聞之驚破膽。」元昊大懼，遂稱臣。《名臣傳》。

范仲淹領延安，閲兵選將，日夕訓練，又請戒諸路養兵畜鋭，毋得輕動。夏人聞之，相戒曰：「無以延州爲意，今小范老子腹中有數萬兵甲，不比大范老子可欺也。」戎人呼知州爲老子，大范謂雍也。在慶州請以种世衡守環州，招屬羌千餘帳。久之，王師再敗於定川，仲淹晝夜領兵赴援，賊遂遁去。初關輔人心動摇，及仲淹兵出，號令嚴明，人心遂安。上聞定川之敗，頗以西方爲憂，謂近臣曰：「得仲淹出援，可無慮。」及聞其出兵，甚喜。《名臣傳》。

文潞公之在朝，契丹使耶律永昌、劉霄來聘，軾奉詔館客。與使者入覲，望見公殿門外，却立改容曰：「此潞公也耶？所謂以德服人者。」問其年，曰：「何壯也。」軾曰：「使者見其容，未聞其語。其總理庶務，醻酢事物，雖精練少年有不及，貫穿古今，洽聞强記，雖專門名家有不逮。」使者拱手曰：「天下異人也。」公既歸洛，西羌首領有温谿心者，請於邊吏，願獻良馬於公，邊吏以聞，詔聽之。《東坡集》。

初，吕正獻公自河陽入朝，都人環觀，相謂曰：「此公還朝，百姓之幸也。」至是士民相慶。既受命，出殿門，武夫衛卒皆歡抃咨嘆。慈聖光獻太皇太后聞公進，尤喜曰：「積德之門也。」中謝日，有司供具，諸執政皆集，内出酒果殽饌豐腆珍異，就宴賜之，侍史竊視其器皿款識，皆有慶壽宫字，然後知賜物乃光獻意也。時富韓公、司馬温公皆在洛，聞公登樞，富公寓書爲慶曰：「公之名德聞於天下，然嘗以直道迕執政，士大夫未敢遽望登進。忽報拜命，出於事外，人甚驚喜。此得於輿論，非敢佞也。」司馬温公亦以書遺都下友人曰：「晦叔進用，天下皆喜，以爲治表。聞其猶力辭，光不敢致書，君宜勸之早就職。」家傳。

遼人、夏人遣使入朝，與吾使至敵中者，敵必問司馬公起居。及爲相，遼人敕其邊吏曰：「中國相司馬矣，慎毋生事開邊隙。」神道碑。

神宗崩，温公赴闕庭，衛士見公，以手加額曰：「此司馬相公也。」民遮道曰：「公無歸洛，留相天子，活百姓。」

潞公謂温公曰：「彦博留守北京，遣人入大遼偵事，回云：見彼主大宴羣臣，伶人劇戲作衣冠者，見物必攫取懷之，有從其後以梃扑之者，曰：『司馬端明耶？』君實清名在敵國如此。」温公愧謝。《聞見録》。

熙寧中，洛陽以清德爲朝廷尊禮者，大臣曰富韓公，侍郎曰司馬温公、吕申公。士大夫位卿監以清德早退者十餘人，好學樂善，有行義者幾二十人，康節隱居謝聘皆相從，忠厚之風聞於天下。里中後生皆知畏廉恥，欲行一事，必曰：「無爲不善，恐司馬端明、邵先生知。」

吕晦叔曰：昨使契丹，敵中接伴問副使狄諮曰：「司馬中丞今爲何官？」諮曰：「今爲翰林學士兼侍讀學士。」敵曰：「不爲中丞邪？聞是人甚忠亮。」晦叔以著於《語録》。《目録》。

司馬文正公以高才全德，大得中外之望，士大夫識與不識，稱之曰「君實」，下至閭閻畎畝匹夫匹婦，莫不能道司馬公之名，退十有餘年，而天下之人日冀其復用於朝。熙寧末，余夜宿青州北淄河馬鋪，晨起北行，見村民百餘讙呼踴躍，自北而南，余驚問之，皆曰：「人傳司馬爲宰相矣。」余以辭出於野人妄傳，亦其情之所素欲也。故蘇子瞻爲公獨樂園詩曰：「先生獨何事，四海望陶冶，童子誦君實，走卒知司馬。」蓋紀實也。《澠水燕談》。

元城先生在宋，杜門屏迹，不妄交遊，人罕見其面。然田夫野老市井細民以謂，「若過南京不見劉待制，如過泗州不見大聖。」及没，耆老士庶婦人女子持薰劑誦佛經而哭，父老日數千人，至填擁不得其門而入，家人因設數大爐於廳下，爭以香炷之，香價踴貴。後二年，敵人驅墳户發棺，見公顔貌如生，咸驚曰：「必異人也。」問誰，墳户對以某官，一無所動，蓋棺而去。《言行録》。

徐師川以才氣自負，少肯降志於人，常言：「吾於魯直爲舅氏，然不免有所切議。至於了翁，心誠服之，每見公或經旬月，必設拜禮。」忠宣范公晚年益以天下自任，尤留意人材。或問其所儲蓄人材可爲今日用者，答曰：「陳瓘。」又問其次，曰：「陳瓘自好也。」蓋世之人，定夫曰：「四海人材不能周知，以所知識，陳了翁其人也。」劉器之亦嘗因公病，使人勉公以醫藥自輔，云：「天下將有賴於公，當力加保養以待時用也。」其爲賢士大夫所欽屬如此。《遺事》。

陳瓘遷責以來，杜門不治人事，絶跡州郡宴會幾三十年。所至人情向慕，雖田夫野老咸知名願見。及自天台歸通川，道由會稽，時王豐甫仲楚爲越帥，以公早爲岐公所器重，具舟楫爲禮，候公於郊，因共載歸府舍。越人聞公赴會，競來觀瞻，比肩輿歸館，道路遮擁幾不可行。爲人欽重如此。

紹聖初，黨禍起，器之尤爲章惇、蔡卞所忌，遠謫嶺外。盛夏奉老母以行，途人皆怜之，器之不屈也。一日，行山中扶其母，籃舁憩樹下，有大蛇冉冉而至，草木皆披靡，擔夫驚走，器之不動也，蛇若相向者，久之乃去。村民羅拜器之曰：「官異人也。蛇吾山之神，見官喜相迎耳，官行無恙乎！」温公門下士多矣，如器之者，所守凜然，死生禍福不變。蓋其平生喜讀《孟子》，故剛大不枉之氣似之。

范文正公以言事貶饒州，方治黨人甚急，王子野獨扶病率子弟餞於東門，留連數日。大臣有以讓公曰：「長者亦爲此乎？何苦自陷朋黨。」徐對曰：「范公天下賢者，顧質何敢望之，然若得爲黨人，公之賜質厚矣。」聞者爲公縮頸。【五】

得體

范公質初作相，與馮道同堂，道輕其新進，潛視所爲。質初知印，當判事，語堂吏曰：「當判之事並施簽表，得以視而書之，慮臨文失誤，貽天下笑。」道聞嘆曰：「真識大體！吾不如也。」質後果爲名相。

太宗欲相正惠公，左右曰：「吕端爲人糊塗。」帝曰：「端小事糊塗，大事不糊塗。」決

【五】此條原闕，據明嘉靖本補。

意相之。

元城先生曰：「本朝名相固多矣！然最得大臣體者惟李沆。李丞相每謂人曰：『沆在政府，無以補報國家，但諸處有人上利害，一切不行耳。』此大似失言，然有深意。且祖宗之時經變多矣，故所立法度極是穩便，正如老醫看病極多，故用藥不至孟浪殺人，且其法度不無小害，但其利多耳。後人不知，遂欲輕改，此其害紛紛也。李丞相每朝謁奏事畢，必以四方水旱、盜賊、不孝、惡逆之事奏聞，上爲之變色，慘然不悦。既退，同列以爲非，問丞相曰：『吾儕當路，幸天下無事，丞相每奏以不美之事，以拂上意。然又皆有司常行不必面奏之事，後告已之。』公不答，數數如此，因謂同列曰：『人主一日豈可不知憂懼也！若不知憂懼，則無所不至矣。』惟此兩事，最爲得體。在漢之時，惟魏丞相能行此兩事，以爲古今異制，方今務在奉行故事而已，奏故事詔書凡二十三事，勅掾史案事郡國。及休告，從家還至府，輒白四方異聞，或有逆賊風雨災變，郡不上，相輒奏言之。此最爲得宰相大體。後之爲相者則或不然，好逞私智，喜變祖宗之法度，欺蔽人主，惡言天下之災異。喜變法度則紀綱亂，惡言災異則人主驕，此大患也。」

吕文惠公端爲相，持重識大體，以清淨簡易爲務。

宋元憲公嘗奏事，而帶寬，誤墜文書於地，不顧而行，仁宗呼内侍臣拾以與之。議者謂仁宗有人君體，宋公得大臣體。

曾子開端嚴可畏，不以顔色語言假借人，得大臣之體。於今可以庶幾前輩風流者，惟此一人耳。若其流輩，雖位崇望重，少不以言語禮貌牢籠人者。

韓魏公爲相，曾公爲亞相，趙康靖、歐陽公爲參政，凡事該政令，則曰「問集賢」，該典故，則曰「問東廳」，該文學，則曰「問西廳」，至於大事則自決之矣。人以爲得宰相體。

韓魏公辭位，授陝西安撫使、判永興軍。時二府方奏事殿上，議邊事未決，曾公亮等奏曰：「韓琦朝辭在門外，乞與同議。」上亟召之，公既對，即奏曰：「臣前日備員政府，自當參議，今日藩臣也，惟奉行朝廷命令耳，決不敢預聞。」上觀公意確，遂罷議。後元豐中，吕惠卿除知延州，乃自請乞與二府同議邊事，坐是黜貶。上因諭輔臣曰：「嘗記韓琦初往陝西，召至此與二府議事，再三辭，不肯預，始知老臣自識體也。」

仁宗性寬容，言者務訐以爲名，或誣人陰私，范鎮獨引大體，略細故。時陳執中爲相，公嘗論其無學術，非宰相器。及執中嬖妾笞殺婢，御史劾奏欲逐去之，公言：「今陰陽不和，財匱民困，盜賊滋熾，獄犴充斥，執中當任其咎。閨門之私，非所以責宰相！」識者韙之。

熙寧中，陳州一日晨起，屋瓦盡有冰，文作花果鳥獸狀，如雲母即著粉紙。時陳襄侍讀守淮陽，有屬請奏祥瑞者，公云：「此事當奏，但非瑞奏耳。」但作奏云：「有此祥異，不敢不奏。」以竹篭盛瓦數十枚奏呈，冰文雖消，痕跡猶在。識者皆以陳公爲得體。

薛簡肅公天禧初爲江淮發運使，辭王文正公，公無他語，但云：「東南民力竭矣。」薛退謂人曰：「真宰相之言也。」

張士遜出爲江西轉運使，辭王文正公於政事堂，且求教。公從容曰：「朝廷榷利至矣。」士遜起謝，後迭更是職，思公之言，未嘗求錐刀之利。識者曰：「此運使最識大體。」

御史彈奏駕部員外郎賈種民素無行，元豐中任大理寺官，爲蔡確鷹犬，專中傷善良，詔出爲通判。吕公著面奏曰：「方種民爲獄官，臣亦與被誣。今臣在相位，而種民得罪，恐所懲者小，所損者大，非所以示天下。」乃寢前命。門下韓公奏曰：「種民醜惡，衆所共知，奈何以公著故屈朝廷公議？」公復爲請，乃除知臨江軍，既而又以臨江僻遠，改知通利軍。

利州路憲俞温父判狀，多云：「送某州縣依條施行。」時提舉常平謝皓新改官，即除監司，笑謂俞曰：「使者判語誠不易。」温父曰：「州縣英俊多，若一字有誤，所損不細。正要如此。」

講讀

王沂公又建議請擇名儒勸講，尋命孫奭、馮元更侍經筵。及《戴禮》終帙，公率同列獻詩以賀。後孫公即世，馮亦外補，公自魏移洛，徑塗肆覲，復以講席爲言。

吕正獻公既侍經筵，時仁宗春秋高，公於經傳同異訓詁得失，皆粗陳其略，至於治亂安危之要聞之足以戒者，乃爲上反復深陳之。仁宗嘗詔講官，凡經傳所載逆亂事，皆直言毋諱。公因進講言：「弑逆之事，臣子之所不忍言，而仲尼書之《春秋》者，所以深戒後世人君，欲其防微杜漸，居安而慮危。使君臣父子之道素明，長幼嫡庶之分早定，則亂臣賊子無所萌其姦心。故《易》曰『履霜堅冰至』，由辨之不早辨也。」侍讀劉原父常退謂記言官曰：「當載之史册，以垂後世。」家傳。

吕正獻公於講讀尤精，衆謂語約而義明，可以爲當世之冠。英宗嘗對執政稱其善。與司馬光同侍經筵，光退語人曰：「每聞晦叔講，便覺己語煩。」神道碑。

又滎陽吕希哲爲説書，凡二年，日夕勸導人主以脩身爲本，脩身以正心誠意爲主，心正意誠，天下自化，不假它術。身不能脩，雖左右之人且不能諭，況天下乎？

東坡先生嘗謂李廌曰：「范淳夫講説，爲今經筵講官第一。言簡而當，無一冗字，無一長語，義理明白，而成文燦然，乃得講師三昧也。」

元祐初，伊川除崇政殿説書，時范公爲著作佐郎、實録院檢討，伊川嘗謂温公曰：「經筵若得范淳夫來尤好。」温公曰：「他已修史，朝廷自擢用矣。」伊川曰：「不謂如此，但經筵須要他。」温公問何故，伊川曰：「頤自度乏温潤之氣，淳夫色温而氣和，尤可以開陳是非，導人主之意。」其後除侍講。

伊川先生在經筵，每當進講，必宿齋豫戒，潛思存誠，冀以感動上意，而其爲説，常於文義之外反復推明，歸之人主。一日，當講「顏子不改其樂」章，門人或疑此章非有人君事也，將何以爲説？及講，既畢文義，乃復言曰：「陋巷之士，仁義在躬，忘其貧賤，人主崇高，奉養備極，苟不知學，安能不爲富貴所移？且顏子王佐之才也，而簞食瓢飲，季氏，魯國之蠹也，而富於周公，魯君用捨如此，非後世之監乎？」聞者歎服。

伊川先生入侍之際，容貌極莊，時文潞公以太師、平章重事，或侍立終日不懈，上雖諭以少休，不去也。人或以問先生曰：「君之嚴視潞公之恭，孰爲得失？」先生曰：「潞公四朝大臣，事幼主不得不恭，吾以布衣職輔導，亦不敢不自重也。」

文潞公嘗與吕、范諸公入侍經筵，聞伊川先生講説，退相與歎曰：「真侍講也。」一時文士歸其門者甚盛，而先生亦以天下自任，論議褒貶無所顧避。由是同朝之士有以文章名世者，疾之如讎。

諫諍

《元城談録》云：天下以爲當然者謂之公論，公論蓋非强名，乃天道也。此道未嘗廢，顧所在如何爾。如唐、虞、三代，與吾祖宗之時，公論在上，君相主之，賢哲聚於朝，不肖沈於下，海内入於陶冶，一歸於正。如晚周及東漢之餘，上之人不能主公論，所用非其人，於是乎清議在下，而士知所尊畏，恥爲非義，登其門者如龍，從其死者如歸，致黨錮之禍起，視漢室爲何等時也。頃時王安石薦李定，召見，陳襄彈之，未行間擢太子中允監察御史裹行，宋次道封還詞頭。翌日辭職，罷之，又下，次直李大臨、蘇子容相繼封還，更奏覆下，至於七八子，容與大臨俱落職奉朝請，名譽赫然。此乃祖宗德澤百餘年間，養成風俗，公論之不可屈如此，與齊太史書崔杼弑其君，殺三人而執筆如初者何異！其後攝官倏起居注，章衡行之，賢不肖於此可見。要之公論不可一日廢，然在上則治，在下則亂，可以卜世也。

太祖時，嘗有羣臣立功當遷官，上素嫌其人不與。趙普堅以爲請，上怒曰：「朕固不爲遷官，將若何？」普曰：「刑以懲惡，賞以酬功，古今之通道也。且刑賞者，天下之刑賞，非陛下之刑賞，豈得以喜怒專之？」上怒甚起，普亦隨之，上入宫，普立於宫門，久之不去。上寤，乃可其奏。

趙普欲除某人爲某官，不合太祖意，不用。明日，普復奏之，又不用。明日又奏之，太祖怒，取其奏壞裂投地，普顔色自若，徐拾奏歸補綴。明日復進之，上乃寤，用之，後果稱職。

李繼隆與轉運使盧之翰有隙，欲陷之罪，乃檄轉運司期八月出塞，令辦芻粟。轉運司調發方集，繼隆復爲檄，更取十月。轉運司遂散芻粟，既而復檄之，賊且入塞，當以時進軍，是時民輸輓者適散，倉卒不可復集。繼隆遂奏：「轉運司乏軍興。」太宗大怒，立召中使一人，付三函令乘驛馳取轉運使盧之翰、竇玭及某人首。樞密副使錢若水爭之，請先推驗有狀，然後行法。上大怒，拂衣起入禁中。二府皆罷，若水獨留廷中不去，上既食，久之，使人偵廷中有何人，報云：「有細瘦而長者尚立焉。」上出詰之曰：「爾以同州推官再期爲樞密副使，朕以爾爲賢，乃不才如是耶？」對曰：「陛下不知臣無狀，使得待罪二府，臣當竭其愚慮，不避死亡，補益陛下，以報厚恩。今陛下據李繼隆一幅奏書誅三轉運使，雖有罪，天下何由知之？鞫驗事狀明白，加誅何晚焉？獻可替否，死以守之，臣之常分，臣未獲死，固不敢退。」上意解，乃召宰相吕端等，如若水議先令責狀許之，三人皆黜爲行軍副使。既而寇入塞事皆虚誕，繼隆坐罷招討、知秦州。

太宗朝寇公準爲員外郎，奏事忤上旨，上拂衣起欲入禁中，公手引上衣，令上復坐決其事，然後退。上由是嘉之，嘗曰：「朕得寇準，猶唐文皇之得魏鄭公也。」

諫議田公錫好直諫。太宗時，上言軍國要機者一，朝廷大體者四，太宗嘗言：「錫有文行敢言。」真宗即位，屢召對言事，嘗請抄略《御覽》三百六十卷，日覽一卷，又采經史要言，爲御屏風十卷，以便觀覽。及卒，真宗謂劉沆曰：「田錫直臣也，何天奪之速！朝廷每有少闕失，方在思慮，錫之章奏已至矣。」每見公，色必莊，嘗目之曰：「朕之汲黯也。」范幸龍圖閣閲書，指東北隅架二漆函上親署鐍者，謂學士陳堯咨曰：「此田錫章疏也。」范文正公銘公之墓曰：「嗚呼！田公天下之直人也，言甚危，命甚奇，盡心而弗疑，終身而無違。嗚呼！賢哉！吾不得而見之。」蘇軾序公奏議曰：「自太平興國以來至於咸平，可謂天下大治，千載一時矣。而田公之言，常若有不測之憂近在朝夕者，何哉？古之君子，必憂治世而危明主，明主有絶人之資，而治世無可畏之防，此君子之所甚懼也。」

真宗朝宫禁火災，王旦馳入，對曰：「臣備位宰府，天災如此，臣當罷免。」繼上表待罪，上乃降詔罪己，許中外上封事言朝政得失。後有大臣言非天災，乃榮王宫失於火禁，請置獄，出其狀，當斬決者數百人，公持以歸。翌日，乞獨對曰：「初火災，陛下降詔罪己，臣上表待罪，今反歸咎於人，何以示信？且火雖有迹，寧知非天譴耶？果欲行法，願罪臣，以明無狀。」上欣然聽納，減死者數百輩。

魯宗道爲正言，事有違誤，風聞彈疏，真宗稍厭之。宗道一日自訟於上前曰：「臣在諫列而諫，守臣職也，陛下以數而厭之，豈非事納諫之虚名，俾臣尸素苟禄乎？臣竊媿之，願得罷去。」上悦其忠，慰勉以遣。他日，追念其言，御筆題殿壁曰「魯直」。

永興軍上言朱能得天書，真宗自拜迎入宫。孫奭知河陽，上疏切諫，以爲天且無言，安得有書？天下皆知朱能所爲，惟上一人不知耳，乞斬朱能以謝天下。其辭有云：「得來唯自於朱能，崇信只聞於陛下。」其質直如此，上亦不之責。頃之，朱能果敗。又云：「奭舉動方重，論議有根柢，不肯詭隨雷同。」真宗已封禪，符瑞屢降，羣臣皆歌誦盛德，獨奭正言諫爭，毅然有古風采。

真宗方議東封西祀，修太平事業。知秦州曹瑋奏，羌人潛謀入寇，請大益兵爲備。上大怒，以爲瑋虛張敵勢，恐喝朝廷，以求益兵。以李迪新自陝西還，召見，示以瑋奏，問其虛實，欲斬瑋以戒妄言者。文定從容奏曰：「瑋武人，遠在邊鄙，不知朝廷事體，輒有奏陳，不足深罪。臣前任陝西，觀邊將才略，無能出瑋之右者，他日必能爲國家建功立事，若以此加罪，臣爲陛下惜之。」上意稍解，迪因奏曰：「瑋良將，必不妄言，所請之兵亦不可不少副其請。臣觀陛下意，但不欲從鄭州門出兵耳，秦之旁郡兵甚多，可發以戍秦。臣在陝西，籍諸州兵數，爲小册，常置鞶囊中以自隨，今未敢以進。」上曰：「趣取之。」迪取於鞶囊以進，上指曰：「以某州某州兵若干戍秦州，卿即傳詔於樞密院發之。」既而，敵果大入寇，瑋迎擊大破之，遂開山外之地。奏到，上喜謂迪曰：「山外之捷，卿之功也。」《涑水記聞》。

真宗將立章獻后，李迪爲翰林學士，屢上疏諫，以章獻起於寒微，不可母天下，由是章獻深銜之。周懷政之誅，上怒甚，欲責及太子，羣臣莫敢言。迪爲參知政事，俟上怒稍息，從容奏曰：「陛下有幾子，乃欲爲此計？」上大寤，由是獨誅懷政等，而東宮不動摇，迪之力也。《記聞》。

章獻太后臨朝，魯肅簡公屢有獻替，太后問：「唐武后何如主？」對曰：「唐之罪人也，幾危社稷。」太后默然。時有上言請立劉氏七廟者，太后以問輔臣，衆不敢對，公獨曰：「不可。」退謂同列曰：「若立劉氏七廟，如嗣君何？」帝、太后將同幸慈孝寺，欲以大安輦前帝行，公曰：「婦人有三從，在家從父，嫁從夫，夫歿從子。」太后乃命輦後乘輿行。

明道二年，莊憲明肅太后欲以天子袞冕見太廟，臣下依違不決，薛簡肅公奎獨爭之曰：「太后必若王服見祖宗，若何而拜乎？」太后不能奪，爲改他服。太后崩，上見羣臣泣曰：「太后疾不能言，而猶數引其衣，若有所屬，何也？」公遽曰：「其在袞冕也。然服之豈可見先帝乎？」上大寤，卒以后服葬。

是歲，天子將親大祫于太廟，丞相欲加上尊號，劉公敞以禮部兼領名表，丞相請撰表，公說止之曰：「陛下自寶元以來不受徽號，至今且二十年，天下之人莫不知天子持盈好謙，今復加數字，既不足盡聖德，而前美並棄，誠亦可惜。願加深思。」富丞相不怡曰：「適已奏聞，乃是上意欲爾，不可止也。」公曰：「諾。」退謂子弟曰：「吾備位近臣，當獻可替否，寧得罪權門，豈可使主上受虚名而棄實美耶！」遂上疏曰：「陛下尊號既已云『體天法道欽文聰武聖神孝德』，盡善極美矣，復加『大仁』不足增光，而曰『至治』有若自矜。今百姓多因倉廩不實，風俗未清，賢不肖混淆，獄訟繁多，盜賊羣輩，水旱繼有，四夷雖粗定，然本以重賂厚利羈縻之，非畏威慕義者也，未可謂『至治』。然則讓而不居，於聖德彌高矣。臣謂陛下永執至道，以當天心，必有一謙四益之報，增加數字，未足發揚光輝，而反累二十年昭升之美。又入今歲以來，頗有災異，日食、地震、雨雷、大雪、飛蝗、涌水，傷害廣遠，以禮論之，陛下寅畏天命，正當深自挹損，豈可於此時加上尊號。」章凡四上，天子得公奏，顧侍臣曰：「我意本謂當如此。」遂斷章表不受，公於是忤時相。

太后初臨朝，宣諭兩府，深不欲行此禮，候皇帝長立，別有處分。呂文靖即日編入《時政記》，後每言事必引及之，以感動后意。又多稱引前代母后臨政所以致禍之道，以勸戒焉。行狀。

莊獻明肅皇太后崩，議尊楊太妃爲太后垂簾聽政，議決，召百官賀。蔡文忠公齊曰：「天子明聖，奉太后十餘年，今始躬親萬事，以慰天下之心。豈宜女后相繼稱制，且自古無有。」固止不追班，太妃卒不預政，止稱太后於宫中。行狀。

范文正上書，請還政天子，不報，出通判河中府。及太后崩，召拜右司諫，時言事者希旨，多求太后時事，欲深治之，公獨以謂，「太后受託先帝，保佑聖躬，宜掩其小故以全大德」。初，太后有遺命，立楊太妃代爲太后，公諫曰：「太后，母號也，自古無代立者。」繇是罷其册命。神道碑。

慶曆初，永叔、安道、王素俱除諫官，君謨以詩賀曰：「御筆新除三諫官，喧然朝野競相歡。當年流落丹心在，自古忠良得路難。必有謀猷裨帝右，直須風采動朝端。世間萬事俱塵土，留取功名久遠看。」三人以其詩薦於上，尋亦除諫官。

范文正公言事忤大臣，貶知饒州，諫官、御史緘口避禍，無敢言者。余公襄獨上書曰：「陛下親政以來，三逐言事者矣，若習以爲常，不甚重惜，恐鉗天下之口，不可不戒。」

書既上，落職監均州酒稅。尹公洙、歐陽公脩相繼抗疏論列，又以書讓諫官高若訥，亦得罪遠謫。時天下賢士大夫相與惜其去，號爲「四賢」，蔡襄作《四賢一不肖詩》以記其事，其詩播于都下。

范文正公尹京時，有内侍怙勢作威，傾動中外，公抗疏列其罪。疏欲上，家所藏書有言兵者悉焚之，仍戒其子曰：「我上疏言斥君側，宵人必得罪以死我。既死，汝輩勿復仕官，但於墳側教授爲業。」疏奏嘉納，爲罷黜内侍云。

韓魏公爲右司諫，時災異數見，公以災異屢發，主於執政者非才，累言於上，未見納。公又奏曰：「豈陛下擇輔弼未得其人耶？若杜衍、范仲淹、孔道輔、宋郊、胥偃，衆以爲忠正之臣，可備進擢，不然，嘗所用者王曾、吕夷簡、蔡齊、宋綬，亦人所屬望也。」章十上，不報，公乃抗疏乞出。疏示中書，勑御史臺集百官會議，上乃罷宰臣王隨、陳堯佐、參政韓億、石中立等四人。及宣麻日，乃張士遜昭文，章得象集賢，宋庠、晁宗慤參政，天下大失望。是時朝廷欲以公爲知制誥，寵其盡言，公曰：「諫行足矣，因取美官，非本意也，人其謂何？」語聞，遂寢。

韓魏公又言：「賞罰當從中書出，今數聞有内降，不可不止。」王曾、蔡齊、宋綬當世名臣，宜大用。」上納其説。王沂公見公論事切直有本末，喜謂公曰：「比年臺諫官多畏避爲自安計，否則激發近名，如君固不負所職，諫官宜若此。」沂公天下正人，公得此益自信。公爲諫官三年，所存諫藁欲歛而焚之，以效古人謹密之義，然恐無以見人主從諫之美，乃集七十餘章爲三卷，曰《諫垣存藁》，自序於首，大略曰：「諫主於理勝，而以至誠將之。」行狀。

韓魏公言，王沂公德器深厚而寡言，當時有得其品題一兩句者，人皆以爲榮。琦爲諫官時，因納劄子，忽云：「近日頻見章疏，甚好，只如此可矣。向來如高若訥輩多是擇利，范希文亦未免近名，要須純意於國家事爾。」琦聞此言，益自信也。《别録》。

韓魏公言，慶曆中與希文、彦國同在西府，上前爭事，議論各别，下殿各不失和氣，如未嘗爭也。當時相善三人，正如推車子，蓋其心主於車可行而已，不爲己也。

歐陽公在翰林，仁宗一日乘間見御閣春帖子，讀而愛之，問左右，曰「歐陽脩之辭也」，乃悉取宫中諸帖閲之。見其篇篇有意，歎曰：「舉筆不忘規諫，真侍從之臣也。」

王素自筮仕，所至稱爲能吏。既升臺憲，風力愈勁，嘗與同列奏事上前，事有不合，衆皆引去，公方論列是非，俟得旨乃退。帝曰：「真御史也。」議者目公爲獨擊鶻。

張堯佐者，以進士擢第，累官至屯田員外郎、知開州，會其姪女有寵於仁宗，爲脩媛，堯佐遂驟遷，一日中除宣徽、節度、景靈、羣牧四使。御史唐介上疏，引楊國忠爲戒，不報。又與諫官包拯、吴奎等七人論列殿上，又白御史中丞【六】，留百官班，欲以廷爭，卒奪堯佐宣徽、景靈兩使，特加介六品服，以旌敢言。未幾，堯佐復除宣徽使知河陽，唐謂同列曰：

【六】又白御史中丞　「白」原作「曰」，據明嘉靖本及《仕學規範》卷二十二同條改。

「是欲與宣徽，而假河陽爲名耳。我曹豈可中已耶？」同列依違不前，唐遂獨爭之，不能奪。仁宗諭曰「除擬初出中書」。介遂極言：「宰相文彦博知益州日，以燈籠錦媚貴妃，而致位宰相，今又以宣徽使結堯佐。請逐彦博，而相富弼。」又言諫官吴奎觀望挾姦，語甚切直。仁宗怒，却其奏不視，且言將貶竄。介徐讀畢，曰：「臣忠義憤激，雖鼎鑊不避也。」上急召二府，以疏示之，曰：「介言他事乃可，至謂彦博因貴妃得執政，何言也！」介面質彦博曰：「彦博宜自省，即有之，不可隱。」彦博拜謝不已，樞密副使梁適叱介，使下殿，介諍愈切。仁宗大怒，玉音甚厲，衆恐禍出不測。是時，蔡襄修起居注，立殿陛，即進曰：「介誠狂直，然納諫容言，人主之美德，必望全貸。」遂召當制舍人就殿廬草制，貶春州別駕。翊日，御史中丞王舉正救解之，上亦中悔，改爲英州別駕，復取其奏以入。又明日，罷彦博，黜吴奎，而遣中使護送介至貶所，且戒以必全之，無令道死。

先是，吕溱出守徐，蔡襄守泉，吴奎守壽，韓絳守河陽。已而歐陽脩乞蔡，賈黯乞荆南，趙清獻公即上言：「近日正人賢士紛紛引去，憂國之士爲之寒心。侍從之賢如脩輩無幾，今皆欲請郡者，以正色立朝不能諂事權要，傷之者衆矣。」脩等由此不去，一時名臣賴之以安。

神文慶曆中淮南有王倫者，嘯聚其黨，頗擾郡縣，承平日久，守令或有棄城而出者。事定，朝廷議功罪，富鄭公在樞密，凡棄城者請論如法。范文正公參預大政，爭以爲不可，今淮南郡縣徒有名耳，其城壁非如邊塞，難責城守，神文睿德寬仁，故棄城者得以減死。論既退，鄭公忽謂文正曰：「六丈當欲作佛耶？」范公曰：「主上富於春秋，吾輩輔導當以德，若使人主輕於殺人，則吾輩亦不得容矣。」鄭公歎服。

王欽若再秉大政，屢以宫觀欽奉疏簡，不若昔時爲言，明肅依違未能決。王沂公一日於簾前奏曰：「天道遠，人道邇，天禧中靈文降，言先帝聖壽三萬日，時欽若率先慶抃。曰三萬日八十三歲，太后必亦記之，後乃無驗。然則今日欽奉之禮自不須過當。」欽若赧然而退，自爾不復言。

時邊事雖欲講解，元昊猶上書邀朝廷，其輕者欲自建元，爲父子，呼兀卒【七】，及令我使與陪臣爲列。二府遽欲從之，韓魏公獨謂不可許，數廷議，衆尚不從，公持之愈堅，故晏丞相至變色而起，公守所見不易。卒殺其禮如公言。行狀。

郭后廢，范仲淹爭之，貶知睦州。富韓公上言：「朝廷一舉而獲二過，縱不能復后，宜還仲淹，以來忠言。」蘇内翰撰神道碑。

時御史中丞劾宰相，未報，乃自去官號，不出，宰相亦待罪。唐介與諫官、御史連請辨其曲直，於是罷御史中丞，公亦求外補，得知荆南。而門下封還制書，謂公不宜處外，乃留，復知諫院。言新除樞密副使陳先之與内侍通姻，不可大任，屢疏，卒罷之，而公亦去，知洪州。翰林學士胡宿等七人上書懇留，不報。唐介神道碑。

【七】呼兀卒　「呼兀」原作「瑚」，據《琬琰集》中卷四十八改。

嘉祐中，仁宗自内閣降密勅：「近以女謁縱横，無由禁止，今後内降批出事，主司未得擅行。次日，執奏定可否。」始數日，左承天門一寬衣老兵持竹敝器，上以敗露荷覆之，門東搜之，乃金巨弁一，於上綴巨蚌燦然，不知其數。禁門舊律，盡依外門例，凡有搜攔，更不申覆，即送所司。時開封方鞫劾次，一小璫馳騎急傳旨，令放其物仰進呈，府尹魏瓘不用執奏法，遂放之。唐質肅公介方在諫垣，疏乞再收犯者劾之，仍重貶瓘，以戒不虔。瓘降知越州。

王素言王德用進女口事，帝初詰以宫禁事何從知，公不屈，帝笑曰：「朕真宗之子，卿王旦之子，有世舊，豈它人比。德用實進女口，已服事朕左右，何如？」公曰：「臣之憂，正恐在陛下左右耳。」帝即命宫臣賜王德用所進女口錢，各三百千，押出内東門訖奏。帝泣下，公曰：「陛下既不棄臣言，亦何遽也！」帝曰：「朕若見其人，留戀不肯去，恐亦不能出矣。」少時，宫官奏宫女已出内東門，帝動容而起。《聞見後録》。

彭思永爲侍御史，極論内降授官賞之弊，以謂斜封非公朝之事，仁宗深然之。皇祐祀明堂前一日，有傳赦語百官皆得遷秩者，公方從駕宿景靈宫，亟上言不宜濫恩以益僥倖。既肆赦，果然。時張堯佐以妃族進，王守忠以親侍帷幄被寵，參知政事闕員，堯佐朝暮待命，守忠亦求爲節度使，物議讙動。公帥同列言之，皆曰：「宜待命行。」公曰：「宜以先事得罪，命出而不可救，則爲朝廷失矣。」遂獨抗疏極言，至曰：「陛下行此覃恩，無意孤寒，獨爲堯佐、守忠故取悦衆人耳。」且言：「妃族秉政，内臣用事，皆非國家之福。」疏入，仁宗震怒，人皆爲公危之，公曰：「苟二人之命不行，雖赴鼎鑊無恨。」於是御史中丞郭勸、諫官吴奎皆爲上言其忠，當蒙聽納，不宜加罪，仁宗怒解，而堯佐、守忠之望遂格，公猶以泛恩罷臺職。行狀。

唐御史介上言陳宰相、文彦博之過，貶授英州别駕。介未至英州，彦博奏：「黜介至重，是陛下因臣而退敢言之士，願召用之。」尋通判潭州，移知復州，又召爲言事御史。

韓魏公待罪中書，時事有不當然者，必堅立不動，反覆論列，須正而後退，不敢取次便放過。

趙槩以太子少師致仕，居睢陽十五年，猶以讀書著文憂國愛君爲事，集古今諫諍爲《諫林》一百二十卷奏之。上甚喜，賜詔曰：「士大夫請老而去者，皆以聲迹不至朝廷爲高，得卿所奏書，知有志愛君之士，雖退休山林，未嘗一日忘也。當置坐右以時省閲。」神道碑。重出。

時温成后方有寵，歐陽文忠公言前世女寵之戒，請加裁抑。澧州進柿木成文，有「太平」字，公言今四海騷然，未見太平之象，請不宣示於外。淮南漕臣獻羨餘十萬貫，公請拒之，以防刻剥。歐陽公脩行狀。

英宗初即位，有疾，皇太后同聽政。至是上疾平，傅獻簡公堯俞上書，請天子聽政，又再上疏太后，請還政天子，未聽。久之，頗聞内侍任守忠有碁間語，公又上疏太后曰：「天下之可信者，無大於以天下與人，亦無大於受天下於人。殿下今日誅竄讒人，則慈孝之聲並隆於天下矣。」於是太后遂還政而逐守忠等。公復奏疏天子，謂：「太后給事左右之人，宜頗録其勤勞，少加恩惠，以上慰母后，下安反側。且守忠既去，其餘一切不問可也。」傅公堯俞墓誌。

太皇太后受册，有司檢用章獻明肅太后故事，當御文德殿。曾文昭公肇奏疏曰：「伏見太皇太后聽政以來，止於延和殿垂簾視事，受契丹人使朝見，亦止御崇政殿，未嘗出踐外朝。蓋外朝天子之正寧，太皇太后崇執謙德，不欲臨御，以爲天下後世法。推此言之，受册外朝，殆非太皇太后之意，特以故事當然耳。切詳故事，天聖二年，兩制定皇太后受册於崇政殿，仁宗自出聖意，特詔有司改文德殿，此蓋人主一時之制，非典法也。願下明詔屈從天聖二年兩制之議，受册於崇政殿，仰稱太皇太后克己復禮、謙恭抑損之盛德。」中批令學士院降詔如公所請。是歲坤成節，禮官建議於崇政殿上壽，用天聖三年故事，三省、樞密院特降朝旨，引九年會慶殿上壽如乾元節之儀。公奏疏曰：「太皇太后昨降詔書，以謂不敢自同於章獻太后，今此舉似與前後本末不相稱，殆非太皇太后之意，特執政大臣出於不思耳。」疏入，從之。《曾公肇言行録》。

充媛董氏薨，贈淑妃，輟朝成服，百官奉慰，定謚，行册禮，葬給鹵簿。司馬光言：

「董氏秩本微，病革之日方拜充媛。古者婦人無謚，近制惟皇后有之。鹵簿本以賞軍功，未嘗施於婦人，惟唐平陽公主有舉兵佐高祖定天下之功，乃得給。至韋庶人，始令妃主葬日皆給鼓吹，非令典，不足法。」時有司新定後宫封贈法，皇后與妃皆贈三代，公言：「別嫌明微，妃不當與后同。袁盎引却慎夫人坐，正爲此耳。天聖親郊，太妃止贈二代，而況妃乎？」

劉敞判太常寺兼禮儀事，上初即位有疾，皇太后臨朝，上疾愈乃歸政。適有小人言二宫不安，諫者或訐而過直，敞以謂當以義理從容感諷，不可口舌爭也。是時方進讀《史記》，至堯授舜以天下，敞因陳前説曰：「舜在側微，堯越四嶽，禪之以位，天地饗之，百姓戴之，非有他道，唯其孝友之德光於上下。何謂孝友？善父母爲孝，善兄弟爲友。」辭氣明暢，上竦體改容，知其以諷諫也，左右屬聽者無不嗟喜動色。即日傳其語於外，慈壽聞之亦大喜。

王廣淵除直集賢院，公言廣淵姦邪不可近。昔漢景帝爲太子，召上左右飲，衛綰獨稱疾不行，及即位，待綰有加。周世宗鎮澶淵，張美掌州之錢穀，世宗私有求假，美悉力應之，及即位，薄其爲人不用。今廣淵當仁宗之世，私自結於陛下，豈忠臣哉！願黜之以厲天下。温公行狀，重出。

温公延和登對，言高居簡不宜在左右，因曰：「先帝初立，左右惕息，因居簡以諂自入，故晚年復張。陛下登極，中外頌美，首以留此四人爲失。」上曰：「祔廟畢自當去。」曰：「閨闈小臣，何與山陵先後？彼知當去，而置肘腋尤非宜。舜去四凶，不爲不忠，仁宗貶丁謂，不爲不孝。居簡狡猾膽大，不惟離間君臣，恐令陛下母子兄弟夫婦皆不寧也。」上命留劄，光請以付密院，上從之。癸巳崇政登對，言：「臣與居簡勢難兩留，乞罷中丞除外任。」上曰：「今日已令出外矣。」光曰：「凡左右之臣不須才智，謹朴小心不爲過，則可矣。」

慶曆中，余靖、歐陽修、蔡襄、王素爲諫官，時謂之四諫，四人力引石介，執政欲從之。時范仲淹爲參知政事，獨謂曰：「石介剛正，天下所聞，然性亦好奇異，使爲諫官，必以難行之事責人君以必行，少拂其意，則引裾折檻叩頭流血，無所不爲。主上雖富有春秋，然無失德，朝廷政事亦自修舉，安用如此諫官也？」諸公伏其言而罷。見《東軒筆録》。

時神宗之喪未除，而百官以冬至表賀，伊川先生言：「節序變遷，時思方切，請改賀爲慰。」及除喪，有司又將以開樂置宴，先生又奏請罷宴，曰：「除喪而用吉禮，則因事用樂可矣，今特設宴，是喜之也。」

王安石爲政，始變更法令，改常平爲青苗法，范忠文公鎮上疏爭之，三上，不報。韓琦亦上疏極論新法之害，安石使送條例司疏駁之。諫官李常乞罷青苗錢，安石令常分析，公皆封還其詔，詔五下，公執如初。司馬光除樞密副使，光以所言不行，不敢就職，詔許辭免，公再封還之，上知公不可奪，以詔直付光，不由門下。公奏曰：「臣不才，使陛下廢法，有司失職。」乞解銀臺司，許之。會有詔舉諫官，公以蘇軾應詔，而御史知雜謝景溫彈奏軾罪。公又舉孔文仲爲賢良，文仲對策，極論新法之害，安石怒，罷文仲歸故官，公上疏爭之，不報。時年六十三，即上言：「臣言不行，無顏復立於朝，請致仕。」疏五上，最後指言安石以喜怒爲賞罰，且曰：「陛下有納諫之資，大臣進拒諫之計，陛下有愛民之心，大臣用殘民之術。」安石大怒，自草制極口詆公，落翰林學士，以本官致仕，聞者皆爲公懼。公上表謝，其略曰：「雖曰乞身而去，敢忘憂國之心！」又曰：「望陛下集羣議爲耳目，以除壅蔽之姦；任老成爲腹心，以養和平之福。」天下聞而壯之，安石雖詆之深，人更以爲榮焉。

御史中丞呂公誨獻可，屢爲言職，其奏草存可見者，凡二百八十有九。前後三逐，皆以迕犯大臣，所與敵者，莫非秉大權，天子所信嚮，氣勢軋天下。獻可視之若無所睹，正色直辭指數其非，旁側爲之股栗。晚年病卧洛陽，猶旦夕憤歎，以天下爲憂，過於在位任其責者，曾不念其身之病、子孫之貧也。

客有問今世之勇於迂叟者，叟曰：「有范景仁者，其爲勇人莫之敵。」客曰：「景仁長僅五尺，循循如不勝衣，奚其勇？」叟曰：「何哉？而所謂勇者，而以瞋目裂眥髮上指冠、力曳九牛、氣陵三軍者爲勇乎？是特匹夫之勇耳，勇於外者也，若景仁，勇於内者也。

自唐宣宗以來，不欲聞人言立嗣，萬一有言之者，輒切齒疾之，與倍叛無異。而景仁獨唱言之，十餘章不已，視身與宗族如鴻毛。後人見景仁無恙，而繼爲之者則有矣。然景仁者，冒不測之淵，無勇者能之乎？人之情，孰不畏天子與執政，親愛之至隆者，孰若父子，執政欲尊天子之父，而景仁引古義以爭之，無勇者能之乎？禄位皆人所貪，或老且病，前無可冀，猶戀戀不忍捨去，況景仁身已通顯有聲望，視公相無跬步之遠，以言不行，年六十三即拂衣歸，終身不復起，無勇者能之乎？凡人有所不能，而人或能之，無不服焉。如吕獻可之先見，范景仁之勇決，皆余所不及也。余心誠服之，故作范景仁傳。」

韓獻肅公絳爲相，三司使發市易官罪，而同列佑之欲弗責。方創賈人免行錢，孫尚書永議有異，而同列欲論永罔上故不實。上書人鄭俠激切下獄，而執政馮公京嘗賙俠，同列欲以黨俠爲重坐。公辯帝前，不得直，數求罷，上爲逐市易官，稍寬二臣者。而它相至，欲復留故賈人劉佐任市易，公因言不可，論上前未決，公再拜曰：「臣言不用，辱相位，請從此辭。」上愕曰：「兹小事，何用耶？」公奏曰：「小事弗伸，況大事乎？」上爲罷佐，遣使持手詔諭公使就位，公乃起。後數月，固稱疾，乃拜觀文殿大學士、禮部尚書、知許州。

傅獻簡公堯俞嘗論事，上不從，因曰：「卿何不言蔡襄？」公曰：「若襄有罪，陛下何不自朝廷竟正典刑責之，安用臣等言？」上曰：「欲使臺諫言其罪，以公議出之。」公曰：「若付之公議，臣但見蔡襄辨山陵事有功，不見其罪。臣身爲諫官，使臣受旨言事，臣不敢。」

王荆公安石初秉政，拔擇人才，任以不次，先公絳數以劉摯爲言，荆公一見遂器重焉，擢爲中書檢正。居月餘，默默非所好，會除御史，欣然就職。歸語家人曰：「趣裝，毋爲安居計。」未及陛對，首上疏論亳州獄起不止，小臣意在傾故相富弼以市進，今弼已責，願寬州縣之罪。又言：「程昉開漳河，調發猝迫，人不堪命。趙子幾擅并畿縣等使納役錢，縣民日數千人遮訴宰相，京師喧然，何以示四方？張靚、王廷老擅增两浙役錢，督賦嚴急，人情嗟怨。此皆欲以羡餘希賞，願行顯責，明朝廷本無聚斂之意。」

哲宗即位，傅堯俞除御史中丞，即上疏言：「陛下使臣拾遺補闕以輔盛德，明善正失以平庶政，舉直錯枉以正大臣，臣請極其力，以死繼之。若夫窺人之私，擿其細故，此非臣之志也。」

王公存在政府，遇事必爭。韓維罷門下侍郎，進章論捄，且曰：「去一人天下失望，忠讜沮氣，讒邪之人爭進矣！」又論杜純不當罷侍御史，王覿不當罷諫官。自公在兵部，時太僕寺請内外馬事得專達，毋隸駕部，公言：「如此官制壞矣。先帝正省臺寺監之職使相統制，不可徇有司自便，而隳已成之法。」及執政，又有建罷教畿内保甲者，公復言：「今京師兵籍益削，又廢保甲不教，非爲國家根本長久之計。且先帝不憚艱難而爲之，既已就緒，無故而廢之，不可。」時四方奏讞大辟，刑部援比請貸，而都省屢以無可矜恕却之，公言：「此祖宗制也。且有司援比欲生之，朝廷破例欲殺之，可乎？」又言：「比廢進士，專經一科，參以詩賦，失先帝黜詞律、崇經術之意。」河決而北幾十年，水官議還故道，二三大臣力佐佑之，公言：「故道已高，水性趣下，徒費財力，恐無成功。」累章力爭，卒輟其役。公既中立自信，不爲詭隨一時，公議翕然歸之，然亦卒以是去。蔡確賦詩，安州吴處厚者上之，以爲怨訕，諫官交章請行誅竄，公與范丞相純仁或顯言、或密疏，最後留身簾前，合力固爭，以爲不可。確貶，又謂不宜置之死地。既而確再貶新州，公與范丞相皆罷。初，公在熙寧中，論事已爲范丞相所推，及皆執政，趣又多合，已而俱罷，天下稱之。然公與人不苟相比，前論不當罷教畿内保甲者，乃范丞相所建也。始自兵部尚書，遷户部，奉山陵有勞，確乘間復徙公兵部。而公志在體國，不以怒遷，士大夫益知公賢。

劉忠肅公摯爲御史，與中丞楊元素言助役有十害，王荆公使張琥作十難以詰之，琥辭不爲，曾布曰：「請爲之。」仍詰二人向背好惡之情果何所在。元素惶恐，請曰：「臣愚不知助役之利乃爾，當伏妄言之罪。」摯奮曰：「爲人臣豈可壓於權勢，使人主不知利害之實？」即復條對布所難者，以伸前議，且曰：「臣所向者陛下，所背者權臣，所好者忠直，所惡者邪姦。」奏入，不報。明日，復上疏云云，「至於輕用名器，淆混賢否，忠厚老成者擯之爲無能，俠少儇辯者取之爲可用，守道憂國者謂之流俗，敗常鑿民者謂之通變。凡政府謀議經畫除用進退，獨與一掾屬論定，然後落筆，同列與聞反在其後，故奔走乞丐之人其門如市。今羌夷之款未入，反側之兵未安，三邊創痍，流潰未定，河北大旱，諸路大水，民勞財乏，縣官減耗，聖上憂勤念治之時，而政事如此，皆大臣誤陛下，而大臣所用者誤大臣也。」居數日，罷御史，落館職，政府擬竄嶺外，上不聽，乃貶衡州。

劉忠肅公既被遇，知無不言，姦佞刻薄之吏事狀顯著，公皆正色彈劾，多所貶黜，中外肅然。時人以比包希仁、呂獻可。上察其忠義誠信，可屬重任，未幾，遂大用焉。

儲祥宫成，將肆赦，王巖叟進曰：「天禧中祥源成，治平中醴泉成，皆無赦。」既對，又曰：「古人至有垂死諫君無赦者，此可見赦無益於聖治也。」公内剛外和，志其大而略其細，或以不義加己，不寘念也，欺君害民者，雖前有鼎鑊，必與之較。故立朝廷進説無所回隱，不卹己私，其人居朝廷，執政柄，在人望風聽命之不暇，公直前犯之。雖司馬温公亦爲之言曰：「吾寒心栗齒，憂在不測，而公處之自如。」至於再三，或累十數章，必行其言然後已。

胡宗愈除右丞，臺諫更疏論列，諫官王覿疏奏不已，二聖怒，將重責，宰相開陳不聽，劉摯復進説甚力。簾中厲聲曰：「若有人以門下侍郎爲姦邪，甘受之否？」公頓首謝曰：「陛下審察毁譽每如此，天下幸甚！然願朝廷顧大體，宗愈進用自有公議。必致陛下逐諫官而後進，恐宗愈亦非所願。」文彦博曰：「劉摯言是，願賜聽覽。」王覿免重責，改職補外而已。中執法孫莘老、御史楊康國相繼辭去，獨劉安世與左司諫韓川同對。宣仁后因問：「近日差除如何？」安世與川奏：「朝廷用人皆協輿望，唯是胡宗愈，公議以爲不當。」即略陳宗愈罪狀，宣仁后曰：「今且試其所爲。」安世謂：「朝廷設官從微至著，自有等級，要須歷試，灼見其賢，然後舉而加於衆人之上，則人無異論。若執政之官，陛下所與朝夕圖議天下之事，一有差失，天下受弊。以此論之，執政豈是試人之地？」宣仁后嘉納。退而又以劄子論宗愈向爲蔡確引用，今又陰結惇、確，凡十二事，章十餘上，皆留中。而公論之不已，又申三省，乞請章疏付外施行。翌早，三省奏事罷，執政皆退，簾中有語曰：「右丞且住。劉安世有章疏言右丞，右丞宜自爲去就。」宗愈遂罷。

劉安世徧歷言路，正色立朝，知無不言，言無不盡，每以辯是非邪正爲先，進君子退小人爲急。其面折庭爭，至雷霆之怒赫然，執簡却立，伺天威少霽，復前極論。一時奏對，且前且却者，或至四五，殿庭觀者皆汗縮竦聽，公退，則咨嗟嘆服，至以俚語目之曰「殿上虎」。

劉安世初除諫官，未敢拜命，入與孃子謀曰：「朝廷不以安世不肖，誤除諫官，這箇官職不比閒慢差遣，須與他朝廷理會事，有所觸犯，禍出不測。朝廷方以孝治天下，如以老母懇辭，必無不可。」孃子曰：「不然。諫官是天子爭臣，我見你爺要做，不能得，你是何人，蒙它朝廷有此除授。你果能補報朝廷，假使得罪，我不選甚處隨你去，但做。」安世遂備禮辭免，尋便供職。三日，朝廷有大除拜，安世便入文字，凡二十四章，又論章惇十九章。及得罪，惇必欲見殺。人言「春、循、梅、新，與死爲鄰；高、竇、雷、化，説著也怕。」八州惡地，安世歷遍七州。於其中間又遭先妣喪禍，與兒子輩扶護靈柩，盛夏跣足日行數十里，脚底都穿破。一日下程，大底兒子悶絶于地，後來究竟不起，今只有老夫與兒子兩人在耳。

陳忠肅公瓘在言路，知無不言，然議論持平，務存大體，彈擊不以細故，未嘗及人私過。嘗言：「人主託言者以耳目，固不當以淺近見聞惑其聰明，況以訐爲忠，無補於時，反傷治體乎。」

哲宗朝田晝與鄒浩善，元符間晝監廣利門，浩除言官。浩諫廢孟后立劉后事，得罪。二人留連三日，臨别浩出涕，晝正色責之曰：「使君隱默官京師，遇寒疾不汗，五日死矣，豈獨嶺海之外能死人哉！願君無以此舉自滿，士所當爲者未止此也。」浩茫然自失，歎曰：「君之贈我厚矣！」乃别去。《東都事畧》。

元祐七年，上祀南郊，以兵部尚書爲鹵簿使。上因太廟宿齋，行禮畢，特至青城。儀衛甚肅，五使乘車，至景靈宫東轜星門外，忽有赭傘犢車百餘兩衝突而來，東坡呼御營巡檢使立於車前曰：「西來誰何？敢爾亂行！」曰：「皇后并某國太夫人，某國大長公主也。」東坡曰：「可以狀來。」比至青城，諭儀仗使御史中丞李端伯之純曰：「中丞職當肅政，不可不聞。」李以中宫不敢言，東坡曰：「軾當自奏。」即於青城上疏劾之。明日，中使傳命，申勅有司嚴整仗衛。

章惇於崑山縣强市民田人口，經州縣監司次第陳訴，皆不敢受理，又經户部論訟，復不敢治，御史臺亦不彈劾。公累上疏，不報，乃極論之曰：「按惇抱死黨之志，而濟以陰謀，藴大奸之才，而輔之殘忍。因緣王安石、吕惠卿之黨，遂得進用，而造起邊隙，儌幸富貴。在先帝時，已坐買田不法嘗罷，執政蔡確引用，再叨大任。陛下嗣位，擢置上樞，而内懷姦謀，沮毁聖政，以至悖慢帷幄之前，殊無臣子之禮。及以家難退歸里閭，而敢憑恃凶豪，劫持州縣，使無辜之民流離失業。乞特賜竄殛，仍委臺臣置院推劾，其崑山、蘇州及本路監司，亦乞並行黜責。」章四上，朝廷令發運司體究，詔贖銅十斤。公復爭之，以謂所責太輕，未厭公議。「況惇與確、黄履、邢恕素相交結，自謂社稷之臣，貪天之功，儌幸富貴【八】，天下之人指爲四凶。若不因其自致人言，遂正典刑，異日却欲竄逐，深恐無名。且干繫官吏因惇致罪，皆處從坐，惇係首惡之人，乃止贖銅，事理顛錯亦已太甚！況下狀之日，惇父尚在，而别籍異財。事狀顯著，考按律文，罪入十惡。愚民冒犯，猶有常刑，惇爲大臣，天下所望，而虧損名教，絶滅義理，止從薄罰，何以示懲？聖人制法惟務至公，若行於匹夫而廢於公卿，伸於愚民而屈於貴近，此乃姑息之弊，非清朝之所宜行也。」《劉安世言行録》。

蔡確雖貶，尚與章惇等自謂有定策功，創造語言，恐脅貴近，爲中外憂。劉安世復言

【八】儌幸富貴　「富貴」原作「異日」，明嘉靖本同，不通，據《言行龜鑒》卷五同條改。

曰：「臣近嘗進對，論蔡確朋黨，雖粗陳大槩，未能盡達天聽，事體至重，不可不憂。臣聞蔡確、章惇、黄履、邢恕四人者，在元豐之末號爲死黨，惇、確執政倡之於内，履爲中丞，與其寮屬和之於外，恕立其間，往來傳送，天下之事，在其掌握。聖上嗣位，四人者以謂有定策之功，眩惑中外，若不早爲辨正，恐異日必爲朝廷之患。臣聞元豐七年秋宴之日，今上皇帝出見羣臣，都下喧傳以爲盛事。明年，神考皇帝晏駕，衆謂前日之出已示與子之意。其事一也。自先帝違豫，嘉、岐二王日詣寢殿候問起居，及疾勢稍增，太皇太后即時面諭，並令還宫，非遇宣召不得輒入，有以見聖心無私，保佑慎重。其事二也。建儲之際，大臣未嘗啓沃，而太皇太后内出皇帝爲神考祈福手書佛經，宣示執政，稱美仁孝發於天性，遂令草詔誕告外庭。蓋事已先定，不假外助。其事三也。陛下聽政之初，首建親賢之宅，才告畢工，二王即遷就外第。天下之人，莫不服陛下之聖明，深得遠嫌之理。其事四也。此實太皇太后聖慮深遠，爲宗廟社稷無窮之計。彼四人者，乃敢貪天之功以爲己力。伏望明詔執政及當時受遺之臣，同以親見策立今上事跡，作爲金縢之書，藏之禁中，又以其事本末著實録。然後明正四凶之罪，布告天下，除蔡確近已貶竄外，所有章惇、黄履、邢恕，欲乞並行逐之遠方，終身不齒。所貴姦豪屏息，他日無患。」由是三人亦皆得罪。《劉安世言行録》。

前宰相蔡確坐詩語譏訕簾中，臺諫章疏交上，必欲朝廷誅殛，宰相、侍從皆謂當然。

范忠宣公獨以爲不可，遂於簾前開陳：「方今聖朝宜務寬厚，不可以語言文字之間曖昧不明之過誅竄大臣。今日舉動宜與將來爲法式，此事甚不可開端也。」疏云：「蓋如父母之有逆子，雖天地鬼神不能容貸，然於父母欲置於必死之地，則却恐傷恩。臣之區區，實在於此。」

初，陳丞相以劉敞不附己，論議不能佑公，唯天子察公忠直，數得公奏議，開納無疑，故亟用公知制誥。陳丞相以修注未一月爲言，上不聽，曰：「此豈計官資日月邪？」公謝日，上又面諭曰：「外間事不便，有所聞，當一一語朕也。」無幾何，朝廷從禮院有所詢問，禮生擅發印狀以報，禮官莫知，知禮官院事吴充謫罰禮生，而坐以出官。公奏以謂：「朝廷久安，吏習因循，百司庶府苟且已甚，稍激厲振職，未知如何，而使充以此得罪，豈不傷事害政也？請追止前命。」已而脩起居注馮京復以言事奪職，公因奏事，上謂公曰：「吴充乃是振職，馮京意亦無它，中書惡其太直，不與含容耳。」公奏言：「自古唯有人主不能容受直言，或致竄責臣下。今則不然，上意慈仁好諫，而中書不務將順聖德之美，排逐言者，乃是蔽君之明，止君之善。必且感動陰陽，有風霧、日食、地震之異。」居五日，地果震鎮戎軍，而都下雪後累日昏霾，太陽色黄濁，略皆如公言。公又密勸上收覽威權，無使聰明蔽塞，法令不行，以消伏災變。上深納之。《劉公敞言行録》。

右司諫賈易降知懷州。自蘇軾以策題事爲臺諫官所言，而言者多素與程頤善，於是頤、軾交惡，黨與相攻。易獨建言，請併逐頤、軾，以靖朝廷，而易言侵及太師文彦博、同知樞密院范純仁，故太皇太后怒，欲峻責易。呂正獻公言：「易所言頗切直，唯詆大臣爲太甚，不可復處諫列爾。」后曰：「不責易，此亦難作。公等自與皇帝議之。」公曰：「不先逐臣，易責命亦不可行。」爭久之，乃止罷諫職出知懷州。既退，公謂諸公曰：「諫官所論，得失未足言，顧主上方富於春秋，異時有進導諛之説以惑上心者，當爾之時，正賴左右諫諍，不可預使人主輕厭言者也。」於是呂中書大防、劉左丞摯、王右丞存私相顧而歎曰：「呂公仁者之勇，乃至於此。」呂公公著家傳。

李公綱狀貌雄偉，常有憂國愛民經綸天下之志。爲起居舍人時，屬京城大水，公上疏抗論時政，遂遭罷黜，流落七年，始召爲太常少卿。

張公燾感激上知，政事闕失，盡言無隱。金陵宮室未備，置修内司，命宦者王鑑領之。鑑請聖祖殿基營私第，部曲多占民居，其使臣儲毅託名御莊，冒占腴田，大爲姦利。會有訴者，按驗得實，止鐫毅官，公曰：「此與宣和間李彦西城所公田何異？毅不足道，鑑實使之。」上爲逐鑑，仍罷御莊。

晏公敦復凡有論奏，上未嘗不嘉奬聽納，嘗諭公曰：「卿鯁峭敢言，無所間避，可謂無忝爾祖矣！」公再拜謝曰：「臣世受國恩，無以報朝廷萬一。若不吐露肺腑，知無不言，是負陛下也。」

定庵先生云：「族人陳良翰一日見余，問曰：『近潘良貴廷叱向子禋如何？』余曰：『義榮良貴字也。平日勁直，此一時尤爲人所難也。』良翰曰：『直則直矣，未爲盡善。夫人臣以禮諫君，使子禋以無益言惑聖聽【九】，則義榮當引古證今，力陳利害，委曲爲上言之，無有不開悟者。今於殿陛之間厲聲一叱，以快一時之憤，似近乎訐，豈所謂得事君之體耶？雖然，當今之世，士氣委靡不振，如義榮者，奮不顧身，敢與僥倖抗，亦不易得，但《春秋》之法責賢者備，不得不然。』良翰後生，其操論如此，它日立朝，必有可觀者焉。」

張繹曰：「鄒浩以極諫得罪，世疑其賣直也。」伊川先生曰：「君子之於人也，當於有過中求無過，不當於無過中求有過。」

《程氏遺書》云：「今天下之士夫，在朝者又不能言，退者遂忘之，又不肯言，此非朝廷吉祥。雖未見從，又不曾有大横見加，便豈可自絶也。君臣，父子也，父子之義不可絶，豈有自爲侍從，尚食其禄，視其危亡，曾不論列，君臣之義固如此乎？」

《程氏遺書》云：「王介甫今日亦不必誅殺人，人靡然自從，蓋只消除盡在朝異己者。在古雖大惡在上，一面誅殺，亦斷不得人議論，今便都無異者。」

【九】以無益言惑聖聽　「惑」原作「成」，據明嘉靖本改。

卷七

事君類下

憂國

杜正獻公衍一日憂見于色，門生曰：「公今日何以不悦？」公曰：「適覩朝報行某事，行某事非便所以憂爾。」又一日喜見于色，門生未及問，公曰：「今日朝報某人進用，某人進用社稷之福也。」公又曰：「孔子稱，『不在其位不謀其政』，第衍荷國恩之深，退居以來，家事百不關心，獨未能忘國爾。」

王文正公旦或歸私第不去冠帶，入靜室中默坐，家人惶恐，莫敢見者，而不知其意。後公弟以問趙公安仁，趙公曰：「見議事，公不欲行而未決，此必憂朝廷矣。」

韓魏公琦雖在外，然其心常繫社稷，至身老而心益篤。雖病，不忘國家，或有時聞更祖宗一法度，壞朝廷一紀綱，則泣血，終日不食。

范文正公仲淹少有大節，其於富貴貧賤、毁譽歡戚不一動其心，而慨然有志於天下。常自誦曰：「士當先天下之憂而憂，後天下之樂而樂也。」其事上遇人，一以自信，不擇利害爲趨舍，其有所爲，必盡其方，曰：「爲之自我者，當如是，其成與否有不在我者，雖聖賢不能必。吾豈苟哉！」

富文忠公弼雖居家，而朝廷有大利害，知無不言。交趾叛，詔郭逵等討之，公言：「海嶠嶮遠，不可以責其必進，願詔逵等擇利進退，以全王師。」契丹來爭河東地界，上手詔問公，公言：「熙河諸郡皆不足守，而河東地界決不可許。」

趙康靖公槩以太子少師致仕，居睢陽十五年，猶以讀書著文憂國愛君爲事，集古今諫諍爲《諫林》一百二十卷奏之。上甚喜，賜詔曰：「士大夫請老而去者，皆以聲迹不至朝廷爲高。得卿所奏書，知有志愛君之士，雖退休山林，未嘗一日忘也。當置坐右，以時省閱。」

唐質肅公介雖居外，意未嘗不在朝廷。於是濮王園廟之議起，言者多得罪，公憂形于色，密疏請還臺諫官之謫者。

呂文靖公夷簡薨于鄭，訃聞，上震悼，對執政語公輒涕下曰：「安得憂公忘身、理萬事、幹四鄙如呂夷簡者。」

范仲淹以言事貶饒州，方治黨人甚急，王公質獨扶病率子弟餞于東門，留連數日。大臣有以讓公曰：「長者亦爲此乎？何苦自陷朋黨。」公徐對曰：「范公天下賢者，顧質何敢望之，然若得爲黨人，公之賜質厚矣。」聞者爲公縮頸。其爲待制之明年，出守于陜。

又明年，小人連構大獄，坐貶廢者十餘人，皆公素所賢者，聞之悲憤歎息，或終日不食，因數劇飲大醉。公既素病，益以酒，遂卒。神道碑。

石守道作《慶曆聖德詩》，忠邪太明白，韓魏公與范公適自陝西來朝，道中得之。范公拊股謂公曰：「爲此怪鬼輩壞了也！」公曰：「天下事不可如此，如此必壞。」《别録》。

陳公襄生平講求萬民利害，雖非其職，必録于篇，會其部使可以立事者，則以授之，利及四方者，又不知其數焉。凡干朝廷治體、州縣養民之事，必求其術之可以爲法者，鰥寡孤獨、遺棄幼子，災傷水旱、凶札疾疫，恤窮安富、養老勸農、治兵牧馬、練將守邊、積穀生財、差役漕運之事，莫不夙夜圖營精密曲盡之術。而又以詢於賢者、明者、能者，不憚謙遜，屢求廣諮博訪，既得一善，則又稱其得之所自，而推以授人。此其平生存心，四十年弗懈也。既亡，彝撿手書，議及民政，講求治道，或以相授，或以相諮，凡餘百本，或累至十幅，盈紙細書，講論得失。則其以天下爲己憂也又如此，使之大用，豈可量哉！

内翰范公鎮景仁三疏，力詆王安石青苗之法，不能，即請致仕，疏凡三上，聞者皆爲公懼。安石怒，公落翰林學士致仕。公以表謝曰：「臣雖乞身而去，敢忘憂國之心。望陛下集羣議爲耳目，以除壅蔽之姦。」公既得謝，蘇軾往賀之曰：「公雖退而名益重矣！」公愀然不樂，曰：「君子言聽計從，消患於未萌，使天下陰受其賜，無智名，無勇功，吾獨不得爲此，命也！夫使天下受其害，而吾享其名，吾何心哉？」軾慙而退。

御史中丞呂公誨獻可屢爲言職，其奏草存可見者，凡二百八十有九。前後三逐，皆以迕犯大臣，所與敵者，莫非秉大權，天子所信嚮，氣勢軋天下，獻可視之若無所睹，正色直辭，指數其非，旁側爲之股栗。晚年病卧洛陽，猶旦夕憤歎，以天下爲憂，過於在位任其責者，曾不念其身之病、子孫之貧也。

呂獻可病，自草章乞致仕，曰：「臣無宿疾，偶值醫者用術乖方。殊不知脉候有虛實，陰陽有逆順，診察有標本，治療有先後，妄投湯劑，率任情意，差之指下，禍延四肢，寖成風痺，遂艱行步。非祇憚跛盭之苦，又將虞心腹之變。勢已及此，爲之奈何？雖然一身之微固未足恤，其如九族之託，良以爲憂。是思納禄以偷生，不俟引年而還政。」蓋以一身之疾喻朝廷之病也。温公、康節日就卧内問疾，獻可所言，皆天下國家之事，憂憤不能忘，未嘗一語及其私也。一日，手書託温公以墓銘，温公亟省之，已瞑目矣。温公呼之曰：「更有以見屬乎？」獻可復張目曰：「天下事尚可爲，君實勉之！」温公誌其墓未成，河南監牧使劉航仲通自請書石，既見其文，遲回不敢書，仲通之子安世曰：「成吾父美可乎！」代書之。仲通又陰祝獻可諸子勿摹本，恐非三家之福。時用小人蔡天申爲京西察訪，置司西都，天申厚賂鐫工，得本以獻安石，天申初欲中温公。安石得之掛壁間，謂其門下士曰：「君實之文，西漢之文也。」獻可忍死謂温公以「天下尚可爲，當自愛」，後温公相天下，再致元祐之盛，獻可不及見矣，天下誦其言而悲之。至温公薨，獻可之子由庚作挽詩云：「地下若逢中執法，爲言今日再昇平。」記其先人之言也。

司馬温公自以遭遇聖明，言聽計從，欲以身徇天下，躬親庶務，不舍晝夜。或以諸葛孔明事多食少之語戒之，公曰：「死生，命也。」爲之益力，病革，諄諄不復自覺，如夢中語，然皆朝廷大事也。既没，其家得遺表八紙上之，皆手札論當世要務。

温公病中與吕申公簡曰：「晦叔自結髮志學，仕而行之，端方忠厚，天下仰服。垂老乃得秉國政，平生所藴，不施於今日，將何俟乎？比日以來物論頗譏晦叔慎嘿太過，若此際復不廷争，事蹉跎則入彼朋矣。光自病以來，悉以身付醫，家事付康，惟國事未有所付，今日屬於晦叔矣。」又曰：「介甫文章節義過人處甚多，但性不曉事而遂非，致忠直疏遠，讒佞輻湊，敗壞百度，以至于此。今方矯革其弊，不幸介甫謝世，反覆之徒必詆毁百端。光意以謂朝廷特宜優加厚禮，以振起浮薄之風，不識晦叔以爲如何？」

熙寧七年春，契丹遣汎使蕭禧來，言代北對境有侵地，請遣使分畫，神宗許之，遣太常少卿劉忱爲使。忱對便殿曰：「臣受命以來，在樞府考校文據，未見本朝有尺寸侵虜地【一】。且鴈門者，古名限塞，雖跬步不可棄。臣當以死拒之。」忱出疆，帝手敕曰：「虜理屈則忿，卿姑如所欲與之。」忱不奉詔。初以祕書丞吕大忠爲副使，命下，大忠丁家艱，詔起復，未行，忱亦使回。虜又遣蕭禧來。帝開天章閣召執政與忱、大忠同對，論難久之，忱固執前議，大忠亦然，執政知不可奪，罷忱爲三司判官，大忠乞終喪制。帝遣中使賜富

【一】尺寸侵虜地　「虜」原作「狄」或「敵」，據《宋名臣言行録》後集卷一改，下同。

韓公、韓魏公、文潞公、曾魯公手詔，問以計策，韓魏公疏曰：「臣觀近年以來朝廷舉事，則似不以大敵爲恤，虜人見形生疑必謂我有圖復燕南之意，故造此釁端，屢遣使以爭理地界爲名，觀我應之之實如何爾。其所以致虜之疑者七事：高麗臣屬契丹，於朝廷久絶朝貢，乃因商舶招諭而來，於國家初無損益，而契丹謂以圖我，一也。吐蕃部族不相君長，未嘗爲邊患，而强取其地，建熙河一路，殺其老弱萬計，契丹聞之，當謂行將及我，二也。邊近四山地勢高仰，不可爲塘濼，向聞遣使部兵徧置榆柳，以制虜騎，三也。義勇民兵將校甚整，教習亦精，而忽創團保甲，一道紛然，義勇人十去其七，破可用之成法，得增數之虚名，四也。河北城池工築並興，增置守具，檢視器械，五也。創都作院，頒降弓刀新樣，大作戰車，費財殫力，先自困弊，六也。置河北三十七將，各專軍政，州縣不得關預，聲言出征，又深見可疑之形，七也。夫北人素爲敵國，因疑起事，不得不然，亦其善自爲謀者也。今横使再至，初示偃蹇，以探伺朝廷。況代北初與雄州素有定界，若優容而與之，虜情無厭浸淫；不許，彼遂持此以爲己直。縱未大舉，勢必漸擾諸邊，卒隳盟好。臣昔曾言青苗錢事，而言者輒肆厚誣，非陛下之明，幾及大戮，自此聞新法日下，實避嫌疑不敢論列。今親被詔問，事係國家安危，言及而隱，罪不容誅。臣嘗切計，始爲陛下謀者，必曰自祖宗以來因循苟簡，治國之本，當先富强，則可以鞭笞四夷，盡復唐之故疆，然後制作禮樂，以文太平。故散青苗錢，爲免役法，次第取錢，又内外置市易務，新制日下，更改無常。官吏違者坐徒【二】，不以赦降，監司督責，以刻爲明。今農怨於畎畝，商旅嘆於道路，官吏不安其職，陛下不盡知也。夫欲攘斥四夷以興太平，而先使邦本困搖，衆心離怨，此爲陛下始謀者大誤也。又好進之人不顧國家利害，但得邊事將作，富貴可圖，必曰虜勢已衰，特外恃驕慢爾，以陛下神聖文武，若擇將臣領大兵深入虜境，則幽燕之地一舉可復。此又未之思也。今河朔累歲災傷，民力大乏，將官麄勇寡謀，保甲未經訓練，若驅重兵頓於堅城之下，糧道不繼，腹背受敵，雖曹彬、米信名德宿將，猶以此致岐溝之敗也。臣愚今爲陛下計，謂宜遣使報聘，優致禮幣【三】，具言朝廷向來興作，乃修備之常，與北朝通好之久，自古所無，豈有它意。且疆土素定，當如舊界，請命邊吏退近者侵占之地，不可持此造端，隳累世之好。如將官之類因而罷去，以釋虜疑。萬一聽服，則可以遷延歲月。陛下益養民愛力，選賢任能，疏遠姦諛，進用忠鯁，使天下悦服，邊備日充。虜果敗盟，然後一振威武，恢復故疆，快忠義不平之心，雪祖宗累朝之憤矣。」富韓公、文潞公、曾魯公皆主不與之論。時王荆公再入相，曰：「將欲取之，必固與之。」以筆畫其地圖，命天章閣待制韓縝奉使舉與之，蓋東西棄地五百餘里云。祖宗故地，荆公輕以畀鄰國，又建以與爲取之論，至後世姦臣以伐燕爲神宗遺意，卒致天下之亂，荆公之罪可勝數哉！具載之，以爲世戒。

山谷言頃與范内翰純甫同局，純甫多能言温公事。方公初官時，年尚少，家人每每見其卧齋中，忽蹶起着公服、執手版危坐久，率以爲常，竟莫識其意。純甫常從容問之，答

【二】官吏違者坐徒　「徒」原作「徙」，據《宋名臣言行録》後集卷一與《邵氏聞見録》卷四改。

【三】優致禮幣　「幣」原作「弊」，據《宋名臣言行録》後集卷一與《邵氏聞見録》卷四改。

曰：「吾時忽念天下安危事。夫人以天下安危爲念，豈可不敬耶！」

劉摯自青社罷職，知黄州，又分司徙蘄州，語諸子曰：「上用章丞相，吾勢當得罪。若章君顧國事，不遷怒百姓，但責吾曹，死無所恨。第恐意在報復，法令益峻，奈天下何？」憂形於色，初無一言及遷謫也。集序。

張魏公自幼即有濟時之志，未嘗觀無益之書，爲無益之文。孜孜然求士尚友，講議當世之故，聞四方利病休戚，輒書之策，至一介之賤，亦曲加詢訪。當委質艱難之際，事有危疑，他人方畏避退縮，則挺然以身任之，不以死生動其心。

薦舉

王文正公旦公於用人不以名譽，必求其實，苟賢且才矣，必久其官，衆以爲宜某職，然後遷，其所薦引，人未嘗知。寇準爲樞密使，當罷，使人私公求爲使相，公大驚曰：「將相之任，豈可求耶？且吾不受私。」準深恨之，已而制出，除準武勝軍節度使、同中書門下平章事。準入見，泣涕曰：「非陛下知臣，何以至此！」真宗具道公所以薦準者，準始愧歎，以爲不可及。故參知政事李穆子行簡，有賢行，以將作監丞居于家，真宗召見慰勞之，遷太子中允。初遣使者召之，不知其所止，真宗命至中書問王旦，然後人知行簡公所薦也。公自知制誥至爲相，薦士尤多。其後公薨，史官修《真宗實録》，得内出奏章，乃知朝廷之士多公所薦也。

王文正公以病求罷，入見滋福殿，真宗曰：「朕方以大事托卿，而卿病如此！」因命皇太子拜公，公言：「皇太子盛德，必任陛下事。」因薦可爲大臣者十餘人，其後不至宰相者，李及、凌策二人而已，然亦皆爲名臣。

契丹謀入寇，畢士安首疏五事應詔，陳選將、餉兵、理財之策甚備，帝多納用。於是，中書闕，宰相乃進公吏部侍郎、參知政事。入謝，帝曰：「未也，行且相卿。」然時方多事，求與卿同進者，其誰可？」公頓首辭謝曰：「臣材駑朽，不足以勝任，惟寇準兼資忠義，善斷大事，此宰相才也。」帝曰：「聞其剛使氣。」對曰：「準資方正，慷慨有大節，忘身徇國，秉道疾邪，此其素所蓄積，朝臣罕出其右者，第不爲流俗所喜。今天下之民雖蒙休德，涵養安佚，而西北跳梁爲邊境患，正若準者所宜用也。」帝曰：「然當藉卿宿德鎮之。」不閲月，拜公本官平章事，寇公實並命，而以公監修國史，位在上。

王沂公當國，屢薦呂許公夷簡。是時明肅太后聽政，沂公奏曰：「臣屢言夷簡才望可當政柄，而兩宮終未用。以臣度太后之意，不欲其班在樞密使張旻之上耳。且旻一赤脚健兒，豈容妨賢如此！」太后曰：「固無此意，行且用夷簡矣。」沂公曰：「兩宮既已許臣，臣請即令宣召學士草麻。」太后從之。及許公大拜，漸與沂公不叶。《東軒筆録》。

張忠定公有清鑒，善臧否人物，凡所薦辟皆方廉恬退之士。嘗曰：「彼好奔競者，將自得之，何假吾舉？」《張公詠言行録》。

杜正獻公衍門生嘗從容問公曰：「公在相位，未朞年而出使，蒼生不盡被公之澤，天下甚鬱望。」公曰：「衍以非才，久妨賢路，遽得解去，深遂乃心。然獨有一恨爾。」門人曰：「公之恨何也？」公曰：「衍平生聞某人之賢可某任，某人之才可某用，未能悉薦而去，此所以爲恨也。」《杜公衍言行録》。

韓魏公言，王沂公當國，門下未嘗見顯拔一人，希文乘間輒諷之曰：「明揚士類，宰相之任也。公之盛德，獨少此爾。」沂公應之曰：「司諫不思耶？恩若己出，怨將誰歸？」希文憫然嘆曰：「真宰相也。」

韓魏公琦之在相位也，所汲引多正直有名，或忠厚可鎮風俗，列侍從，備臺諫，以公議用之，多有未嘗識者，人亦不知出何人門下，人或可詢，聞所稱薦，用之不疑。嘗訪於王安石，安石曰：「文行則孫覺，吏事則張頡，皆可用也。」時二人皆調小官，公乃處覺於館閣，任頡於省府，他皆此類也。所薦引於上前者，未嘗輒漏其語，間因上有宣諭，或同僚談説，人始聞之。公初罷相，上問孰可以爲執政者，公力薦韓絳忠直，有公輔之器，上遂用爲樞密副使。既而有排毁絳者，上曰：「韓琦之去，惟薦此人，朕豈可違？」公既罷去，蘇頌除修注，往謝二府，參政趙槩曰：「韓公屢欲用君，以魯公避親嫌，今乃上記前日韓公語矣。」二公始知公嘗援己也。《韓公琦言行録》。

韓魏公琦屢薦歐陽公，而仁宗不用也。他日復薦之，曰：「韓愈，唐之名士，天下望以爲相，而竟不用。使愈爲之，未必有補於唐，而談者至今以爲謗。歐陽修，今之韓愈也，而陛下不用，臣恐後之談者謗必及國，不特臣輩而已。陛下何惜不一試之，以曉天下後世也。」上從之。仝前。

孫參政抃爲御史中丞，薦唐介、吳中復爲御史，人或問曰：「聞君未嘗與二人相識，而遽薦之，何也？」孫答曰：「昔人恥呈身御史，今豈求識面臺官也？」後二人皆以風力稱於天下。孫晚年執政，嘗歎曰：「吾何功以輔政，唯薦二臺官爲無媿耳。」《唐公介言行録》。

范文正公知開封府，獻《百官圖》，指宰相差除不公，而陰薦韓文憲公億可用。文正既貶，仁宗以諭公，公曰：「若仲淹舉臣以公，則臣之拙直陛下所知，舉臣以私，則臣委質以來未嘗交託於人。」遂除參知政事。《韓公億言行録》。

呂正獻公之在侍從也，專以薦賢爲務，如孫莘老覺、李公擇常、王正仲存、顧子敦臨、程伯淳顥、張天祺戩等，皆爲一時顯人。《呂公公著言行録》。

呂正獻公既薦常秩，後差改節，嘗對伯淳有悔薦之意，伯淳曰：「願侍郎寧可受人欺，不可使好賢之心少替。」公敬納焉。《童蒙訓》。

陳公襄自始達及終身，凡聞天下之賢有學行者，有吏能者，有道德者，有忠義者，其才可以進之于朝以爲民庇及具表則者，不必識其人也，必書其實，以遺其所部使牧守或執政柄者，未登其賢而用不已也。因之拔擢致身於亨顯，而不知其自於公者衆矣！是以其亡，四方髦士及公卿大夫識與不識，若喪其朋，咨嗟靡息焉。《陳公襄言行録》。

范忠宣公純仁在相位，凡薦引人材，必以天下公議所薦，士未嘗知出於公，公亦未嘗示恩意於人。人或謂公曰：「身爲宰相，豈可不牢籠天下士，使知出於門下？」公曰：「但願朝廷進用不失正人，何必須使知出我門下耶？」《范公純仁言行録》。

范忠宣公純仁嘗曰：「人材難得，欲隨事有用，則緩急無以應手。七年之病，求三年之艾，非儲之以待，如病者何？」故雅以人才爲己任，每有薦引，必先公議。而及其至也，内舉有所不避，其不可，則人君所主亦必爭。《言行録》仝前。

吕申公累乞致仕，仁宗問之曰：「卿果退，當何人可代？」申公曰：「知臣莫若君，陛下當自擇。」仁宗再三問之，申公對曰：「陛下欲用英俊經綸之才，臣所不知，必欲圖任老成，鎮撫百度，周知天下之良苦，無如陳堯佐者。」仁宗深然之，遂大拜。《陳公堯佐言行録》。

温公薦劉安世充館職，因謂公曰：「知所以相薦否？」公曰：「獲從公遊舊矣。」温公曰：「非也。光居閒，足下時節問訊不絶，光位政府，足下獨無書。此光之所以相薦也。」按文集有《乞不就試狀》云：「王景興師事楊賜、傅燮，以郡將嘗舉孝廉，後聞其喪，皆去官行服。而近世臣僚薦辟磨勘，舉者亡没，亦皆報罷。臣少學於光，晚蒙推薦，今光薨謝，臣既不能効古人之節去官送喪，而遽飾固陋之辭以干榮進，實所未安。」《劉公安世言行録》。

王安石居金陵，初除母喪，英宗屢召不至。安石在仁宗時論立英宗爲皇子，與韓公不合，故不敢入朝。安石雖高科有文學，本遠人，未爲中朝士大夫所服，乃深交韓、呂二家兄弟。韓、呂朝廷之巨室也，天下之士不出於韓，即出於呂。韓氏兄弟絳字子華，與安石同年高科，維字持國，學術尤高，不出仕，用大臣薦入館。呂氏公著字晦叔，最賢，亦與安石爲同年進士。子華、持國、晦叔爭揚於朝，安石之名始盛。安石又結一時名德之士，如司馬君實輩皆相善。先是，治平間神宗爲潁王，持國爲翊善，每講論經義，神宗稱善。持國曰：「非維之説，維之友王安石之説。」至神宗即位，乃召安石，以至大用。

謝諫議伀，名知人，喜薦下吏。知襄州日，待鄧城知縣張逸特厚，將薦之朝，乃先設几案庭中，置章其上，望闕焚香再拜曰：「老臣爲朝廷得一能吏。」乃封上之。逸後官至樞密直學士，累典大郡，皆有能名。

謝伀名知人，少許可，平生薦士不過數人，而後皆至卿相。每發薦牘，必焚香望闕再拜曰：「老臣又爲陛下得一人。」王文正公即其所薦士也【四】。《倦遊雜録》。

高宗曰：「張浚自薦辛興宗作秦帥，比至陝西，見孫渥材優，即奏罷興宗而用渥，蓋其用心公也。」《張公浚言行録》。

程公頤云，韓持國服義，最不可得。一日，頤與持國、范夷叟泛舟於潁昌西湖，須臾客將云：「有一官員上書謁見大資。」頤將謂有甚急切公事，乃是求知己。頤云：「大資居位却不求人，乃使人倒來求己，是甚道理？」夷叟云：「只爲正叔太執，求薦章常事也。」

【四】王文正公即其所薦士也　「王」原作「正」，據明嘉靖本及《羅鄂州小集》卷六改。

頤云：「不然。只爲曾有不求者不與，來求者與之，遂致人如此。」持國便服。

吕申公以進賢自任，恩歸於己，時士皆出於籠絡，獨歐、范、尹旋收旋失之，終不受其籠絡。

寇萊公始與丁晉公善，嘗以丁之才薦於李文靖公屢矣，而終未用。一日，萊公語文靖公曰：「比屢言丁謂之才，而相公終不用，豈其才不足用邪？抑鄙言不足聽邪？」文靖公曰：「如斯人者，才則才矣，顧其爲人，可使之在人上乎？」萊公曰：「如謂者，相公終能抑之使在人下乎？」文靖笑曰：「它日後悔，當思吾言也。」晚年與寇權寵相軋，交互傾奪，至有海康之禍，始伏文靖之識。

張忠定公詠言，吾頃與今丞相寇公、南陽張覃取大名府解試罷，衆謂吾名居覃之右，吾上府帥書言：「覃之德行，於鄉里有古人風，將以某文近覃之文，則未知覃之行遠某之萬萬矣。」遂薦覃爲解元。公曰：「士君子當以德義相先，不然，未足爲士矣！」

用人

李文正公昉爲相，有求差遣，見其人材可取，將收用必正色拒絶之，已而擢用，或不足收用，必和顔温語待之。子弟或問其故，公曰：「用賢人主之事，我若受其請，是市私恩也，故峻絶之，使恩歸於上。若其不用者，既失所望，又無善辭，此取怨之道也。」

吕文穆公蒙正諸子曰：「大人爲相，四方無事甚善，但人言無能爲，事權多爲同列所爭。」公曰：「我誠無能，但有一能，善用人耳。」此真宰相之事也。公夾袋中有册子，每四方人替罷謁見，必問其有何人材，客去隨即疏之，悉分門類，或有一人而數人稱之者，必賢也。朝廷求賢，取之囊中，故公爲相，文武百官各稱職者以此。

真宗時王文正公爲相，賓客雖滿坐，無敢以私干之者。既退，公察其可與言者及素知名者，使吏問其居處，數月之後召與語，從容久之，詢訪四方利病，或使疏其所言而獻之，觀其才之所長，密籍記其名，他日其人復來，則謝絶不復見也。每有差除，公先密疏三四人姓名請於上，上所用者輒以筆點其首，同列皆莫之知。明日，於堂中議其事，同列爭欲有所引用，公曰：「當用某人。」同列爭之，莫能得，及奏入，未嘗不獲可，同列雖疾之，莫能間也。

真宗初即位，李沆爲相，帝雅敬之，嘗問治道所宜先，沆曰：「不用浮薄新進喜事之人，此最爲先。」帝問其人，曰：「如梅詢、曾致堯等是也。」帝深然之，終帝世，數人者皆不進用。故自真宗之世至仁宗初年，多得厚重之士，由沆力也。又東坡《志林》云，真宗時或薦梅詢可用者，上曰：「李沆嘗言其非君子。」時沆之没二十餘年矣。

王沂公曾嘗言，始參大政，屬故太尉王公當國，每進用朝士，必先望實。或曰某人才某人賢，則曰：「誠知此人，然歷官尚淺，人望未著，且俾養望。」歲久不渝而後擢任，則榮塗坦然，中外允愜。故公執政之日遵行是言，而人皆心服。

韓魏公言，王沂公當國，門下未嘗見顯拔一人，希文乘間輒諷之曰：「明揚士類，宰相之任也，公之盛德獨少此爾。」沂公應之曰：「司諫不思耶？恩若己出，怨將誰歸？」希文憫然嘆曰：「真宰相也。」

章聖嘗謂，兩府欲擇一人爲馬步軍指揮使。寇準方議其事，吏有以文籍進者，公問其故，曰：「例簿也。」公叱曰：「朝廷欲用一牙官，尚須檢例，即安用我輩哉！壞國政者正由此耳。」

管軍員闕，高烈武王瓊兼領二司，王乃言曰：「臣老矣，如有負薪之憂，誰爲可任者？先朝自殿前而下各置副都指揮使及都虞候，常有十人，職近事親，易次第進，又使士卒預識其盛名，緩急臨戎，上下得以附習，此軍制之大要也。」上從之。神道碑。

崔公孺諫議大夫立之子，韓魏公夫人之弟也，性亮直，善面折人。魏公執政，用監司有非其人者，公孺曰：「公居陶鎔之地，宜法造化爲心。造化以蛇虎者害人之物，故置蛇於藪澤，置虎於山林。今公乃置之於通衢，使爲民害，可乎？」魏公甚嚴憚之。

仁宗問王懿敏素曰【五】：「大僚中孰可命以相事者？」懿敏曰：「下臣其敢言？」帝曰：「姑言之。」懿敏曰：「唯宦官宫妾不知姓名者，可充其選。」帝憮然有間，曰：「唯富弼耳。」懿敏下拜，曰：「陛下得人矣！」既告大庭相富公，士大夫皆舉笏相賀，或密以聞，帝益喜曰：「吾之舉賢於夢卜矣。」

【五】仁宗問王懿敏素曰　「王」原作「正」，且脱「素」字，據明嘉靖本及《聞見後録》卷二十改補。

上問：「近相陳升之，外議曰何？」（司馬）光對：「陛下擢用宰相，臣愚賤，何敢異。」上曰：「第言之。」光曰：「今已宣麻，誕告中外，臣雖言何益？」上曰：「雖然，試言。」光曰：「閩人狡險，楚人輕易，今二相皆閩人，二參政皆楚人，必將援引鄉黨之士充塞朝廷，天下風俗何以更得淳厚？」上曰：「然今中外大臣更無可用者，獨升之有才智，曉民政邊事，它人莫及。」光曰：「升之才智誠如聖旨，但恐不能臨大節而不可奪耳。昔漢高祖論相，以王陵少戇，陳平可以輔之，平智有餘，然難獨任。真宗用丁謂、王欽若，亦以馬知節參之。凡才智之士，必得忠直之人從旁制之，此明主用人之法也。」上曰：「然升之朕固已誡之。」光曰：「富弼老成有人望，其去可惜。」上曰：「朕所以留之至矣，彼堅欲去。」光曰：「彼所以欲去者，蓋以所言不用，與同列不合故也。」上曰：「若有所施爲，朕不從而去，可也。自爲相一無施爲，唯知求去，彼信于尼之言，云雖親國家事亦勿與知故也。」上又曰：「王安石何如？」光曰：「人言安石姦邪，則毁之太過，但不曉事又執拗耳，此其實也。」上曰：「韓琦敢當事，賢於富弼，但木强耳。」光曰：「琦實有忠於國家之心，但好遂非，此其所短也。」上因歷問羣臣，至吕惠卿，光曰：「惠卿憸巧，非佳士，使安石負謗於中外，皆惠卿所爲也。近日不次進用，不合衆心。」上曰：「惠卿明辨，亦似美才。」光曰：「惠卿文學辯慧，誠如聖旨，然用心不端，陛下更徐察之。江充、李訓若無才，何以動人主？」上因論臺諫天子耳目，光曰：「臺諫，天子耳目，陛下當自擇人。今言執政短長者皆斥逐之，盡易以執政之黨，臣恐聰明將有所蔽蒙也。」上曰：「諫官難得，卿更爲擇其人。」光退而舉陳薦蘇軾、王元規、趙彦若。

杜丞相衍結撫關中，薦長安布衣雷簡夫才器可任，遽命賜對於便殿，簡夫辯給，善敷奏，條列西事甚詳，仁宗嘉之，即降旨中書，令檢真宗召种放事。是時吕許公夷簡當國，爲上言曰：「臣觀士大夫有口才者未必有實效，今遽爵之以美官，異時用有不周，即難於進退。莫若且除一小官，徐觀其能遷擢未晚。」仁宗以爲然，遂除耀州幕官。簡夫後累官至員外郎、三司判官，而才實無大過人者。《吕公夷簡言行録》。

至和初，陳恭公罷相，而並用文、富二公。正衙宣麻之際，上遣小黄門密於百官班中聽其議論，而二公久有人望，一旦復用，朝士往往相賀，黄門具報奏，上大悦。余時爲學士，後數日奏事垂拱，上問：「新除彦博等，外議如何？」余以朝士相賀爲對，上曰：「古之人君用人，或以夢卜。苟不知人，當從人望，夢卜豈足憑耶！」故余作文公批答云：「永惟商周之所記，至以夢卜而求賢，孰若用搢紳之公言，從中外之人望者。」具述上語也。《歸田録》。

陳執中以前兩府知青州，兼青齊一路安撫使，率民錢數萬貫修城，民間苦之。會賊王倫起沂州，入青州境，執中遣青齊捉賊傅永吉掩擊，盡獲之，上聞之，嘉永吉以爲能，超遷閤門使。入見，上稱美其功，永吉對曰：「臣非能有所成也，皆陳執中授臣節度，臣奉行之，幸有成耳。」因極言執中之美，上益多永吉之讓，而賢執中，謂宰相曰：「陳執中在青州久，可召之。」遂以執中參知政事，於是，諫官蔡襄、孫甫等爭上言執中剛愎不才，若任以政，天下不幸。上不聽，諫官爭不止，上乃命中使賫勅告即青州授之，且諭意曰：「朕欲用卿，舉朝皆以爲不可，朕不惑人言，力用卿耳。」明日諫官復上殿，上作色逆謂之曰：「豈非論陳執中邪！朕已召久矣。」諫官乃不敢復言。執中既至中書，是時杜衍、章得象爲相，賈昌朝與執中參知政事，凡議論執中多與之立異。蔡襄、孫甫所言既不用，因求出，下中書，中書共奏云：「諫院闕人，乞且留二人供職。」既奏，上頷之。退歸，即召吏出劄子，令襄、甫且供職，衍及得象既署，執中不肯署，曰：「曏者上無明旨，當復奏，何得遽令如此。」吏還白衍，衍取劄子壞焚之，執中遂奏云：「衍黨顧二人，苟欲令其在諫署，欺罔擅權，及臣覺其情，遂取劄子焚之以滅迹，懷姦不忠。」明日，衍左遷尚書左丞，出知兖州，仍即日發遣，賈昌朝爲相，襄知福州，甫知鄧州。頃之，得象亦出知陳州，執中遂爲相。《記聞》。

龐莊敏公自鄆徙并，過京師，謁上，是時上新用文、富爲相，自以爲得人，謂公曰：「朕新用二相如何？」公曰：「二臣皆朝廷高選，陛下拔而用之，甚副天下之望。」上曰：「誠如卿言。文彦博猶多私，至於富弼，萬口同詞皆云賢相也。」公曰：「文彦博臣頃與之同在中書，詳知其所爲。實無所私，但惡之者毁之耳，況前者被謗而出，今當愈畏慎矣。

富弼頃爲樞密副使，未執大政，朝士大夫未有與之爲怨者，故交口譽之，冀其進用而已，有所利焉。若富弼以陛下之爵禄樹私恩，則非忠臣，何足賢也，若一以公議概之，則向之譽者將轉而爲謗矣。此陛下所宜深察也。且陛下既知二臣之賢而用之，則當信之堅、任之久，然後可以責成功。若以一人之言進之，未幾又以一人之言疑之，臣恐太平之功未易可致也。」上曰：「卿言是也。」《記聞》。

蘇公頌自少所交皆當世豪傑，及登顯近，務推挽正人吉士，不問識與不識。在相位時避遠權勢，門無雜賓，其進退士大夫無纖毫私意，以故人不歸恩，而怨讟亦不切至焉。

始元昊寇邊，王師屢撓，虜之氣焰益張，常有并吞關中之意。其將剛浪凌號野利王，某號天都王，各統精兵于别都，天都失其姓名。元昊倚以爲腹心，凡所以能勝我軍，皆二將之策也。种將軍世衡方城青澗，謀有以去之。有王嵩者，本青澗僧，將軍察其堅朴，誘令冠帶，因出師以賊級予之，白於帥府，表授三班借職，充經略司指使，且力爲辦其家事，凡居室、騎從、衣食之具悉出將軍。嵩感恩既深，將軍反不禮，以奴畜之，或掠治械繫數日，嵩雖不勝其苦，卒無一辭怨望將軍，將軍知可任以事。居半年，召嵩謂之曰：「吾將以事使汝，吾戒汝所不言，其苦雖有甚於此者，汝能爲吾卒不言否？」嵩泣對曰：「嵩貧賤無狀，蒙將軍恩教，致身榮顯，常誓以死報，而未知其所，況敢辭捶楚乎？」將軍乃草遺野利書，書辭大抵如世間問起居之儀，惟以數句隱辭，如嘗有私約而勸其速行之意。書於尺素，且膏以蠟，置衲衣間，密縫之。告嵩，此非濱死不得泄，如泄之，當以負恩不能成吾事爲言，并以畫龜一幅、棗一節爲信，俾遺野利，嵩受教。至野利所居，致將軍命，出棗、龜投之，野利知見侮，笑曰：「吾素奇种將軍，今何兒女子見識！」度嵩別有書，索之，嵩目左右，既而答以無有，野利不敢匿，乃封其信上元昊。數日，元昊召野利與嵩俱西北，行數百里，至一大城曰「興州」，先詣一官寺曰「樞密院」，次曰「中書」，有數虜人雜坐，野利與焉。召嵩，廷詰「將軍書問所在」，嵩堅執前對。稍稍去巾櫛，加執縛，至於搥楚，極苦，嵩終不易其言。又數日，召入一官寺，廳事廣楹，皆垂斑竹箔，緑衣小竪立其左右，嵩意元昊宮室。小頃，箔中有人出，又以前問責之，曰：「若速言，死矣！」嵩對如前，乃命曳出誅之。嵩大號，且言曰：「始將軍遣嵩密遺野利王書，戒不得妄泄，今不幸空死，不了將軍事。吾負將軍！吾負將軍！」箔中急使人追問之，嵩具以對，乃褫衲衣取書以進。書入移刻，始命嵩就館，優待以禮。元昊於是疑野利，陰遣愛將假爲野利使，使于將軍。將軍知元昊所遣，未即見，命屬官日館勞之，問虜中山川地形，在興州左右，言則詳迫，野利所部多不能悉。適擒生敵數人，因令隙中視之，生虜能言其姓名，果元昊使。將軍意決，乃見之。將軍燕服據案坐，屬官皆朝衣抱文籍鳧鴈侍左右，於是賓贊引使者出拜。使者傳野利語，將軍慢罵元昊，而稱野利有心内附，乃厚遺使者曰：「爲吾語若王，速決無遲留也。」度使者至，嵩即還，而野利已報死矣。將軍知謀已行，因欲并間天都。又爲置祭境上，作文書於版以弔，多述野利與天都相結，有意本朝，悼其垂成而失。其文雜紙幣，伺有虜至，急爇之以歸，版字不可遽滅，虜人得之，以獻元昊。天都以此亦得罪。元昊既失二將，久之，始悟爲將軍所賣，遂定講和之策焉。西師既平，天子録諸將功，元帥蔽將軍不以聞，將軍不自辯，至于終身。嘉祐元年，其子古詣匭訴之，事下御史府，按驗如古狀不誣，詔付史官，於是士大夫始知將軍之功。將軍果決縱横，有城府，不測人也，舉秦之人皆能道之。《种公世衡言行録》。

東坡言，頃試制科中程後，英宗皇帝即欲便授知制誥，相國韓公曰：「蘇軾之才遠大之器也，他日自當爲天下用，要在朝廷培養之，使天下之士莫不畏慕降伏，皆欲朝廷進用之，然後取而用之，則人人無復異辭矣。今驟用之，則天下之士未必以爲然，適足以累之也。」英宗曰：「且與修注如何？」韓公曰：「記注與制誥爲鄰，未可遽授，不若且於館閣中擇近上貼職予之，它日擢用，亦未爲晚。」乃授直史館。東坡聞之曰：「公可謂愛人以德矣。」《李廌談記》。

兩制諸公多求補郡者，劉敞上疏論邪臣正臣進退之分，「正臣常難進而易退，邪臣常易進而難退，願陛下參任觀之。呂溱、蔡襄、歐陽修、賈黯、韓絳皆有直質無流心，論議不阿執政，有益當世，者，誠不宜許其外補，使四方有以窺朝廷，啟姦幸之心。」上悟，頗留修等。《劉公敞言行録》。

先是，吕溱出守徐，蔡襄守泉，吴奎守壽，韓絳守河陽，已而歐陽修乞蔡，賈黯乞荆南，趙清獻公即上言：「近日正人賢士紛紛引去，憂國之士爲之寒心。侍從之賢如修輩無幾，今皆欲請郡者，以正色立朝，不能諂事權要，傷之者衆矣。」修等由此不去，一時名臣賴之以安。趙公抃神道碑。

吕正獻公平生以人物爲己任，好德樂善，出於天性，士夫有以人物爲意者，公必問其所知與其所聞，參互考實，以待上求。神宗嘗謂執政曰：「吕公著之於人材其言不欺，如權衡之於稱物，其於用人無遠邇疏密，一以至公待之，雖有舊怨亦不以屑意。」

元祐初，吕正獻公廣用當世善士，人之有一善無不用也。嘗以數幅紙書當世名士姓名，既而失之，後復見此紙，則所書人姓名悉用之矣。正獻公嘗親書遺子榮陽公曰：「當世善士無不用者，獨爾以吾故不得用，亦命也。」

劉忠肅公摯與同列奏事，因論人才大槩，公奏曰：「人才難得。臣嘗歷觀士大夫間，能否不一，性忠實而有才識，上也；才雖不高，而忠實有守，次也；有才而難保，可借以集事，又其次也；懷邪觀望，隨勢改變，此小人，終不可用。二聖諭曰【六】：「此言極是，卿等常能如此，國家何所憂也【七】。」」

劉摯輔政累年，其於用人，先器識後才藝，進擬之際，必察其性行厚薄，終不輕授以職任。故才名之士或多怨公，公知之不恤也。取人不問識與不識，或多南士，有以蕭望之、

【六】二聖諭曰　「二」原作「三」，據明嘉靖本及《東都事略》卷八十九改。

【七】國家何所憂也　「國家」原作「太皇官家」，明嘉靖本同，按劉摯卒於紹聖四年，在世期間並無太皇帝，據《東都事略》卷八十九及《琬琰集》下卷十三同條改。

鄭朋事諫公，笑而不答。論者謂，元祐以來能以人物爲意，知所先後而無適莫者，公爲之首。

元城先生云，老先生嘗謂金陵曰：「介甫行新法，乃引用一副當小人，或在清要，或爲監司，何也？」介甫曰：「方法行之初，舊時人不肯向前，因用一切有才力者，候法行已成，即逐之，却用老成者守之。所謂智者行之，仁者守之。」老先生曰：「介甫誤矣。君子難進易退，小人反是，若小人得路，豈可去也？若欲去，必成讎敵，它日將悔之。」介甫默然。後果有賣金陵者，雖悔之亦無及也。

六年二月，王巖叟拜樞密直學士、簽書樞密院事，曲謝延和，太皇太后諭曰：「知卿材望，故不次進用。」公遜謝而進曰：「陛下聽政以來，納諫從善，務合人心，所以朝廷清明，天下安靜。願信之勿疑，守之勿失，則宗社千萬世之福也。用人之際，望更加審察，邪正難辨，辨之少差，治亂所繫。」又云，太母曰：「此事裏面常説與官家，只爲官家未若理會得，卿更説與官家。」少進而西曰：「陛下今日進聖學者，正欲理會邪正兩字，正人在朝則朝廷安，人君無過舉，天下平治，邪人一進，則朝廷便有不安之象。非謂一人便能如此，乃其類應之者衆，上下蒙蔽人主，無由得知，不覺養成禍患爾。」二聖深然之。公又進曰：「或聞有以君子、小人參用之説告陛下者，不知果有之否？此乃欲深誤陛下也。自古君子、小人無參用之理，聖人唯説，君子在内小人在外則成泰，小人在内君子在外則成否。小人既進，君子不肯與小人爭進，自然稍稍引去，君子與小人競進，則危亂之基也。此際不可不察，幸陛下常用心於此。《王公巖叟言行録》。

上方勵精有爲，廷臣多進用者。張商英抗疏論七臣，而諷上以清靜無爲，其言曰：「臣聞公輸知材之美惡，然後能用其材之宜而作宮室。岐伯知藥之陰陽，然後能用其藥之性而治疾病。人君之任其臣下，亦猶此而已矣。有大臣，有忠臣，有能臣，有幹臣，有容臣，有幸臣，有巧臣，此七臣者，人主不可不知也。欲知七臣之所爲，先觀其趣嚮之所歸，則思過半矣。行義修於家，道德重於身，明於天人之微，達於去就之致，親讐並用而不疑，巨細並行而不亂，若此者，大臣也。剛方正直，卓然自信，諫君之過期於無過，去民之害期於無害，不趨易而避難，不辭怨而居惠，若此者，忠臣也。智足以應卒，術足以御煩，俯取譽乎民，而民實受其賜，仰取愛乎君，而君實賴其功，若此者，能臣也。治財則朘剥而速富，使民則督迫而速從，集事則峭刻而速成，若此者，幹臣也。偷合苟生，無所臧否，不恤國之安危，不顧時之利病，主之所予從而予之，主之所奪從而奪之，固禄持寵，爲妻子昆弟計，若此者，容臣也。不義而富，不忠而貴，佞邪而君不知，暗默而衆不測，若此者，幸臣也。揣摩捭闔，善用機數，迎風順旨，鈎中主欲，獻其小信以行其大詐，委其小忠以濟其大姦，若此者，巧臣也。大臣進則帝德興矣，忠臣進則王業成矣，能臣進則霸政强矣，幹臣進則國本削矣，容臣進則主聽昏矣，幸臣進則君子退矣，巧臣進則社稷亡矣。此七臣者，成敗治亂之機，而人主之所當察也。《張公商英言行録》。

虞公允文感上不世之遇，深思所報，每曰：「宰相無職事，旁招俊乂，列於庶位而已。」懷袖有一小方册，目曰《材館録》，聞人一善必書。再論蜀，首薦汪應辰、趙雄等六人，及爲相，首用胡銓、張震、洪适、梁克家、留正等二十人，一時得人之盛，凛凛有元祐、慶曆之風。

善處事上

太宗大漸，李太后與宣政使王繼恩忌太子英明，陰與參知政事李昌齡、殿前都指揮使李繼勳、知制誥胡旦謀立潞王元佐。太宗崩，太后使繼恩召宰相吕端，端知有變，鏁繼恩於閤内，使人守之而入，太后謂曰：「宫車已晏駕，立嗣以長順也，今將何如？」端曰：「先帝立太子正爲今日，今始棄天下，豈可遽違先帝之命，更有異議？」乃迎太子立之。真宗既於大行柩前即位，垂簾引見羣臣，吕端於殿下平立不拜，請卷簾，升殿審視，然後降堦，率羣臣拜，呼萬歲。

真宗不豫，大漸之夕，李文定公與宰執以祈禳宿内殿，時仁宗幼沖，八大王元儼者有威名，以問疾留禁中，累日不肯出，執政患之，無以爲計。偶翰林司以金盂貯熟水，曰「王所須也」，文定取案上墨筆攪水中盡黑，令持去，王見之大驚，意其有毒也，即上馬去。文定臨事大率類此。

初，章聖上僊，外尚未聞，中書、密院同入問起居，召詣寢閣，東面垂帷，明肅傳遺命輔之，皇太子及皇太后權聽斷軍國大事。退而發哀，王沂公曾於殿廬草具遺制，丁謂欲去「權」字，加淑妃爲皇太妃字，公執咨曰：「皇帝沖年，太后臨朝，斯已國家否運，稱『權』猶足示後，況言猶在耳，何可改也！且增減制書有法，豈期表則之地先欲亂之耶？曷爲更載立妃之文，必若尊禮，當俟事定而議。」謂勃然曰：「參政却欲擅改遺制乎？」公曰：「曾適來寢殿中，實不聞此言，若誠有之，豈敢改也！」諸公無相同者，遂依違而行，然「權」字遂不敢去，故謂之敗，公首被爰立之命。章獻明肅太后權處分軍國事，聽斷儀式久而未定，丁謂欲每議大政，則皇太后坐後殿朝執政，朔望則皇帝坐前殿朝羣臣，其餘庶務，獨令入内押班雷允恭禁中附奏傳命，中書、樞密院平決之。公時判禮儀院，獨奏曰：「天下者，太祖、太宗、先帝之天下也，非陛下之天下也，奈何使兩宫異位，不共天下之政？是壅主上之聰明，絶下情而不使通，況宫人專政，亂之始也。」乃采用蔡邕獨斷所述東漢故事，皇帝在左，母后在右，同殿垂簾，中書、樞密院以次奏事如儀，人心乃定。公嘗於廣坐抗語丁相曰：「政出幃房，斯已國家之否運，然推之至公，不猶愈於政出羣下乎？」

章聖不豫，劉后諷宰臣丁謂欲臨朝，中外洶洶，無敢言者，時宰相王曾謂后戚錢惟演曰：「漢之吕后，唐之武氏，皆非據之位，其後子孫誅戮，不得保首領。公后之肺腑，何不入白皇后？萬一宮車不諱，太子即位，太后輔政，豈不爲劉氏之福乎？若欲稱制以取疑於天下，非惟爲劉氏之禍，恐亦延及公矣。」惟演大懼，入白之，其議遂止。《政要》又《言行録》曰：「章聖久不豫，莊憲太后欲自臨朝，令上居東宮，於資善堂決事。會公自大名召還，再貳鈞席，語錢惟演曰：「皇儲沖幼，非中宮不可獨立，中宮非倚皇儲之重，則人心不附矣。」惟演亟入白之，兩宮由是益親，人遂無間。

真宗崩，太后初臨朝，宣諭兩府，深不欲行此禮，候皇帝長立，別有處分。吕文靖公即日編入《時政記》，後每言事必引及之，以感動后意。又多稱引前代母后臨政所以致禍之道，以勸戒焉。

初，章懿之誕上也，章惠、章獻皆以母稱，章懿不得名。及是章懿崩，吕文靖公聞之，方奏事因曰：「竊聞昨夕有宮嬪亡。」后聞之不懌，不待公盡言，曰：「宰相豈管宮中事？」遽引帝起。頃之，獨坐簾下，召公問曰：「一宮人死，相公云云何與？」公曰：「臣待罪宰相，事無内外無不當預。」章獻怒曰：「相公欲離間吾母子也。」公從容對曰：「陛下不以劉氏爲念，臣不敢言，尚念劉氏也，喪禮宜從厚。」章獻悟，遽曰：「宮人李宸妃也，且奈何？」文靖乃請治喪皇儀殿，太后與帝舉哀後苑，百官奉靈輿由西華門以出，用一品禮殯洪福寺。公又謂入内都知羅崇勳曰：「宸妃當以后服殮，用水銀實棺，異時莫道夷簡不曾説來。」章獻皆從之。後章獻上僊，燕王謂仁宗言：「陛下李宸妃所生，妃死以非命。」仁宗號毁不視朝者累日，下哀痛之詔自責，尊宸妃爲皇太后，謚章懿。甫畢章獻殿殯，幸洪福寺祭告易梓宮，帝親哭視之，后玉色如生，冠服如皇太后者，以有水銀沃之，故不壞也。帝嘆息曰：「人言其可信哉！」待劉氏加厚。

仁宗感風眩之疾，文彦博等以設醮祈福留宿殿廡，知開封府王素夜叩宮門，求見執政白事，文彦博曰：「此際宮門何可夜開？」詰旦素入白，有禁卒告都虞候欲爲變者，執政欲收捕按治，彦博曰：「如此則張皇驚衆。」乃召殿前都指揮使許懷德問曰：「都虞候某甲者何如人？」懷德曰：「在軍職中最爲謹良。」彦博曰：「可保乎？」曰：「可保。」彦博曰：「然則此卒有怨於彼，誣之耳，當亟誅之以靖衆。」衆以爲然，彦博乃請平章事劉沆判狀尾，斬於軍門。及上疾愈，沆譖彦博於上曰：「陛下違豫時，彦博擅斬告反者。」彦博以沆判呈上，上意乃解。初，彦博欲判狀斬告變者，參政王堯臣捍其膝，乃請劉相判之。先是，富弼用朝士李仲昌策，自澶州商胡河穿六漯渠入横隴故道，北京留守賈昌朝素惡弼，陰結内侍右班副都知武繼隆，令司天官二人，俟兩府聚處於大慶殿廷，執狀抗言：「國家不當穿河於北方，致上體不安。」文彦博知其意有所在，未有以制也。後數日，二人又上言，請皇后同聽政，亦繼隆所教也。史志聰等以其狀白執政，彦博視而懷之，不以示同列，有喜色，同列問，不以告。既而召二人詰之，曰：「汝今日有所言乎？」對曰：「然。」彦博曰：「天文變異，汝職所當言也，何得輒預國家大事？汝罪當族。」二人懼，色變，彦博曰：「觀汝直狂愚耳，未欲治汝罪，自今無得復爾。」二人退，彦博乃以狀示同列，同列皆憤怒曰：「奴敢爾妄言，何不斬之？」彦博曰：「斬之則事彰灼，於中宫不安。」衆皆曰：「善。」既而議遣司天官定六漯於京師方位，彦博復遣二人往，武繼隆曰：「請留之。」彦博曰：「彼不敢輒妄言，有人教之耳。」繼隆默不敢對。二人至六漯，恐治前罪，乃更言六漯在東北，非正北，無害也。後上神思浸清寧。

大内災，宫室略盡。比曉朝者盡至，日晏，宫門不發，不得聞上起居，兩府請入對，不報。久之追班，上御拱宸門樓，有司贊謁，百官盡拜樓下，吕文靖公獨立不動，上使人問其意，對曰：「宫廷有變，羣臣願一望天顔。」上爲舉簾俯檻見之，乃拜。

慶曆初，仁宗服藥，久不視朝。一日，聖體康復，思見執政，坐便殿，促召二府宰臣。吕許公聞命，移刻方赴召，比至，中使數輩促公，同列亦贊公速行，公愈緩轡。既見，上曰：「久疾方平，喜與卿等相見，而遲遲其來，何也？」公曰：「陛下不豫，中外頗憂，一旦聞急召近臣，臣若奔馳以進，慮人心驚動耳。」上以爲得輔臣之體。

仁宗弗豫，大臣不得見，中外憂恐。文彦博與富公等直入問疾，内侍止之，不可，因以監視禳禱爲名乞留宿内殿，事皆關白而後行，禁中肅然。

仁宗靈駕欲到永昭，葬且有日，道路忽傳皇堂棟損，有司憂駭，不知所出。韓魏公至鄭始聞，時諸使見公，鈎公指，皆欲不問而掩之，公正色曰：「不可。果損，當易之，若違葬期侈所費，此責猶可當，亦無可奈何。若苟且掩之，後有壞覆，人主致疑心臣下，何以當責?」一坐爲之歎息,服其不苟處事,必盡識且及遠。既到,皇堂棟乃不損。

英宗即位已數日,初掛服于柩前,哀未發而疾暴作,大呼語言,恐人所不可聞,左右皆反走,大臣輩駭愕癡立,莫知所措。韓魏公亟投杖於地,直趨至前,抱入簾曰:「誰激惱官家?且當服藥。」内人驚散,公呼之,徐徐方來,遂擁上以授之曰:「皆須用心照管官家。」再三慰安以出,仍戒當時見者曰:「今日事唯某人見,某人見,外人未有知者。」復就位哭,處之若無事然。歐陽永叔以語所親曰:「韓公遇事真不可及。」

英宗即位初,以憂疑得心疾,太后垂簾聽政。韓魏公潛察帝已安,而太后未有還政意,乃先建議于帝曰:「可一出祈雨,使天下之人識官家。」上然之,咨太后,太后怒曰:「獨不先禀此耶?孩兒未安,恐未能出。」公曰:「可以出矣。」甲午,祈雨于相國寺及醴泉觀。帝久不豫,至是士庶驩呼相慶,太后不久竟還政。戊申,太后出手書付中書還政,是日遂不復處分軍國事。先是,上疾稍愈,自去年秋即間日御前後殿視朝聽政,兩府每退朝,入内東門小殿,覆奏太后如初,太后再出還政手書,大臣以白上,輒留之不出。上既康復無他,太后復降詔書還政,亦欲罷東殿垂簾。嘗一日取十餘事并以禀上,上裁決如流,悉皆允當。公退與同列相賀,因謂曾公亮等曰:「昭陵復土,琦即合求退,顧上體未平,遷延至今。上聽斷不倦如此,誠天下之大慶,琦當於簾前先白太后,請一鄉郡,須公等贊成之。」公亮等皆曰:「朝廷安可無公!公勿庸請也。」於是詣東殿覆奏,上所裁決十餘事，太后每事稱善。同列既退，琦獨留，遂白太后如向與公亮等言，太后曰：「相公安可求退，老身合居深宫，却每日在此，甚非得已，且容老身先退。」公即稱：「前代如馬、鄧之賢，不免貪戀權勢，今太后便能復辟，誠馬、鄧所不及。」因再拜稱賀，且言：「臺諫亦有章疏，乞太后還政，未審決取何日徹簾？」太后遽起，公即厲聲命儀鸞司徹簾，簾既落，猶在御屏後微見太后衣也。

英宗初爲皇子時，允弼最尊，屬心不平，且有語。及即位，國朝制度，嗣天子即位，先親王賀，次六軍，次見百官。公是時先獨召允弼入，稱：「先帝晏駕，皇子即位，大王當賀。」允弼曰：「皇子爲誰？」曰：「某人。」允弼謂：「豈有團練使爲天子者？何不立尊行？」公曰：「先帝有詔。」允弼曰：「焉用宰相。」遂循殿陛下，公叱下曰：「大王，人臣也，不得無禮！」左右甲士已至，遂賀，次召諸親王，見六軍、百官，中外晏然。《韓公琦言行録》。

英宗即位有疾，請光獻太后垂簾同聽政，有入内都知任守忠者，姦邪反復，間諜兩宫。時司馬温公知諫院，吕諫議爲御史，凡十數章請誅之。英宗雖悟，未施行，宰相韓魏公一日出空頭敕一道，參政歐陽公曰：「第書之，韓公必自有説。」魏公坐政事堂，以頭子勾任守忠者立庭下，數之曰：「汝罪當死，責蘄州團練副使，蘄州安置。」取空頭敕填之，差使臣即日押行，其意以謂少緩則中變矣。《聞見録》。

英宗初晏駕，急召上，未至，英宗復手動，曾公愕然，亟告韓魏公，欲止召太子，公拒之曰：「先帝復生，乃一太上皇。」愈促召上，其達權知變如此。

《韓魏公別録》云：吕申公固多不正以結上，然皆有説以勝人，人亦不能奪也。劉后服未除，而勸仁宗立曹后，希文進曰：「又教陛下做一不好事。」它日，申公語公曰：「此事外人不知，上春秋盛，郭后、尚美人皆以失寵廢，以色進者不可勝數，已幾於昏矣，不立后無以正之。」每事自有深意，多此類也。

祥符中，崇奉天書，設官置使典司其事，儀衛物采甚盛矣。真宗崩，比將葬，吕文靖公判禮儀院，建議納天書於方中，而官司儀衛皆罷，天慶、天祺、先天、降聖等節但存其名而已。凡公處事皆類此。

契丹寇河北，南至冀、貝，虜騎甚盛，州郡震動。天子北巡至澶州，虜騎已過魏府矣，上疑，不欲渡河，駐南澶州。準勸上北渡，以固士卒心，毋令虜得乘勝。上猶豫未決時，陳堯叟勸上避之蜀，王欽若勸上避之金陵，上以問準，準曰：「誰爲陛下畫此計者？」上曰：「顧所畫如何耳，毋問其名。」準曰：「臣姑欲知之，先斬此曹以令天下。且先帝建都垂五十年，天下財用兵甲聚於京師，宗廟社稷之所寄也，不幸有事，陛下當與臣等以死守之。今一旦棄去，非復陛下所有，若盜賊因緣而起，陛下當何歸乎？」上默然。準又勸上北渡，上猶未決，因起更衣，準亦下殿去。時高瓊爲殿前都指揮使，宿衛殿下，準謂瓊：

「事當奈何？太尉胡不一言？」瓊曰：「相公謀之廟堂，瓊何敢與知，然相公所以謂上何？」準曰：「今渡河則河北不勞力而定，不渡則敵日益熾，人心不敢自固，雖有智者，不能善其後矣！」瓊呼曰：「陛下聽寇準語，準所言是也。」上還問之，語良久，準即眣瓊以其兵先渡，又自牽馬奉上，上乃從之。既至澶州，上御城北門，將士望見黄屋，皆呼萬歲，聲震原野，勇氣百倍。準居上前，上盡以軍事委準，準因承制專決，號令明肅，士卒喜悦。虜數千騎乘勝薄城下，有詔吏士迎擊之，斬獲大半，虜乃引退，不敢復逼。會暮，上還宫，留準居城上。上使人視準自爲，曰：「準方飲酒歌笑。」上未嘗不釋然也。相持十餘日，契丹計索欲引去，始遣使請和。既有約矣，又率其衆詐欲填壕，會有飛矢射其統軍殺之，契丹大擾，其請和遂益堅。準不肯，虜使來益恭，上將許之，準欲邀使稱臣且獻幽州地，時上厭兵事，姑欲覊縻不絶而已。於是有譖準不願與敵平，幸有兵事以自取重，上亦不悦，準不得已乃許之。當時虜舉國來寇，入中國千餘里，其歸不十日不能出漢地，郡邑堅壁清野以待寇，虜人馬饑乏，百萬之衆可毋戰而死，虜窘如此，誠少抑緩之，契丹不敢不稱臣，幽州可必得也。又《遺事》曰：虜請和，上以問公，公曰：「如用臣策可數百年無事，不然，四五十年後，臣恐戎心又生矣。」上曰：「朕不忍生靈受困，不如且聽其和，四五十年後安知無能捍塞者乎？」戎遂得和。

真宗之次澶淵也，一日，語寇萊公曰：「今虜騎未退，而天雄軍截在賊後，萬一陷没，則河朔皆敵境也。何人可爲朕守魏？」萊公曰：「當此之際，無方略可展，古人有言，智將不如福將，臣觀參知政事王欽若福禄未艾，宜可爲守。」於是即時進殿出敕【八】，退召欽若，諭以上意，授敕俾行。欽若茫然自失，未及有言，公遽曰：「主上親征，非臣子辭難之日，參政爲國柄臣，當體此意。驛騎已集，仍放朝辭，便宜即塗，身乃安也。」遽酌大白飲之，命曰「上馬盃」。欽若驚懼，不敢辭。飲訖，拜別，公答曰：「參政勉之，回日即爲同列也。」欽若馳入魏，則虜騎充斥，無以爲計，但屯塞四門，終日危坐。越數日，敵騎退，乃召爲次相。或云王公數進疑辭於上前，故萊公因事出之，以成勝虜之績耳。

上在澶淵，遣王文正公旦還守東都。既至，直入禁中，下令甚嚴，使人不得傳播。後車駕自河北還，公宗人及子弟輩皆出迎於郊外，忽聞後有呵喝之聲，驚而視之，乃公也，其處事謹密如此。

交趾貢異獸謂之麟，司馬公言真僞不可知，使其真非自至不爲瑞，若僞爲遠夷笑，願厚賜而還之，因奏賦以諷。

蘇公頌嘗權樞密院，邊帥遣种朴入奏，得諜言，阿里庫已死，國人未知所立，蕃官趙純忠者信謹可任，願乘其未定，以勁兵數千擁純忠入其國立之。衆議欲如其請，公獨曰：「不可。越境而入其國，使彼拒而不受，得無損朝廷威重乎？徐觀其變，竢其定而撫輯之未晚也。」已而邊奏至，阿里庫固無恙。

【八】進殿出敕　「殿」原作「熟」，明嘉靖本同，據《宋名臣言行録》前集卷四同條改。

趙德明言民饑，求糧百萬斛，大臣皆曰：「德明新納誓而敢違，請以詔書責之。」真宗以問王文正公，公請勅有司具粟百萬於京師，詔德明來取，真宗大喜。德明得詔書，慙且拜曰：「朝廷有人。」

契丹奏請歲給外別假錢幣，上以示王文正公，公曰：「東封甚近，車駕將出，以此探朝廷之意耳。」上曰：「何以答之？」公曰：「止當以微物而輕之也。」乃於歲給三十萬物内各借三萬，仍諭次年額内除之，契丹得之大慙。次年復下有司，契丹所借金帛六萬，事屬微末，仰依常數與之，今後永不爲例。

范文正公知延州，元昊遣人遺書以求和，仲淹以謂無事請和難信，且書有僭號，不可以聞，乃自爲書告，以逆順成敗之説甚辯，元昊復書語極悖慢，仲淹具奏其狀，焚其書不以聞。朝廷命仲淹分析，仲淹奏：「臣始聞敵有悔過之意，故以書誘諭之。會任福敗，敵勢益振，故復書悖慢。臣以爲使朝廷見之而不能討，則辱在朝廷，乃對官屬焚之，使若朝廷初不知者，則辱專在臣矣，故不敢以聞也。」奏上，兩府共進呈，宋庠遽曰：「范仲淹可斬！」杜衍時爲樞密副使，曰：「仲淹之志出於忠，果欲爲朝廷招叛虜耳，何可深罪？」爭之甚力，上顧問吕夷簡何如，夷簡曰：「杜衍之言是也，止可薄責而已。」乃降一官知耀州。

契丹遣使借兵伐高麗，明肅欲與之，文靖公堅執不可。后云：「適已微許其使矣，不與恐生怨，奈何？」公曰：「但以臣不肯拒之。」既而后語其使曰：「意非不欲應，但呂相公堅不可耳。」使人無語而去。

皇祐末，契丹使請觀太廟樂，仁宗以問宰相，對曰：「恐非祠享，不可習也。」樞密副使孫威敏公沔曰：「當以禮折之，請謂使者曰，廟樂之作皆本朝所以歌詠祖宗功德也，豈他國可用耶？使人如能留助吾祭，乃可以觀之。」仁宗從其議，使者不敢復請。

景德中，朝廷始與北朝通好，詔遣使，將以北朝呼之，王沂公以爲太重，請止稱契丹本號可也，真宗激賞再三，朝論韙之。

北使烏林阿天錫來賀慶節，見紫宸殿，既跪，進其主書，因跪不起，要我以故事所無之禮，左右失色，虞公允文請駕興。上入内，天錫色沮，公遣閤門傳宰相之令云：「使人奸禮，有詔放仗。」使介還館，更相譙責，乃因儐者懇祈詰朝再見上壽，遂極恭順，朝論稱快。公下其事于邊郡，令檄虜中，天錫歸，果獲罪。

高宗上僊，朝廷欲用顯仁例，遣三使如虜中，周益公固執不可，謂今者事體不同，不當畏人而曲徇。金國賀生辰使人到闕，上在喪次，議欲宣諭俾歸，公奏：「賀禮固不可行，但彼遠來，止是館伴發遣，朝廷更無一辭，於理未安。」遂口占數語，令使者歸附奏，中外咸謂得體。

善處事下

曹武穆公瑋在秦州，有士卒十餘人叛赴虜中，軍吏來告，瑋方與客奕棋，不應，軍吏亟言之，瑋怒叱之曰：「吾固遣之去，汝再三顯言邪？」敵聞之，亟歸告其將，盡殺之。

王武恭公德用知定州，是時契丹主在燕京，朝廷發兵屯定州者幾六萬人，皆寓居逆旅及民家，闤塞城市，未嘗有一人敢喧呼暴横者，將校相戒曰：「吾輩各當務斂士卒，勿令擾我菩薩。」一旦倉中給軍糧，軍士以所給米黑諠譁紛擾，監官懼，逃匿，有四卒以黑米見，德用曰：「汝從我，當自入倉視之。」乃往召專副問曰：「昨日我不令汝給二分黑米，八分白米乎？」曰：「然。」「然則汝何不先給白米後給黑米？此輩見所得米腐黑，以爲所給盡如是，故諠耳。」專副對曰：「然。某之罪也。」德用叱從者杖專副人二十，又呼四卒謂曰：「黑米亦公家物，不給與汝曹，當棄之乎？汝何敢乃爾讙譁？」四卒相顧曰：「向者不知有八分白米故耳。某等死罪。」德用又叱從者亦人杖二十，召指揮使罵曰：「衙官汝何不戢士使如此？欲求決配乎？」指揮使百拜流汗，乃捨之，倉中肅然。

張乖崖守蜀，兵火之餘，人懷反側。一日，合軍旅大閱，始出，衆遂嵩呼者三，乖崖亦下馬，東北望而三呼，復攬轡行，衆不敢讙。或以此事告韓魏公，公曰：「當是時，琦亦不敢措置。」

文潞公知益州，喜遊宴。嘗宴鈐轄廨舍，夜久不罷，從卒輒拆馬廐爲之薪，不可禁遏。

軍校白之，座客股栗，公曰：「天寶寒，可拆與之。」神色自若，飲如故，卒氣沮，無以爲變。

王文忠公堯臣使還，行至涇州，而德勝寨兵迫其將姚貴閉城叛，公止道左，解裝爲牓，射城中以招貴，且發近兵討之。初，吏白曰：「公奉使且還，歸報天子爾，貴叛非公事也。」公曰：「貴土豪也，頗得士心，然初非叛者，今不乘其未定速招降，後必生事爲朝廷患。」貴果出降。

主帥帳下寵卒恃勢嚇民，暴取財物，民有訴者，其人縋城夜遯。張忠定公差衙校往捕之，戒曰：「爾生擒得處，則渾衣撲入井中，作逃走投井申來。」是時羣黨恟恟，知其已投井，故無它議，又免與主帥有不協名。《語録》。

郡嘗有盜竊發而未獲，安撫、轉運司憂之，遣三班使臣領悍卒數十人入境捕之。卒凶暴恣行，以禁物誣民，入其家爭鬬，至殺人，畏罪驚散，欲爲亂民。訴之蘇文忠公，投其書不視，曰：「必不至此。」潰卒聞之少安，徐使人招出戮之。墓誌。

薛簡肅公奎在成都，一日置酒大東門外，城中有戍卒作亂，既而就擒，都監往白公，公指揮只於擒獲處令人斬却【九】，民間以爲神斷。不然妄相攀引，旬月間未能了得，又安其徒黨反側之心也。

薛簡肅公奎帥蜀，民有得僞蜀時中書印者，夜以錦囊掛之西門。門者以白，蜀人隨之者萬計，皆恟恟出異語，且觀公所爲。公顧主吏藏之，略不取視，民乃止。

【九】令人斬却　「斬」原作「喫」，明嘉靖本同，據《東齋記事》卷四同條改。

王文康公、薛簡肅公俱嘗鎮蜀，而皆有名。章獻時同執政，一日，奏事已，因語蜀事，文康曰：「臣在蜀時有告戍卒反，乃執而斬之於營門，遂無事。」簡肅曰：「臣在蜀時亦有告戍卒反者，叱出之，亦無事。」

張徐公耆任馬軍都帥，被旨選兵，下令大峻，兵懼而欲爲變者。密以聞，上召二府議之，曰：「若罪張耆，今後帥臣何以御衆？捕之，則都邑之下或至驚擾，尤爲不可。」上曰：「朕亦此思之。」王公旦曰：「累奉德音欲任張耆在樞密府，臣以未苦歷事。今若擢用，使解兵柄，謀者自安矣。」乃進耆爲樞密副使，諸帥遞遷，謀者果定。上語輔臣曰：「王某善鎮大事，真宰相也。」

溪洞蠻彭仕羲納其子師寶之妻，師寶與子投辰州告之，且言將謀叛。轉運使李肅之等遂領兵討之，自是入寇不已。仕羲方乞復通貢奉，却欲得投來子孫。二府合議，宰相文彦博呼吏擬奏許之，韓魏公曰：「二子既還，則爲魚肉矣。他日朝廷何以來蠻夷也？」遂議遣殿中丞雷簡夫往議之，先約勿殺師寶，俾知龍賜州，然後許降。仕羲乃聽命納款，荊湖之間遂無事。家傳。

馬少保亮以王均反，爲西川轉運使，賊平，主將尚誅殺不已，亮救全者千餘人。明年召問蜀事，會械送爲賊所詿誤者八十九人至京師，知樞密院事周瑩欲盡誅之，亮言：「愚民脅從者衆，此特百之一二爾，餘皆竄伏山林，若不貸之，恐遠人危懼，重招朝廷憂。」帝從之。

五年，成都以戍卒爲憂，朝廷擇遣大臣爲蜀人所愛信者，皆莫如趙清獻公，遂以大學士知成都，然意公必辭。及見，上曰：「近歲無自政府復往者，卿能爲我行乎？」公曰：「陛下有言即法也，顧豈有例哉？」上大喜，公乞以便宜行事，即日辭。至蜀，默爲經畧，而燕勞閒暇如他日，兵民晏然。一日，坐堂上，有卒長在堂下，公好諭之曰：「吾與汝年相若也，吾以一身入蜀，爲天子撫一方。汝亦宜清慎畏戢以帥衆，比戍還得餘貲，擕歸爲室家計可也。」人知公有善意，轉相告語，莫敢復爲非者。神道碑。

薛長孺爲漢州通判，戍卒閉營門放火殺人，謀殺知州。兵馬監押有來告者，知州、監押皆不敢出。長孺挺身叩營，諭之曰：「汝輩皆有父母妻子，何故作此事？然不與謀者各在一邊。」於是不敢動，惟本謀者八人突門而出，散於諸縣村野，捕獲。是時非長孺則一城之人盡遭塗炭矣。鈐轄司不敢以聞，遂不及賞。長孺簡肅公之姪，質厚人也，臨事敢決如此。《東齋記事》。

神宗在藩邸聞蘇公頌名，及即位，公適送伴契丹使。次恩州，驛夜火，左右請與北使出避，州兵叩門欲入捄，公不爲動，閉門堅卧如常，徐使守衛卒撲滅之。是夕州人譁言敵有變，捄兵亦欲乘間生事，至聞京師。使還，上問公所以處之者，稱善久之，益知公可用。

景祐末，西鄙用兵，大將劉平死之。議者以朝廷委宦者監軍【一〇】，主帥節制有不得

【一〇】委宦者監軍　「宦」原作「官」，據《事實類苑》卷九及《澠水燕談録》卷二改。

專者，故平失利，詔誅監軍黄德和。或請罷諸帥監軍，仁宗以問宰臣吕文靖公，公曰：「不必罷，但擇謹厚者爲之。」仁宗委公擇之，對曰：「臣待罪宰相，不當與中貴私交，何由知其賢否？願詔都知押班保舉，有不稱職者與同罪。」仁宗從之，翊日都知叩頭乞罷諸監軍宦官，士大夫嘉公之有謀。

王則據貝州反【一一】，齊州禁兵欲屠城應之。或詣富韓公弼告，公以齊非所部，恐事泄變生。時中貴人張從訓銜命至青，公度從訓可使，即以事付從訓，使馳至郡，發吏卒取之，無得脱者。且自劾擅遣中使罪。仁宗嘉之。

康定間，元昊寇邊，韓魏公領四路招討駐延安，忽夜有人攜匕首至卧内，遽褰幃帳。魏公起坐問誰何，曰：「某來殺諫議。」又問曰：「誰遣汝來？」曰：「張相公遣某來。」蓋是時張元夏國正用事也。魏公復就枕曰：「汝攜予首去。」其人曰：「某不忍，願得諫議金帶足矣。」遂取帶而出，明日魏公亦不治此事。俄有守陴卒報城櫓上得金帶者，乃納之。時范純祐亦在延安，謂魏公曰：「不治此事爲得體，蓋行之則沮國威，今乃受其帶，是墮賊計中矣。」魏公握其手，再三嘆服，曰：「非琦所及。」

有刺客至張魏公帳前，公顧左右已睡，問：「爾欲何如？」對曰：「某粗讀書，知逆順，豈爲賊用。況侍郎忠節，安忍相害，但見爲備不嚴，恐後有來者。」公下執其手問姓名，曰：「言之是邀後利，某河北人，母在，今徑歸矣。」逡翌日取郡獄死囚斬以徇，曰此刺

【一一】王則據貝州反　「王」原作「正」，據《東都事略》卷六十八改。

客也，後亦無他。

蜀之妖人有自號李冰神子者，署官屬吏，卒聚徒百餘人，程文簡公命捕寘之法。而讒之朝者言公妄殺人，蜀人恐且亂矣。上遣中貴人馳視之，使者入其境，居人行旅爭道公善，且曰：「殺一人，可使蜀數十年無事。」使者問其故，對曰：「前亂蜀者非有知謀豪傑之才，乃里閭無賴小人，惟不制其始，遂至於亂耳。」使者還奏其語，於是上益以公爲能。墓誌。

吴正肅公知蔡州，蔡故多盗，公按令爲民立伍保而簡其法，民便安之，盗賊爲息。京師有告妖賊聚確山者，上遣中貴人馳至蔡，以名捕者十人，使者欲得兵自往取之。公曰：「使者欲藉兵立威？欲得妖人以還報也？」使者曰：「欲得妖人爾。」公曰：「吾在此，雖不敏，然聚千人于境内，安得不知？使信有之，今以兵往，是趣其爲亂也。此不過鄉人相聚爲佛事以利錢財爾，一弓手召之可致也。」乃館使者日與之飲酒，而密遣人召十人者，皆至，送京師。告者果伏辜。墓誌。

仁宗朝李都尉喜延士大夫，盡聲色之樂，一時館閣清流無不往者。韓魏公於其間最年少，獨未嘗造焉，李數召而公數以事辭，人有强之者，公曰：「固欲往，但未有名耳。」公處之不失和，李莫能致怨，同時諸公亦不以爲介也。

石守道作《慶曆聖德》詩，忠邪太明白。韓魏公與范公適自陝西來朝，道中得之，范公拊股謂公曰：「爲此怪鬼輩壞了也。」公曰：「天下事不可如此，如此必壞。」

伊川嘗言，荆公行新法之初，亦未甚必然自是，天祺輩爭之，大力以激成之。吾輩當分其罪可也。《程氏遺書》。

陳忠肅公嘗爲別試所主文，林自謂蔡卞曰：「聞陳瓘欲盡取史學，而黜通經之士，意欲沮壞國是，而動摇荆公之學也。」卞既積怒，謀將因此害公，而遂禁絶史學，計畫已定，唯候公所取士，求疵立説而行之。公固預料其如此，乃於前五名悉取談經及純用王氏之學者，卞無以發，然五名之下往往皆博洽稽古之士也。公嘗曰：「當時若無矯揉，則勢必相激，史學往往遂廢矣。故隨時所以救時，不必取快目前也。」遺事。

《元城先生語録》云：「東坡下御史獄，張安道致仕在南京，上書救之，欲附南京遞，府官不敢受，乃令其子恕至登聞鼓院投進，恕徘徊不敢投。久之，東坡出獄，其後東坡見其副本，因吐舌色動久之，人問其故，東坡不答。其後子由亦見之，云：『宜吾兄之吐舌也，此事正得張恕力。』或問其故，子由曰：『獨不見鄭昌之救蓋寬饒乎？其疏有云：『上無許史之屬，下無金張之托。』此語正是激宣帝之怒爾，且寬饒正以犯許史輩有此禍，今乃再訐之，是益其怒也。且東坡何罪，獨以名太高，與朝廷爭勝耳。今安道之疏乃云：『其實天下之奇材也』，獨不激人主之怒乎？」僕曰：「然則是時救東坡者，宜爲何説？」先生曰：「但言本朝未嘗殺士大夫，今乃開端，則是殺士大夫自陛下始，而後世子孫因而殺賢士大夫，必援陛下以爲例。神宗好名而畏義，疑可以此止之。」

劉豫揭榜山東，妄言御藥馮益遣人收買飛鴿，因有不遜之語。知泗州劉綱繳奏僞榜，趙鼎與張浚進呈，浚奏曰：「乞斬益以釋謗。」上不應，又曰：「不然，乞遠竄去。」上未允間，鼎繼奏曰：「馮益之罪事實曖昧，然疑似間有關國體，若朝廷略不加罰，外議必謂陛下實嘗遣之，有累聖德。不若暫解其職，姑與外祠，以釋衆惑。」上欣然出之浙東。浚怒鼎不主己意，鼎曰：「自古欲去小人者，急之則黨合而禍大，緩之則彼自相擠。昔袁紹、李訓必欲盡誅宦者，基亂漢、唐，其事可鑒。今益罪雖誅不足以快天下，然羣閹恐人君手滑，必力爭以薄其罪，不若謫而遠之，既不傷上之意，彼但見奪職謫輕，必不致力營救，又幸其去位，必以次規進。安肯容其入耶？若力排之，此輩側目吾人，其黨愈固而不可破矣。」浚歎服其言。

王欽若、陳堯叟、馬知節同在樞府，一日上前因事忿爭，上召王文正公。公至，則見欽若諠譁不已，馬公流涕曰：「願與王欽若同下御史府。」公乃叱欽若曰：「王欽若對上豈得如此，下去！」上大怒，乃命下獄，公從容曰：「欽若等恃陛下顧厚，上煩陛下訶譴，當行朝典，然觀陛下天顔不怡，願且還内，來日取旨。」上許之。翌日，上召公問：「欽若等事當如何？」公曰：「欽若等當黜，然未知坐以何罪？」上曰：「朕前忿爭無禮。」公曰：「陛下奄有天下，而使大臣坐忿爭無禮之罪，恐夷狄聞之無以威遠。」上曰：「卿意如何？」公曰：「願至中書，召欽若等，宣示陛下含容之意，且戒約之，俟少間罷之未晚。」上曰：「非卿之言，朕固難忍。」後月餘，欽若等皆罷。

寇忠愍公知永興軍，府有姦民，吏不能制，寇公摘其罪竄湖外。過京師上變，自訴且告寇公有異謀，吕文靖惡姦人得志，傷信任之體，請加重刑益遠竄，報可。公不欲外聞以恩自歸，戒吏不得泄語，外卒無知者。行狀。

王欽若爲亳州判官，監會亭倉，天久雨，倉司以米濕不爲受納。民自遠方來輸租者，食米且盡不能得輸。欽若悉命輸之倉，奏請不拘年次，先支濕米，不至朽敗。奏至，太宗大喜，手詔答許之。因識其名，任滿入見，擢爲朝官。

明道先生攝邑，盛夏塘堤大決，法當言之府，府禀於漕，然後計工調役，非月餘不能興作。先生曰：「如是苗槁矣，民將何食？救民獲罪，所不辭也。」遂發民塞之，歲則大熟。

東坡自密徙徐，是歲河決曹村，泛于梁山泊，溢于南清河，城南兩山環繞，吕梁百步扼之，匯于城下，漲不時洩，城將敗。富民爭出避水，東坡曰：「富民若出，民心動摇，吾誰與守？吾在，是水決不能敗城。」驅使復入，公履屨杖策親入武衞營，呼其卒長謂之曰：「河將害城，事急矣！雖禁軍宜爲我盡力。」卒長呼曰：「太守猶不避塗潦，吾儕小人効命之秋也。」執梃入火伍中，率其徒短衣徒跣，持畚鍤以出築于南長堤，首起戲馬臺，尾屬於城。堤成，水至堤下，害不及城，民心乃安。然雨日夜不止，河勢益暴，城不沉者三板。

公廬於城上，過家不入，使官吏分堵而守，卒完城以聞。復請調來歲夫增築故城，爲木岸，以虞水之再至，朝廷從之。訖事，詔褒之，徐人至今思焉。墓誌。

張忠定公詠復知成都，時關中率民負糧以餉川師，道路不絶。公至府，問城中所屯兵尚三萬人，而無半月之食。公訪知鹽價素高，而廩有餘積，乃下其估聽民得以米易鹽，於是民爭趨之，未踰月得米數十萬斛。軍中喜而呼曰：「前所給米皆雜糠土，不可食，今一一精好，此翁真善幹國事者。」

張詠守蜀，季春糶廩米，其價比時估三之一，以濟貧民。凡十户爲一保，一家犯罪，一保皆坐不得糴，民以此少敢犯法。

張詠知益州，時有僧行止不明，有司執以白公，公判其牒曰：「勘殺人賊。」既而案問，果一民也，與僧同行，道中殺僧，取其祠部戒牒、三衣，自披剃爲僧【一二】。寮屬問公何以知之，公曰：「吾見其額上猶有繫巾痕也。」

時民間訛言，云有白頭老翁，午後食人男女，郡縣譊譊，至暮路無行人。公召犀浦知縣謂曰：「近訛言惑衆，汝歸縣，去訪市肆中歸明人尚爲鄉里患者，必大言其事，但立證解來。」明日果得之，送上州，公戮于市，即日帖然，夜市如故。公曰：「妖訛之興，沴氣乘之，妖則有形，訛則有聲。止訛之術，在乎識斷，不在乎厭勝。」

張忠定公令崇陽，民以茶爲業，公曰：「茶利厚，官將榷之，不若早自異也。」命拔茶

【一二】自披剃爲僧　原脱「爲」字，據《涑水記聞》卷七及《宋名臣言行録》前集卷三補。

而植桑，民以爲苦，其後榷茶，他縣皆失業，而崇陽之桑皆已成，其爲絹而北者歲百萬匹，其富至今。始令下，唯通城一鄉不變，其後別自爲縣，民亦貧至今也。

張忠定公採訪民間，事無遠近悉得其實，蓋不以耳目專委於人。公曰：「彼有好惡，亂我聰明，但各於其黨詢之再詢，則事無不審矣。」李畋問其旨，公曰：「詢君子得君子，詢小人得小人，各就其黨詢之，雖事有隱匿者，亦十得八九矣。」

文潞公在成都，米價騰貴，因就諸城門相近院凡十八處減價糶賣，仍不限其數，張榜通衢，翌日米價遂減。前此或限升斗以糶，或抑市井價直，適足以增其氣焰，而終不能平其價。大抵臨事當須有術也。

文彦博知永興軍。起居舍人毋湜，鄠人也。至和中湜上言陝西鐵錢不便於民，乞一切廢之。朝廷雖不從，其鄉人多知之，爭以鐵錢買物，賣者不肯受，長安爲之亂，民多閉肆。僚屬請禁之，彦博曰：「如此是愈使惑擾也。」乃召絲絹行人出其家縑帛數百疋，使賣之，曰：「納其直盡以鐵錢，勿以銅錢也。」於是衆知鐵錢不廢，市肆復安。

包孝肅公拯知天長縣，有訴盜割牛舌者，公使歸屠其牛鬻之。既而有告私殺牛者，公曰：「何爲割某家牛舌，而又告之。」盜者驚伏。

陳述古密直知建州浦城縣日，有人失物，捕得，莫知的爲盜者，述古乃紿之曰：「某廟有一鐘，能辨盜，至靈。」使人迎置後閤祠之，引羣囚立鐘前，自陳不爲盜者摸之則無聲，爲盜者摸之則有聲。述古自率同職禱鍾甚肅，祭訖，以帷圍之，乃陰使人以墨塗。良久，引囚逐一令引手入帷摸之，出乃驗其手皆有墨，惟有一囚無墨，訊之，遂爲盜，蓋恐鐘有聲，不敢摸也。

李侍郎若谷守并門，民有訟叔不認其爲姪者，欲併其財，累政不能直。李令民還家毆其叔，民辭以不敢，李固强之，民如公言。果訟其姪，因而正其罪分其財。

許元初爲發運判官，患官舟多虚破釘鞠之數，蓋陷於木中，不可稱盤，故得以爲姦。一日，元至船場，命拽新造之舟縱火焚之，火過，取其釘鞠秤之，比所破財十分之一，自是立爲定額。

劉器之嘗謂予言，當官處事須權輕重，務合道理，毋使偏重可也，夫是之謂中。因言元祐間嘗謁見馮當世宣徽，當世言，熙寧初與陳暘叔、吕寶臣同任樞密，暘叔聰明少比，遇事之來，迎刃而解；而吕寶臣尤善秤停事，每事之來，必秤停輕重，令得所而後已也，事經寶臣處者，人情事理無不允當。器之因極言「秤停」二字，最吾輩當今所宜致力，二字不可不詳思熟講也。寶臣即惠穆公也。

韓魏公嘗謂，處事不可有心，有心則不自然，不自然則擾。太原土風喜射，故民間有弓箭社，公在太原不禁亦不驅，故人情自得，亦可寓武備於其間。後宋相繼政，頗着心處之，下令籍爲部伍，仍須用角弓，太原人貧，素只用木弓，自此有賣牛置弓者，人始騷然矣。

此蓋出於有心也。

韓魏公言，在政府時，極有難處事，蓋天下事無有盡如意，須索包摠，不然，不可一日處矣。

韓魏公待罪中書，時事有不當然者，必堅立不動，反覆論列，須正而後退，不敢取次便放過。

或問：「張無垢倉卒中、患難中處事不亂，是其才耶？抑其識耶？」先生曰：「未必才識了得，必其胸中器局不凡，素有定力，不然恐胸中先亂，何以臨事？古人平日欲涵養器局者，此也。」又問：「處事當如何？」先生曰：「速不如思，便不如當，用意不如平心。」又問：「當官臨事如何？」先生曰：「切戒躁急，躁急則先自處不暇，何暇治事？加以猾吏姦民，窺伺機便，以成其利，非特害人，於己甚害。」

《吕氏童蒙訓》云：「當官者先以暴怒爲戒，事有不可，當詳處之，必無不中。若先暴怒，只能自害，豈能害人？」前輩嘗言，凡事只怕待，待者詳處之謂也。又云：「當官處事，但務着實，如塗擦文字、追改日月、重易押字，萬一敗露，得罪反重，亦非所以養誠心事君不欺之道也。」

當官處事，務合人情，忠恕違道不遠，未有捨此二字而能有濟者。前輩當官處事，常思有恩以及人，而以方便爲上，如差科之行，既不能免，即就其間求所以便民省力者，不使搔擾重爲民害，其益多矣。谷志古《清修集》。

延州民二十人詣闕告急，上召問，具得諸敗亡狀。執政惡之，命遠郡禁民擅赴闕者，富韓公言：「此非陛下意，宰相惡上知四方有敗耳。民有急不得訴之朝，則西走元昊，北走契丹矣。」【一三】

使命

蘇公頌充北朝生辰國信使，在敵中遇冬至，本朝曆先北朝一日，北人問公孰是，公曰：「曆家筭術小異，遲速不同，謂如亥時節氣當交，則猶是今夕，若踰數刻，即屬子時，爲明日矣。或先或後，各從本朝之曆可也。」北人深以爲然，遂各以其日爲節慶賀。使還奏之，上喜曰：「朕思之，此最難處，卿之所對極中事理。」因問虜中山川形勢、人情向背，公曰：「虜講和日久，頗用中國典章禮義，以維持其政令，上下相安，未有離貳之意者，未可圖也。」

治平中夏國泛使至，將以十事聞，朝廷未知其何事也。時太常少卿祝諮主館伴，既受命，先見樞府，已而見丞相，韓魏公曰：「樞密何語？」曰：「樞府云，若使人議及十事，第云受命館伴，不敢輒及邊事。」公笑曰：「豈有止主飲食而不及他語耶？」公乃徐料十事，以授祝曰，彼及某事則以某辭對，辯某事則以某辭折，祝唯唯而退。及宴使，果及十事，凡八事正中公所料，祝如教答之，夏人聳伏。

【一三】此條原無，據明嘉靖本補。

孫和甫奉使北朝，過魏，請教于韓魏公，公曰：「勿以爲契丹而鄙薄之，甚善。」

富文忠公以僞牒事覺，必欲得堂吏，執政不悦，薦公使契丹，欲因事罪之。歐陽修上書，引顔真卿使李希烈事留公，不報。使還，除吏部郎中、樞密直學士，懇辭不受。始受命聞一女卒，再受命聞一男生，皆不顧而行，得家書不發而焚之，曰：「徒亂人意。」

余公靖慶曆三年以右正言奉使契丹，入辭，書所奏事于笏，各用一字爲目。上顧見之，問其所書者何，靖以實對。上指其字一一問之，盡而後已，上之聽納不倦如此。

王公巖叟館伴大遼賀正旦使，使者耶律寬求觀元會儀，公曰：「此非使者所宜知。」止録笏記與之，寬不敢求。

吴奎奉使契丹，虜中羣臣爲其主加稱號，謁公使入賀。公自以使事有職，賀無預也，不爲往。虜主畏其守義，甚重之。及還，中路與邊使遇。北人衣服以金冠爲重，而紗冠次之，其與漢使接，衣服重輕皆有以相當。至是虜人紗冠邀漢使盛服，公不許，亦殺其禮。坐是一事，出知壽州。

劉敞奉使契丹，公素知虜山川道里，虜人道自古北口回曲千餘里至柳河。公問曰：「自松亭趍柳河甚直而近，不數日可至中京，何不道彼而道此？」蓋虜人常故迂其路，欲以國地險遠誇使者。且謂莫習其山川，不虞公之問也，相與驚顧羞媿，即吐其實曰：「誠如公言。」時順州山中有異獸，如馬而食虎豹，虜人不識，以問公，曰：「此所謂駮也。」爲言其形狀聲音皆是，虜人益歎服。

契丹自晉天福以來踐有幽薊，北鄙之警略無寧歲，凡六十有九年。至景德元年舉國來寇，真宗用寇準計親征澶淵，射殺其驕將順國王達蘭，虜懼遂請和。時諸將皆請以兵會界河上，邀其歸，徐以精兵躡其後殲之，虜懼，求哀於上，遂詔諸將按兵縱虜歸，虜自是通好守約，不復盜邊者三十有九年。及元昊叛，兵久不決，契丹之臣有貪而喜功者，以我爲怯且厭兵，遂教其主設詞以動我，欲得晉高祖所與關南十縣。慶曆二年，聚重兵境上，遣其臣蕭英、劉六符來聘。仁宗命宰相擇報聘者，時虜情不可測，羣臣皆不敢行，宰相以富弼名聞，乃以公接伴。英等入境，上遣中使勞之，英托足疾不拜，公曰：「吾嘗使北，病卧車中，聞命輒拜。今中使至而公不起見【一四】，何禮也？」英矍然起拜。公開懷與語，不以夷狄待之，英等遂去左右，密以其主所欲得者告公，且曰：「可從從之，不可從更以一事塞之。」公具以聞，上命御史中丞賈昌朝館伴，不許割地而許增幣，且命報聘見虜主。虜主曰：「南朝違約，塞鴈門，增塘水，治城隍，籍民兵，此何意也？羣臣請舉兵而南，寡人以謂不若遣使求地，求而不獲，舉兵未晚。」公曰：「北朝忘章聖皇帝之大德乎？澶淵之役，若從諸將言，北兵無得脱者。且北朝與中國好，則人主專其利，而臣下無所獲，若用兵，則利歸臣下，而人主任其禍，故北朝諸臣爭勸用兵者，此皆其身謀，非國計也。」虜主驚曰：「何謂也？」公曰：「晉高祖欺天叛君，而求助於北，末帝昏亂，神人棄之，是時中

【一四】今中使至而公不起見　「今」原作「令」，據明嘉靖本及《東坡全集》卷八十七改。

國狹小，上下離叛，故契丹全師獨克，雖虜獲金帛，充牣諸臣之家，而壯士、健馬物故大半，此誰任其禍者？今中國提封萬里，所在精兵以百萬計，法令修明，上下一心，北朝欲用兵，能保其必勝乎？」曰：「不能。」公曰：「就使勝，所亡士馬，羣臣當之歟？亦人主當之歟？若通好不絶，歲幣盡歸人主，臣下所得，止奉使者歲一二人耳，羣臣何利焉？」虜主大悟，首肯久之。公又曰：「塞鴈門者，以備元昊也。塘水始於何承矩，事在通好前，地卑水聚，勢不得不增。城隍皆修舊，民兵亦舊籍，特補其闕耳，非違約也。晉高祖以盧龍一道賂契丹，周世宗復伐取關南，皆異代事，宋興已九十年，若各欲求異代故地，豈北朝之利也哉！本朝皇帝之命使臣，則有詞矣，曰：『朕爲祖宗守國，必不敢以其地與人，北朝所欲，不過利其租賦耳，朕不欲以地故多殺兩朝赤子，故屈己增幣以代賦入。若北朝必欲得地，是志在敗盟，假此爲詞耳，朕亦安得獨避用兵乎？澶淵之盟，天地鬼神實臨之，今北朝首發兵端，過不在朕，天地鬼神豈可欺也哉！』」虜大感悟，遂欲求婚，公曰：「婚姻易以生隙，人命修短不可知，不若歲幣之堅久也。本朝長公主出降，齎送不過十萬緡，豈若歲幣無窮之獲哉？」虜主曰：「卿且歸矣，再來當擇一受之，卿其遂以誓書來。」公歸，復命再聘，受書及口傳之詞于政府。既行，次樂壽，謂其副曰：「吾爲使者，而不見國書，萬一書詞與口傳者異，則吾事敗矣。」發書視之，果不同，乃馳還都，以晡入見，宿直學士院，一夕易書而行。既至，虜不復求婚，專欲增幣，曰：「南朝遺我書，當曰獻，否則曰納。」公爭不可，虜主曰：「南朝既懼我，何惜此二字？若我擁兵而南，得無悔乎？」公曰：「本朝皇帝兼愛南北之民，不忍使蹈鋒鏑，故屈己增幣，何名爲懼哉？若不得已，而至於用兵，則南北敵國當以曲直爲勝負，非使臣之所憂也。」虜主曰：「卿勿固執，古亦有之。」公曰：「自古惟唐高祖借兵於突厥，故臣事之，當時所遺或稱獻納則不可知，其後頡利爲太宗所擒，豈復有此禮哉？」公聲色俱厲，虜知不可奪曰：「吾當自遣人議之。」於是留所許增幣誓書，復使耶律仁先及六符以其國書來，且求爲獻納。公奏曰：「臣既以死拒之，虜氣折矣，可勿許，虜無能爲之。」上從之，增幣二十萬，而契丹平。契丹君臣【一五】至今誦其語，守其約不忍敗者，以其心曉然，知通好用兵利害之所在也。《温公日録》云：「公力爭獻納二字，及還，而晏公已稱納矣。」《聞見録》云：「富公再使，以國書與口傳之詞不同，馳還奏曰：『政府故爲此，欲置臣於死，臣死不足惜，奈國事何？』仁宗召宰相呂夷簡面問之，夷簡從容袖其書曰：『恐是誤，當令改定。』富公益辯論不平，仁宗問樞密使晏殊如何，殊曰：『夷簡決不肯爲此，真恐誤耳。』富公怒曰：『晏殊姦邪，黨呂夷簡，以欺陛下。』富公，晏公之壻也，其忠直如此。」

虜兵退求和親，命曹利用與之約。時契丹已疲，又懼鎮定大兵扼其歸路，見利用至，甚喜，寢以珠緣貂褥。虜主求割河北，利用曰：「如此，臣得族罪矣，不敢以聞。」許歲給金繒二十萬，虜嫌其少，利用復還奏之，上曰：「百萬以下皆可許也。」利用出，寇準召利用至幄次，語之曰：「雖有勑旨，汝往所許無得過三十萬，過三十萬勿來見準，準將斬

【一五】契丹君臣　「契丹」下原衍「平」字，據明嘉靖本及《東坡全集》卷八十七刪。

汝。」利用股栗，再至虜帳，果以三十萬成約而還。

孔中丞道輔使契丹，契丹燕使者，優人以文宣王爲戲，公艴然徑出，虜使主客者邀還坐，且令謝，公正色曰：「中國與北朝通好，以禮文相接，今俳優之徒侮慢先聖而不之禁，北朝之過也，道輔何謝！」虜君臣默然。

宣和間，周憲之使邊，到虜營見其酋長諸貴人議事，敵恃彊背約，曰：「燕山一道，全用大金兵力取到，除却平、灤等三州，每歲自出租税六百萬緡，若南宋於歲賂外更增得此數，乃可商量。」公言：「本朝與貴國元約云何？今何故輒生此議？况重賦暴斂，乃契丹亡國之法，何足稽也。某受命而來，除許增二十萬銀絹之外，一疋一兩不敢專輒。」虜大怒曰：「此事上面商量已定，使人乃如此爭，不知待望歸也無？」公答曰：「持節出疆，以死報國，分也。若失辭而歸，將何面目以見主上？」虜拂袖而起，遂遣介胄者數十起坐隨公，凡十有三日，聲言拘留，實欲脅公俾許所欲。公愈不爲之屈，談笑如常，時與同行圍碁爲樂。虜日遣親信數輩覘公，知其終不可奪，因改館，遣其酋領來見公訊之，曰：「貴國用兵以來，雖號百戰百勝，然今深入燕地，西有天祚，北有四軍，東有張覺，而本朝大兵又在其南，盍思早爲定計？今行人見留，大事未成，以某觀之，恐非萬全也。」虜無以應，但憑公再請於朝廷。公回至雄州，童貫、蔡攸懼公見上發其誕謾，堅留公，惟令馳驛具奏，取朝廷指揮而已。公因上疏，歷言金國驕悍貪詐，前後皆違元約之事，本朝初用謀臣言，輕與通使，實未爲得計，但累年聘問，理難一旦拒絶。今請求無厭，傲狠自大，釁端漸起，必不能久保歡好。宣詔大臣深講所以禦戎之策，仍敕邊將訓兵積粟，先爲隄備，庶幾緩急不失枝梧。於是大忤宰相王黼之意。既而承朝廷指揮，前議增二十萬銀絹更不施行，今別以中國所出物計直百萬緡爲賂。報聘禮成，與其使楊璞、薩滿等同至，進徽猷閣直學士，復差館伴。薩滿好爲大言，一日出語尤不遜，曰：「若此事不了，於南宋不便也。」公正色曰：「使者勿謂本朝昨瀘溝小失利，遂有輕中原心。堂堂大國，若遇倉猝，忠臣義士不爲無人。」時同館伴盧益恐言太過，目公乃止。又與公論國書内何不便稱大金皇帝尊號，及將雲中別作一事目，欲俾公奏改之，公曰：「國書出自聖訓裁定，一字不可移易。」薩滿云：「如此則將去不得。」公答以本朝今遣使報聘，此自是本朝使副將去，何預爾事也。當公與敵爭，聲聞館外，上知之，屢降宸翰於王黼，言：「周某氣直，何不再令報聘？」黼多端沮抑，遂差盧益充國信使。上以公充送伴，公送虜使至燕山，當賜御筵，楊璞謂：「燕地是大金取得，將與貴朝，少間謝恩，當先北向同謝大金皇帝，然後向南同拜南朝皇帝。」公答云：「兩朝共取燕地，貴國依元約以地來歸，却受了本朝歲餉，今地已屬本朝，御筵又是本朝所賜，豈有先北向拜之理？」璞云：「如此則御筵也赴不得。」公責之曰：「聖上優禮使人，不遠二千里遣使賜宴，豈可因議事便不赴？如此行事，於義理上全無一分去得。」反覆折難十次，公知其冥頑莫回，但移文照會而已。自朝廷與金人結約之後，敵勢日彊，肆爲驕蹇，前此漢使例皆莫敢與之校，獨公毅然不顧，語言未嘗少假借，非理之求一切不從。虜知無以加之，往往辭窮而退。

權公邦彦爲太學博士，徽宗幸學，設幄堂上，延見諸生，命公講《下武》詩，言暢理明，天顔喜甚，恩錫有差，遂有意用公。而公與宰相王黼異議，黼銜之，故報之，使使契丹。豪酋面授國書，責公雙跪，公曰：「非南朝禮也，行人不敢承命。」虜怒，竟莫奪公之志。

洪忠宣公皓奉使大金軍前，歸别，持太碩人拜且泣，時長子甫十三歲，以下皆襁褓，呱呱環列，行路人不能仰視，公弗子也。間關至太原，留幾一年，虜遇使人禮益削。及至雲中，人酋尼瑪哈迫與副使官僞齊，公曰：「萬里銜命，不得御兩宫以歸，大國度不足以有中原，當還諸本朝。乃違天以奉逆豫，豫可磔萬段，顧力不能，忍事之耶？今留亦死，不即豫亦死，偷生狗鼠間，甘鼎鑊不悔也！」尼瑪哈怒，命壯士擁以下，執劍夾承之，公不爲動。旁貴人嗜曰：「此真忠臣也。」止劍士以目，爲跽請，尼瑪哈怒少霽，遂流遞於冷山。流遞，猶中國編竄也。雲中至冷山行兩月，程距虜二千餘里。地苦寒，四月草初生，八月而雪，土廬不滿百，皆陳王烏舍聚落。烏舍使誨其八子，或二年不給衣食，盛夏至衣犓布。番課四隸採薪它山，嘗久雪薪盡，至乞馬矢煨麵而食。困辱十年，多爲詩文以諷，皆憂國傷時語。烏舍嘗得獻取蜀策，持以問公，公歷陳古事梗之。烏舍鋭欲吞中國，曰：「孰謂海大，我力可乾，但不能使天地相拍爾。」公曰：「兵猶火也，弗戢將自焚，自古豈有四十兵交使在，禮不當執」，烏舍或應或否。一日，大怒曰：「汝作和事官，却口硬，謂我不能殺汝耶？」公曰：「自分當死，顧大國無受殺行人之名，此去蓮在濼三十里，使之乘舟，一人蕩諸水，以墜淵爲言可也。」烏舍義而止。後歸，宰執賀皇太后有來歸期，上曰：「洪皓身陷敵區，乃心王室，忠孝之節久而不渝，誠可嘉。」尚二子皆中詞科，亦其忠孝之報也。先聖福禍善淫之訓，於此可見矣。

祖父元豐中自滄州被召修官制，陛對日，上曰：「更欲脩一書，非卿不可。以北人通好八十餘年，盟誓、聘使、禮幣儀式皆無所考據，朕欲成一書，但患邇來脩書者遷延歲月，不肯早成，然此書浩大，以卿度之，何時可畢？」祖父曰：「恐須一二年可矣。」上喜曰：「果然，非卿不能如是之敏也。」及書成，賜名《華戎魯衛信録》，奏篇上，上讀序引大喜，曰：「正類《序卦》之文。」《蘇氏談訓》。

校勘記

卷八

政事類

政事

《龜山先生語録》云：爲政要得威嚴，使事事齊整甚易，失於不寬，便不是古人作處。孔子言：「居上不寬，吾何以觀之哉！」又曰：「寬則得衆。」若使寬非常道，聖人不只如此説了。今人只要事事如意，故覺見寬政悶人，不知權柄在手，不是使性氣處，何嘗見百姓不畏官人，但見官人多虐百姓耳。然寬亦須有制始得，若百事不管，唯務寬大，則胥吏舞文弄法，不成官府。須要權常在己，操縱予奪總不由人，儘寬不妨。伯淳作縣，常於坐右書「視民如傷」四字，云「某每日常有愧於此」，觀其用心，應是不錯決撻了人。

宰相出鎮者，多不以吏事爲意。寇萊公雖有重名，所至之處終日遊宴，所愛伶人或付與富室，輒厚有所得，然人皆樂之，不以爲非也。張齊賢儻蕩任情，獲劫盜或時縱遣之，所至尤不治。上聞之，皆不以爲善，唯敏中勤於政事，所至著稱，上曰：「大臣出臨四方，唯向敏中盡心於民事耳。」

韓魏公勤于吏職，簿書文檄檢察研核，莫不躬親，左右或曰：「公位重、年耆艾，功名如此，朝廷賜守鄉郡以養安，幸無親小事。」公曰：「己憚煩勞，吏民當有受弊者。且俸禄日萬錢，不事事吾何安哉！」

歐陽文忠公嘗語人曰：「治民如治病，彼富醫之至人家也，僕馬鮮明，進退有禮，爲人診脉按醫書述病證，口辯如傾，聽之可愛，然病兒服藥云無效，則不如貧醫。貧醫無僕馬，舉止生疏，爲人診脉不能對，病兒服藥云疾已愈矣，則便是良醫。凡治人者，不問吏材能否，設施何如，但民稱便即是良吏。」故公爲數郡，不見治迹，不求聲譽，以寬簡不擾爲意，故所至民便，既去民思。如揚州、青州、南京皆大郡，公至三五日間，事已十減五六，一兩月後官府閒如傳舍。或問：「公爲政寬簡而事不弛廢者，何也？」曰：「以縱爲寬，以略爲簡，則弛廢而民受其弊也。吾之所謂寬者不爲苛急，所謂簡者不爲繁碎耳。」議者以爲知言。

張芸叟言，初游京師，見歐陽文忠公，多談吏事，疑之，且曰：「學者之見先生，莫不以道德文章爲欲聞者，今先生多教人吏事，所未喻也。」公曰：「不然。吾子皆時才，異日臨事，當自知之。大抵文學止於潤身，政事可以及物。吾昔貶官夷陵，彼非人境也，方壯年未厭學，欲求《漢》《史》一觀，公私無有也，無以遣日，因取架閣陳年公案反復觀之，見其枉直乖錯不可勝數，以無爲有，以枉爲直，違法徇情，滅親害義，無所不有。且以夷陵荒遠褊小尚如此，天下固可知矣！當時仰天誓心，自爾遇事不敢忽也。迨今三十餘年，出入中外，忝塵三事，以此自將。今日以人望我，必爲翰墨致身，以我自觀，諒是當時一言之報也【一】。」張又言，自得此語，至老不忘。是時老蘇父子間亦在焉，嘗聞此語，其後子瞻亦以吏能自任，或問之，則答曰：「我於歐陽公及陳公弼處學來。」

張忠定公詠誨李畋曰：「子異日爲政，信及於民然後教之，言及於義然後勸之，動而有禮然後化之，靜而無私然後民安而樂業矣。行斯四者，在乎先率其身，不然則民退必有後言矣。」

張忠定公曰：「爲政之道，府吏曰治，未也；庶民曰治，未也；僧道曰治，未也。未若識見無私學古之士曰治，斯治矣。」

張忠定公每斷事有情輕法重、情重法輕者，必爲判語，讀以示之。蜀人鏤版，謂之《戒民集》，大抵以敦風俗、篤孝義爲本也。《湘山野録》。

初，張忠定公自蜀還也，詔以諫議大夫牛冕代公，公聞之曰：「冕非撫御才，其能綏輯乎？」始踰年，果致神衛大校王均之亂，逐冕據益州。後雖討平之，而民尚未寧，會益州馬公知節徙延安，上以公前治蜀，長於安集，威惠在人，復以公爲樞密直學士、遷刑部侍郎、知益州事。蜀民聞之，皆鼓舞相慶，如赤子久失父母，而知復來鞠我也。公知民信己，

【一】諒是當時一言之報也　「諒」原作「亮」，據《宋名臣言行録》後集卷二改。

易嚴以寬，凡一令之下，人情無不慰愜，蜀部復大治。轉運使黄觀以政迹聞，賜詔加獎，就改吏部侍郎，命謝濤巡撫于蜀，上遣濤諭公曰：「得卿在蜀，朕不復有西顧之憂。」

畢文簡公士安端方沈雅，有清識，所至以嚴正稱。然性謙退，嘗謂人曰：「僕仕宦無赫赫之譽，但力自規檢，庶幾寡過耳。」

開封府治京師，陳文惠公堯佐以謂，治煩之術，任威以擊强，盡察以防姦，譬於激水而欲其澄也，故陳文惠爲政一以誠信。每歲正月夜放燈，則悉籍惡少年禁錮之，公召諭曰：「尹以惡人待汝，汝安得爲善；吾以善人待汝，汝忍爲惡耶？」因盡縱之，凡五夜無一人犯法者。神道碑。

吕正獻公公著爲郡，率五鼓起，秉燭視案牘，黎明出廳決民訟，退就便坐，宴居如齋，賓寮至者毋拘時。以故郡無留事，而下情通。凡典六郡以爲常，後雖年高貴重不少替。單，陋邦也，公以愷悌爲政，不嚴而肅。轉運司輦乳香萬斤配賣郡中，公停之郡庫，雖符檄督迫，竟不爲强配。

諫議劉公安世初登第，與二同年謁李若谷參政。三人同起身請教，李曰：「若谷自守官以來，嘗持四字，曰勤謹和緩。」其間一後生應聲曰：「勤謹和既聞命矣，緩之一字，某所未聞。」李正色曰：「何嘗教賢緩不及事來？且道世間甚事不因忙後錯了？」

諫議劉公安世嘗謂予言，當官處事，須權輕重，務合道理，毋使偏重可也。夫是之謂中。因言元祐間嘗謁見馮當世宣徽，當世言熙寧初與陳暘叔、吕寶臣同任樞密，暘叔聰明少比，遇事之來，迎刃而解；而吕寶臣尤善秤停事，每事之來，必秤停輕重，令得所而後已也，事經寶臣處者，人情事理無不允當。器之因極言「秤停」二字最吾輩當今所宜致力，不可不詳思熟講也。寶臣即惠穆公也。

馬永卿問立身仕宦之道於元城先生，問家屬畢，曰：「賢俸禄薄，當量入以爲出。」僕復問請益，先生曰：「《漢書》云：『吏以法令爲師。』有暇可看條貫，又不獨可以治人，亦可以保身。」僕歸檢《漢書》，前語出《薛宣傳》，先生之意以僕初出場屋，行己或犯法，且爲吏所欺，故有此言。

曾子固鞏所至，出教事應下縣，責其屬度緩急與之期，期未盡，不復移書督趣，期盡不報，按其罪。期與事不相當，聽縣自言，别與之期，而按與期者。即有所追逮，州不遣人至縣，縣毋遣人呼其門。縣初未甚聽，公小則罰典吏，大則並劾縣官，於是莫敢慢事，皆先期而集，民不知擾，所省文移數十倍。事在州者，督察勾稽，皆有程式，分任僚屬因能而使，公總攬綱條，責成而已。蓋公所領州多號難治，及公爲之，令行禁止，吏莫敢不自盡，政巨細畢舉，庭無留事，囹圄屢空。人徒見公朝夕視事數刻而罷，若無所用心者，不知其所操者約且要，而聰明威信足以濟之，故不勞而治也。吏民初或憚公嚴，已而皆安其政，既去，久而彌思之。

御史中丞彭公思永爲政本仁惠，吏民愛之如父母。惟不喜矯情悦衆，揚己取譽，常曰：「牢籠之事，吾所不爲。」居憲府多所論奏，未嘗以語人，或疵其少言，惟謝之終不自辯。每謂人曰：「吾不爲他學，但幼即學平心以待物耳。」

王質通判蘇州，州守黄宗旦得盜銷鑄者百餘人，以託質，質曰：「事發無迹，何從得之？」宗旦曰：「吾以術陰鉤出之。」公愀然曰：「仁者之政，以術鉤人寘之死，而又喜乎？」宗旦慙服，悉緩出其獄，始大稱公曰「君子也」。

范忠宣公知齊州，齊爲山東劇郡，屠販劫盜無虚日，人或勉公曰：「公爲政素寬，然齊民兇悍，性好剽劫，以嚴治之猶不能戢，若一以寬，恐不勝其治矣。」公曰：「寬出於性，若强以猛治，則不能持久，猛而不久，以治兇民，取玩之道也。」齊有兩司理院，因繫常滿，多屠販盜竊而督償者，公曰：「此何不責保在外，使之輸納耶？」通判州事起白公曰：「非不知此，第以此輩兇暴，釋之不旋踵復紊官司矣。」公曰：「終當如何？」曰：「往往待其自以疾斃於獄中，是亦與民除害耳。」公蹙然曰：「法不當死，而在位者以情殺之，豈理耶？」遂盡呼出立于庭下，戒飭之曰：「爾輩爲惡不悛，在位者不欲釋汝，懼爲良民害，復紊官司也。汝等若能悔過自新，我欲釋汝。」皆叩頭曰：「敢不佩服教令。」遂釋之，歡呼而出，轉相告語。是歲，犯法者減舊歲之半。

范忠宣公知襄城縣，襄城之民不事蠶織，鮮有植桑者。公患之，因民之有罪而情輕者使植桑於家，多寡隨其罪之輕重，後按其所植榮茂與除罪，自此人得其利。公去，民懷之不忘，至今號爲著作林。著作，公宰縣時官也。

邵伯温初入仕，侍講先生曰：「凡作官，雖所部公吏有罪，必立案而後決，或出於私怒，比具案，怒亦散，不至倉卒傷人。每決人，有未經杖責者，宜謹之，恐其或有所立。」伯温終身行之。

昔錢尚書遹爲洪州職官，緣事過鄱陽，見彭器資，值月朔，有衣冠數十輩來見彭公，設拜，各人進問起居而退。錢在書齋中窺見，甚訝之，因問公：「此輩何人？」公曰：「皆鄉里後進子弟也。」錢曰：「今它處後進必居於位，或與先生並行，何以有此？」公曰：「昔范希文自京尹謫守是邦，其爲政以名教厚俗、敦尚風義爲先，州人仰慕，咸傾嚮之，遂以成俗。故至今爲尊長者以父兄自處而不辭，後進以子弟自任而不敢忽，久之不變也。此大賢臨政之效，可以爲法。」

晁文元公迥嘗言，歷官臨事，未嘗挾情害人，危人售進，保全固護，如免髮膚之傷。張無垢云：「快意事孰不喜爲，往往事過不能無悔者。於他人有甚不快存焉，豈得不動於心，君子所以隱忍詳復，不敢輕易者，欲彼此兩得也。」

又或問：「當官臨事如何？」先生曰：「切戒躁急，躁急則先自處不暇，何暇治事？加以猾吏姦民，窺伺機便，以成其利。非特害人，於己甚害。」

呂舍人本中云：「忍之一事，衆妙之門，當官處事，尤其先務。若能清勤之外更行一忍，何事不辦。書曰：『必有忍其乃有濟。』此處事之本也。諺有之曰：『忍事敵災星。』少陵詩云：『忍過事堪喜。』此皆切於事理，爲世大法，非空言也。」王沂公曾嘗說：「喫得三斗釅醋，方做得宰相。」蓋言忍受得事也。《辨志録》。《韓魏公語録》曰：「欲成大節，不免小忍。語録。人有忿爭者，和靖尹公曰：「莫大之禍，起於須臾之不忍，不可不謹。」《和靖語録》。

趙忠簡公鼎之在越也，惟以束吏恤民爲務，每言不束吏雖善政不能行，蓋除害然後可以興利。《易》之《豫》「利建侯行師」，謂建侯行師，乃所以致豫。《解》「公用射隼于高墉之上」，謂射隼而去小人，乃所以致解。鼎之學得於《易》者如此，至是姦猾屏息。又塲務利入之源，不令侵耗，財賦遂足。

前輩言莅官處事三莫之説，事來莫放，事去莫追，事多莫怕。

當官處事務合人情，忠恕違道不遠，未有捨此二字而能有濟者。前輩當官處事，常思有恩以及人，而以方便爲上，如差科之行既不能免，即就其間求所以便民省力者，不使搔擾，重爲民害，其益多矣。谷志古《清修集》。

龍圖梅公摯，景祐初以殿中丞出知昭州，嘗著《瘴説》云：「仕有五瘴，急催暴斂，剥下奉上，此租賦之瘴也；深文以逞，良惡不白，此刑獄之瘴也；昏辰酣宴，弛廢王事，此飲食之瘴也；侵牟民利，以實私儲，此貨財之瘴也；盛揀姬妾，以娱聲色，此帷薄之瘴也。有一於此，民怨神怒，安者必疾，疾者必殞，雖在轂下，亦不可免，何但遠方而已。仕者或不自知，乃歸咎之土瘴，不亦繆乎？」其後鄒道鄉志全元符中謫昭，因其説以爲詩。

鎮靜

國初趙普爲相，於廳事坐屏後置二大甕，凡有人投利害文字，皆置中，滿即焚之通衢。李沆常言「居重位實無補萬分，唯中外所陳利害，一切報罷之，唯此少以報國爾。朝廷防制纖悉備具，或徇所陳請施行一事，即所傷多矣。」元城先生論本朝名相最得大臣體者，惟李沆一人，正謂此也。且祖宗之時經變多矣，故所立法度極是穩便。正如老醫看病極多，故用藥不至孟浪殺人。且其法度不無少害，但利多耳。後人不知，遂欲輕改，此其害所以紛紛也。

曹瑋久在秦州，累章求代，真宗問王旦誰可代瑋者，旦薦樞密直學士李及，上即以及知秦州。衆議皆謂及雖謹厚有行檢，非守邊之才，不足以繼瑋，楊億以衆言告旦，旦不答。及至秦州，將吏心亦輕之，會有屯駐禁軍白晝掣婦人銀釵於市中，吏執以聞。及方坐觀書，召之使前，略加詰問，其人服罪，乃不復下吏，亟命斬之，復觀書如故，將吏皆驚服。不日聲譽達於京師，億聞之，復見旦，而具道其事，且曰：「向者相公初用及，外廷之議皆恐及不勝其任，今及材器乃如此，信乎相公知人之明也」。旦笑曰：「外廷之議，何其易得也。夫以禁軍戍邊，白晝爲盜於市，主將斬之，事之常也，烏足以爲異政乎！旦之用及者，其意非爲此也。夫以曹瑋知秦州七年，羌人讋服，邊境之事，瑋處之已盡其宜矣。使他人往，必矜其聰明，多所變置，敗壞瑋之成績。旦所以用及者，但以及重厚，必能謹守瑋之規模而已矣。」億由是益服旦之識度。

胡文恭公宿天資謹靜，當大任尤顧惜大體。而羣臣方建利害，多更張庶事以革弊，公獨厭之，曰：「變法古人所難，不務守祖宗成法，而徒紛紛，無益於治也。」又以謂契丹與中國通好六十餘年，自古未有也。善防外患者，謹爲備而已，今三邊武備多弛，牧馬著虚名於籍，可乘而戰者百無一二。又謂滄州宜分爲一路以禦敵，此今急務也。若其界上交侵小故，乃城寨主吏之職，朝廷宜守祖宗之約，不宜爭小利而隳大信，深戒邊臣生事以爲功。在位六年，其議論類皆如此。

初，夏人方議講和，韓魏公以謂邊備不可弛，請與范公俱出按行。遂命公宣撫陝西，范公宣撫河東。范公請益兵數萬屯河陽、蒲中，及以兵從，公以爲不必請兵，上前議未合，退於殿廬中，范公猶爭以爲非益兵不可，公曰：「若爾，則琦乞自行，不用朝廷一人一騎」。范公色忿，欲再請對道公語，公笑止之。會杜祁公、富韓公賛公説，卒不發兵，范公亦不以爲忤也。又《别録》云：公嘗爲門人語此事，曰：「國家事鎮之則靜，但敢者少爾，如希文亦未免有易動處。」

慶州軍亂，二府入議，文潞公曰：「朝廷施爲務合人心，以静重爲先，不宜偏聽。陛下即位以來厲精求治，而人情未安者，更張之過耳。祖宗法未必不可行，但有廢墜不舉之處耳。」王荆公曰：「所以爲此將以去民之害，何爲不可？若萬事隳頽如西晉風，兹乃益亂也。」蓋荆公知公言爲己發，故力排之。

初，蜀新亂，張尚書至，公宇襲舊制，周列更鋪凡數百所。張忠定公即日命罷之，人心大安。

西南夷有邛部川首領者，妄言蠻賊儂智高在南詔，欲來寇蜀，攝守大驚，調兵築城，民大驚擾。朝廷聞之，發陜西步騎戍蜀，兵仗絡繹，相望於道。詔促張文定公方平行，且許以便宜從事，公言：「南詔去蜀一千餘里，道嶮不通，其間皆雜種，不相役屬，安能舉大兵爲智高寇我哉？此必妄也。臣當以静鎮之。」道遇戍卒兵仗，輒遣還入境。下令邛部川曰：「寇來吾自當之，妄言者斬。」悉歸所調兵，罷築城之役。會上元觀燈，城門皆通夕不閉，蜀遂大安。已而得邛部川之譯人始爲此謀者，斬之，梟首境上，而配流其餘黨於湖南，西南夷大震。

趙忠簡公鼎再相，已踰月，未見所施，朝士或以此責之。公曰：「今日事如久病虚弱之人，再有所傷，元氣必耗，惟當静以鎮之。若大作措置，焕然一新，此起死之術也。張德遠非不欲有爲，而其效如此，亦足以爲戒矣！」

信

尹先生焞曰：「事上使下，皆以信爲主，人之不從者，皆己之信不足以取信故也。」

伊川先生曰：「仁義禮智四者有端，而信無端。爲有不信，故有信字。且如今東者自東，西者自西，何用信字，只爲有不信，故有信字。」

晦庵先生曰：「四端之信，猶五行之土，無定位，無成名，無專氣，而水火金木無不待是以生者。故土於四行無不在，於四時則寄王焉。其理亦猶是也。」又曰：「以陰陽五行而言，則木火皆陽，金水皆陰，而土無不在。以性而言，則禮者仁之餘，智者義之歸，而信亦無不在也。」

史太師浩曰：「政之大要曰食、曰兵、曰信。民以食爲天，一日無食，而流離殍餓，轉徙於溝壑，是食不可不足也。三里之城，七里之郭，無兵以守，則雖有險阻，必陷於敵，是兵不可不足也。大無食何以養民？無兵何以守國？至於語信，則寧去斯二者而信不可失。何則？信蓋民之司命也。彼齊桓、晉文之霸，志在富國，是欲足食也，志在强兵，是欲足兵也，而猶待不背曹沫之盟，首爲伐原之舉，乃能成霸業，信之不可無也如此。惜乎假之而立霸，不能真用其信也。人之有生，惟死爲大事，寧使其人死於飢餓，死於盜賊，而不可一日無信。蓋食可一熟而狼戾，兵可一日而招集，惟信一失，則天下有土崩瓦解之勢，泮涣離散，不可收拾，於是時也，雖三令五申，其誰信乎？然則信者，真民之司命也」。

張忠定公問李畋曰：「百姓果信我否？」對曰：「侍郎威惠及民，民皆信服。」公曰：「前一任則未也，此一任應稍稍爾。秀才只此一箇信，五年方得成。」

慶曆三年春，范文正公巡邊，至爲環慶經畧使、知環州，以屬羌多懷貳心，密與元昊通，以种世衡素得屬羌心，而青澗城已完，乃奏徙世衡知環州，以鎮撫之。有牛奴訛素屈强，未嘗出見州官，聞世衡至，乃來郊迎。世衡與約，明日當至其帳慰勞部落。是夕雪深三尺，左右曰：「奴訛凶詐難信，且道險不可行。」世衡曰：「吾方以信結諸胡，可失期邪？」遂冒雪而往，既至，奴訛尚寢，世衡蹴起之，奴訛大驚曰：「吾世居此山，漢官無敢至者，公了不疑我邪！」帥部落羅拜，皆感激心服。又傳云：世衡佯醉，卧其帳中，奴訛與其妻環侍，不敢離左右。既醒而謂曰：「我醉至此爾，何不殺我？」奴訛泣曰：「是何言耶？惟有一死可報吾父爾。」自是屬羌無不悦服。

范文正公爲環慶路經畧安撫招討使，其待將吏必使畏法而愛，已所得賜賚，皆以上意分賜諸將，使自爲謝。蕃質子縱其出入，無一人逃者。番酋來見，召之卧内，屏人撤衛，與語不疑。

趙元昊死，子亮祚立，方幼，三大將共治其國，言事者謂可除其諸將皆以爲節度使，使各有其所部，以分弱其勢，可遂無西患。事下，程公琳以謂，幸人之喪，非所以示大信、撫遠人，且亮祚幼，然君臣和，三將無異志，雖欲有爲必無功，而反生事，不如因而撫之。上以爲然。

陳文惠公堯佐治開封府，公以謂治煩之術，任威以擊强，盡察以防姦，譬於激水而欲其澄也，故公爲政，一以誠信。每歲正月夜放燈，則悉籍惡少年禁錮之。公召諭曰：「尹以惡人待汝，汝安得爲善？吾以善人待汝，汝忍爲惡耶？」因盡縱之，凡五夜無一人犯法者。重出。

通下情

延州民二十人詣闕告急，上召問，具得諸敗亡狀。執政惡之，命遠郡禁民擅赴闕者，富韓公言：「此非陛下意，宰相惡上知四方有敗耳。民有急不得訴之朝，則西走元昊，北走契丹矣。」神道碑。

張忠定公採訪民間，事無遠近，悉得其實，蓋不以耳目專委於人。公曰：「彼有好惡，亂我聰明，但各於其黨詢之再詢，則事無不審矣。」李畋問其旨，公曰：「詢君子得君子，詢小人得小人，各就其黨詢之，雖事有隱匿者，亦十得八九矣。」

濟人

明道先生曰：「一命之士苟存心於愛物，於人必有所濟。」司馬温公童稚時與羣兒戲，一兒偶墮甕水中，羣兒譁棄去，公則以石擊甕，水因穴而迸，兒得不死。蓋其活人手段已見於髫齓中。至今京洛間多爲小兒擊甕圖。」

彭公思永常教其子弟曰：「吾數歲時，冬處被中，則思天下之寒者矣。」其本源如此，故仁恕之善見於天下，而人推其誠長者。

范文正公微時，嘗詣靈祠求禱，曰：「他時得相位乎？」不許，復禱之曰：「不然，願爲良醫。」亦不許，既而歎曰：「夫不能利澤生民，非大丈夫平昔之志也。」他日，有人謂公曰：「丈夫之志於相，理則當然，醫之伎，君何願焉？乃無失於卑耶？」公曰：「嗟乎！豈爲是哉！古人有云，常善救人，故無棄人，常善救物，故無棄物。且丈夫之於學也，固欲遇神聖之君，得行其道，思天下匹夫、匹婦有不被其澤者，若己推而内之溝中，能及小大生民者，固惟相爲然。既不可得矣，夫能行救人利物之心者，莫如良醫。果能爲良醫也，上以療君親之疾，下以救貧民之厄，中以保身長生，在下而能及小大生民者，捨夫良醫，則未之有也。」

冬大寒，禁中出錢十萬貫以賜貧民，范公祖禹言：「朝廷自嘉祐已前，諸路皆有廣惠倉，以救恤孤貧，京師有東西福田院，以收養老幼廢疾。至嘉祐八年增置城南北福田院，共爲四院，此乃古之遺法也。然每院止以三百人爲額，則京師之衆，孤窮者不止千二百人，每遇大冬盛寒，然後降旨救恤，則民已凍餒死損者衆矣。臣以爲宜於四福院增蓋官屋，以處貧民，不限人數，委左右廂提舉使臣預設方略救濟，不必專散以錢，計其存活死損以爲殿最。其天下廣惠倉乞更舉行，令官吏用心賑恤，須要實惠及貧民。」上開納焉。

家傳。

明道先生作縣，凡坐處皆書「視民如傷」四字，常曰：「顥常愧此四字。」

知制誥韓綜通判天雄軍，會河水漲，金堤民依丘冢者凡數百家，水大至。綜出示：「能活一人者予千錢。」民爭操舟栰盡救之，已而丘冢潰。

劉彝所全多善政。其知虔州也，會江西飢歉，民多棄子於道上。彝揭榜通衢，召人收養，日給廣惠倉米二升，每月一次抱至官中看視，又推行之縣鎮。細民利二升之給，皆爲字養，故一境間子無夭閼者。

葉石林夢得云：余在許昌，歲值大水災傷，京西尤甚，浮殍自鄧、唐入吾境，不可勝計。令盡發常平所儲，奏乞越常制賑之，幾十餘萬人稍能全活，惟遺棄小兒無由得之。一日，詢左右曰：「人之無子者何不收以自畜乎？」曰：「然。人固願得之，但患既長或來識認耳。」余爲閱法則，「凡傷災棄遺小兒，父母不得復取」，乃知爲此法者，亦仁人也。夫彼既棄而不有，父母之恩已絶矣，若人不收之，其誰與活乎？遂作空券數千，具載本法，即給内外廂界保伍，凡得兒者，皆使自明所從來，書於券付之，畧爲籍記，使以時上其數，給多者賞，且分常平餘粟，貧者量授以爲資。事定，按籍給券，凡三千八百人，皆奪之溝壑，而置之襁褓。此雖細事不足道，然每以告臨民者，恐緩急不及知其法，或不能出此術也。

閩人生子多者，至三四子則率皆不舉，爲其貲産不足以贍也；若女則不待三，往往臨蓐以器貯水，纔産即溺之，謂之洗兒，建、劍尤甚。四明俞偉仲寬宰劍之順昌，作《戒殺子文》，召諸鄉父老爲人所信服者，列坐廡下，以奉置醪醴，親酌而侑之，出其文，使歸勸其鄉人無得殺子。歲月間活者以千計，故生子多以俞爲小字。轉運判官曹輔上其事，朝廷嘉之，就改仲寬一官，仍令再任，復爲立法，推行一路。後予奉使於閩，與仲寬爲婚家，法當避，仲寬罷去。予嘗至其邑，聞仲寬因被差他郡還邑，有小兒數百迎於郊，雖古循吏蓋未之有也。偉有《戒殺子文》甚詳，行於世。

蘇文忠公軾《與朱鄂州書》云：「昨王殿直天麟見過，言岳、鄂間田野小人例只養二男一女，過此輒殺之。尤諱養女，初生輒以冷水浸殺，其父母亦不忍，率常閉目背面，以手按之水盆中，咿嚶良久乃死。天麟每聞其側近有此，輒馳救之，量與衣服飲食，全活者非一。鄂人有秦光亨者，今已及第，爲安州司法。方其在母也，其舅陳遵夢一小兒援其衣，若有所訴，比兩夕輒見之，其狀甚急。遵獨念其姊有娠將産，而意不樂多子，豈其應是乎？馳往省之，則已在水盆中矣，救之得免。準律，故殺子孫徒二年，此長吏所得按舉。願公明以告諸邑令佐，使召諸保正，告以法律，諭以禍福，約以必行，且立賞召人告官，賞錢以犯人及鄰保家財充。若依律行遣數人，此風便革。但得初生數日不殺，後雖勸之使殺，亦不肯矣。自今以往，緣公而得活者，豈可勝計哉！」

先是，浙民歲輸身丁錢絹，細民生子即棄之，稍長即殺之。虞公允文聞之惻然，訪知江治有荻塲，其利甚博，而爲勢家及浮屠所私。公令有司籍其數以聞，請以代輸民之身丁錢絹，以緡計者至一十三萬七千有奇，以疋計者一十六萬三千有奇。免符下日，九州之民歡呼鼓舞，始知有父子生聚之樂。

憂民

錢明逸久在禁林不滿意，出爲秦州，居常怏怏不事事。韓琦聞之，語人曰：「己雖不足，獨不思所部十萬生靈耶！」

救荒

范文正公，皇祐二年吴中大飢，殍殣枕路，是時公領浙西，發粟及募民存餉，爲術甚備矣。吴中喜競渡，好爲佛事，公乃縱民競渡，太守日出宴于湖上，自春至夏，居民空巷出游。又召諸佛寺主首，諭之曰：「飢歲工價至賤，可以大興土木之役。」於是諸寺工作鼎興。又新敖倉吏舍，日役千夫。監司奏劾杭州不恤荒政，嬉游不節，及公私興造，傷耗民力。公乃自條叙所以宴游興造，皆欲以發有餘之財以惠貧者。貿易飲食，工技服力之人，仰食於公私者，日無慮數萬人，荒政之施，莫此爲大。是歲，兩浙惟杭州晏然，民不流徙，皆公之惠也。歲飢發司農之粟，募民興利，近歲遂著爲令。既已恤飢，因之以成就民利，此先王之美澤也。

富公弼知鄆州，自鄆移青，會河朔大水，民流京東。擇所部豐稔者三州，勸民出粟，得十五萬斛，益以官廩，隨所在貯之，得公私廬舍千餘萬間，散處其人，以便薪水。官吏自前資待闕寄居者，皆給其禄，使即民所聚，選老弱病瘠者廩之。山林河泊之利，有可取以爲生者，聽流民取之，其主不得禁。官吏皆書其勞，約爲奏請，使他日得以次受賞於朝。率五日輒遣人以酒肉糗飯勞之，出於至誠，人人爲盡力。流民死者爲大冢葬之，謂之叢冢，自爲文祭之。明年麥大熟，流民各以遠近受糧而歸，凡活五十餘萬人，募而爲兵者又萬餘人。上聞之，遣使勞公，即拜禮部侍郎，公曰：「救災，守臣職也。」辭不受。前此救災者，皆聚民城郭中，煮粥食之，飢民聚爲疾疫，反相蹈藉死，或待次數日不食，得粥皆僵仆，名爲救之，而實殺之。自公立法簡便周至，天下傳以爲法，至於今，不知所活者幾千萬人矣。邵伯温曰：「富公使虜功甚偉，而每不自以爲功。至知青州活飢民四十餘萬，則每自言之，曰：『過於作中書令二十四考矣。』公之所以自任者，世烏得而窺之哉！」

韓魏公以益利路人飢，爲體量安撫使。公至，則蠲減税以募人入粟，招募壯者，等第刺以爲廂禁軍，一人充軍，數口之家得以全活。檄劍門關，民流移而欲東者勿禁。簡州艱食爲甚，明道中以災傷嘗勸誘納粟，後糶錢十六餘萬，歸於常平，公曰：「是錢乃賑濟之餘，非官緡也。」發庫盡以給四等以下户，逐貪殘不職吏，罷冗役七百六十人，爲饘粥活飢人一百九十餘萬。蜀人曰：「使者之來，更生我也。」

范公堯夫知慶州，餓殍滿路，官無穀以賑恤，公欲發常平封樁粟麥濟之，州郡皆欲俟時諸公但勿預，吾寧獨坐罪。」公曰：「人七日不食即死，何可待報？奏請得旨而後散。

會是秋蓬生蔽野，而結實如粟，一路薦飢，耕牛殺盡，五穀絶種，官儲有限，方懼未有以繼。民食之餘，公令官糴，所收尚不貲，又於鄰路市耕牛、穀租，計户口分貸可食，所收狼戾。蕃漢人户，兼以人力墾耕，布種甚廣，遂大有年。或言公廩貸過多，而無活人之實，朝廷疑之，遣使按治。民聞之，爭先輸官，比使至，無負者。

趙清獻熙寧中以大資政知越州，兩浙旱蝗，米價踊貴，餓死者十五六。諸州皆榜衢路，立賞禁人增米價，公獨榜衢路，令有米者任增價糶之。於是諸州米商輻湊詣越，米價更賤，民無飢死者。公治民所至有聲，在成都、越、杭尤著。

文潞公彦博在成都，米價騰貴。因就諸城門相近院凡十八處，減價糶賣，仍不限其數，張榜通衢，翌日米價遂減。前此或限升㪷以糶，或抑市井價直，適足以增其氣焰，而終不能平其價。大抵臨事當須有術也。

陳文惠公堯佐知壽州，遭歲大飢，公自出米爲糜，以食餓者，吏民以公故皆爭出米，其活數萬人。公曰：「吾豈以是私惠耶！蓋以令率人，不若身先而使其從之樂也。」

曾公鞏爲通判，歲飢，度常平不足仰以賑給，而田居野處之人，不能皆至城郭，至者羣聚，有疾癘之虞。前期諭屬縣召富人，使自實粟數，總得十五萬石，視常平價稍增以予民，民得從便受粟，不出田里而食有餘，粟價爲平。又出錢粟五萬，貸民爲種糧，使隨歲賦入官，農事賴以不乏。

張忠定公詠知杭州，是時歲飢，民冒禁販鹽，捕獲者數百人，公悉寬其罰。官屬執言不可，公曰：「錢塘千萬家，餓殍如此，若鹽禁益嚴，則聚而爲盜，患益甚矣！俟秋成敢爾，當痛以繩之。」境内卒以無擾。

張忠定公詠在成都府，嘗夜夢謁紫府真君，接語未久，吏忽報請到西門黄兼濟承事，兼濟以幅巾道服而趨，真君降階接之，禮頗隆盡。且揖張公坐承事之下，詢顧詳款，已有欽嘆之意。公翊旦即遣典客詣西門，請黄承事者，戒令具常所衣服來。比至，果如夢中所見。公即以所夢告之，問：「平日有何陰德？」蒙真君厚遇如此，且居某之上座耶！」兼濟云：「無他長，惟每歲遇禾麥熟時，以錢三萬緡收糴，至明年禾麥未熟小民艱食之際糴之，價直不增，升斗亦無高下。在我者初無所損，而小民得濟所急。」公曰：「此承事所以坐某之上也。」令索公裳，二吏掖之，使端受四拜。黄公後裔繁衍，至今在仕路者比比青紫。

先是，張詠守蜀，季春糶廩米，其價比時估三之一，以濟貧民，凡十户爲一保，一家犯罪，一保皆坐，不得糴，民以此少敢犯法。至是獻議者改詠之法，窮民無所濟，復爲寇，王文康公曙奏復之。《名臣傳》。

王沂公曾留守洛師，歲歉，里有囷積者，飢民聚黨脅取，鄰郡以强盜論，報死者甚衆。

公但重笞而釋之，遠近聞以爲法，全活者數千計。仍上言：「國初淮、浙未下之日，嘗命陝、雍、晉、絳歲漕粟以赴京師。」遂詔給陝粟二十萬，儲廩充而民息肩，于今賴之。

吴遵路，明道末天下蝗旱，遵路知通州，乘民未飢，募富者得錢幾萬貫，分遣衙校航海糴米於蘇、秀，使物價不增。又使民採薪芻，官爲收買，以其直糴官米。至冬大雪，又以元價易薪芻與民，官不傷財，民且蒙利。又建茅屋百間，以處流移，出俸錢置薦蓆鹽蔬，日與飯參俵，有疾者給藥以治之，其願歸者，具舟續食還之本土。是歲，諸郡率多轉死，惟通民安堵，不知其凶歲也，故其民愛之若父母。明年，范文正公安撫淮、浙，上公治狀，頒下諸郡。熙寧中余官于通，距公之治逾四十年，而民猶詠稱不已。《澠水燕談》。

程顥伯淳攝上元邑，盛夏塘堤大決，法當言之府，府禀於漕，然後計工調役，非月餘不能興作。先生曰：「如是苗槁矣，民將何食？救民獲罪，所不辭也。」遂發民塞之，歲則大熟。

蘇兵部耆充陝西轉運，景祐中，洛陽大旱穀貴，百姓飢殍，京東轉運司亦無以爲賑。洛陽留守移書求耆粟二十萬斛，遂移文陝府，如數與之，仍奏於朝。時同職謂耆曰：「陝西沿邊之地，屯軍甚多，若有餘，止可移之以實邊郡，奈何移之别路？」耆曰：「天災流行，《春秋》有恤鄰之義，生民皆繫於君，無内外之别。奈何知其垂亡而不以奇贏賑恤耶？」曰：「苟有饋運，耆當自謀，必不以此相累。」朝廷甚嘉之。

參政王文忠公堯臣知光州，歲大旱，羣盜發民倉廩，吏法當死。公曰：「此飢民求食爾，荒政之所恤也。」乃請以減死論。其後遂以著令，至今用之。

扈諫議稱爲梓州路轉運使，屬歲飢，道殣相望，稱先出禄米以賑民，故富家大族皆願以米輸入官，而全活者數萬人。

馬少保知昇州，行次九江，屬歲旱民飢，乃邀湖湘漕米數千艘以賑之。因奏瀕江諸郡皆大歉，而吏不之救，願罷官糴，令民轉粟以相賙足，朝廷從其言。

楊諫議告除京西轉運使，時屬部歲飢，所至發公廩，又募富室出粟以賑之。民伐桑易粟，不能售，告命高其估以給酒官。由是獲濟者甚衆。

梅諫議摯通判蘇州，初，二浙飢，官貸種食，已而督償之甚急。摯上言，賑民所以爲惠也，反撓民不便。因下其奏，他州悉得緩期償之。

宣和六年秋，秀州大水，田不没者什一，流冗塞路，倉府空虚，無賑捄策。洪忠宣公皓時爲司録事，白郡守以荒政自任，悉籍境内粟，留一年食，發其餘糶於城之四隅。升損市直錢五，戒米肆揭價於青白旗上，巡行無時，抶其旗靡者，皆無敢貴糶【二】。不能自食者爲主之，立屋於東南兩廢寺，十人一室，男女異處，防其淆僞，涅黑子識其手，東五之，南三之，負爨樵汲有職，民羸不可杖，有侵牟鬬嚚者，亂其手文逐之，皆帖帖畏伏。借用所掌發運名錢，錢且盡，會浙東綱常平米斛四萬過城下，公遣吏鏁津栅，諭守使截留。守噤不肯，

【二】皆無敢貴糶　「糶」原作「糴」，據《宋名臣言行録》續集卷五改。

曰：「此御筆所起也，罪死不赦。」公曰：「民仰哺當至麥，今臘猶未盡，中道而止，則如勿捄，寧以一身易十萬人命。」訖留之。居亡何，廉訪使者王孝竭至郡，曰：「平江哀號訴飢者旁午，此獨無有，何也？」守具以對，即延公如兩寺驗視，民肅然無出聲，孝竭曰：「吾嘗行邊，軍政不過是也，違制抵罪，得爲君脱之，且厚賞。」呼吏草奏，公曰：「免戾幸矣，安所賞。但食猶未足，公能終惠，復得二萬石乃可。」孝竭以聞，米如請而得。至來秋，民相携以歸，前後所活者九萬五千餘人。州人既不死凶年，公出，無不以手加額，呼爲「洪佛子」。

劉彝所至多善政。其知虔州也，會江西飢歉，民多棄子於道上，彝揭牓通衢，召人收養，日給廣惠米二升，每月抱至官中看視，又推行之縣鎮，細民利二升之給，皆爲字養，故一境間子無夭閼者。

救弊

蘇公頌前後掌天官四選五年，是時倉法行，吏無所覬，每選人改官京朝官，使臣關陞磨勘，或以功過當陞降者，吏洗垢求瑕，故爲稽滯。公勅吏曰：「某官緣某事當會某處。」仍引合用條格，具委無漏落狀同上，自是吏不得逞。每訴者至，必取案牘使自省閲，訴者服乃退。其不服者，公必往復詰難，度可行行之，苟有疑則爲之奏請，或陳白都堂，故士大夫受賜多，而不得者亦以爲無可憾。

中書習舊弊，每事必用例，五房吏操例在手，顧金錢惟意所去取。所欲與，白舉用之，所不欲行，或匿例不見。韓魏公令删取五房例及刑房斷例，除其冗謬不可用者，爲綱目類次之，封滕謹掌，每用例，必自閲。自是人始知賞罰可否出宰相，五房吏不得高下于其間。

吏部審官主天下吏員，而居職者類以不久遷去，故吏得爲姦。杜公衍始視銓事，一日選者三人爭某闕，公以問吏，吏受丙賕，對曰：「當與甲。」乙不能爭，遂受他闕。居數日，吏教丙訟甲負某事不當得，公悟，召乙問之，乙謝曰：「業已得他闕，不願爭。」公不得已與丙，而笑曰：「此非吏罪，乃吾未知銓法爾。」因命諸曹各具格式科條以白，問曰：「盡乎？」曰：「盡矣。」明日勅諸吏無得升堂，使坐廳行文書而已。由是吏不得與銓事，與奪一出於公。其在審官，有以賂求官者，吏謝不受，曰：「我公有賢名，不久見用去矣，姑少待之。」

王安石始爲政，創立制置三司條例司，建爲青苗、助役、水利、均輸之政，置提舉官四十餘員，行其法於天下，謂之新法。司馬温公上疏逆陳其利害，曰後當如是，行之十餘年，無一不如公言者，天下傳誦，以公爲真宰相，雖田父野老皆號公司馬相公，而婦人孺子知君實也。邇英進讀蕭何、曹參事，公曰：「參不變何法，得守成之道，故孝惠、高后時天下晏然，衣食滋殖。」上曰：「漢常守蕭何之法，不變可乎？」公曰：「何獨漢也，使三代之君常守禹、湯、文、武之法，雖至今存可也。武王克商日，乃反商政，政由舊，然則雖周亦用商政也。《書》曰：『無作聰明亂舊章。』」漢武帝用張湯言【三】，取高帝法紛更之，盜賊半天下。元帝改宣帝之政，而漢始衰。由此言之，祖宗之法不可變也。」後數日，吕惠卿進講，因言：「先王之法有一年變者，正月始和，布法象魏是也；有五年一變者，巡狩考制度是也；有三十年一變者，刑罰世輕世重是也；有百年不變者，父慈、子孝、兄友、弟恭是也。前日光言非是，其意以諷朝廷，且譏臣爲條例司官耳。」上問公：「惠卿言何如？」公曰：「『布法象魏』，布舊法也，何名爲變？諸侯有變禮易樂者，王巡狩則誅之，王不自變也。刑新國用輕典，亂國用重典，平國用中典，是爲世輕世重，非變也。且治天下譬如居室，弊則脩之，非大壞不更造也，大壞而更造，非得良匠美材不成。今二者皆無有，臣恐風雨之不庇也。公卿侍從皆在此，願陛下問之。三司使掌天下財，不才而黜可也，不可使兩府侵其事。今爲制置三司條例司，何也？宰相以道佐人主，安用例，苟用例，則胥吏足矣。今爲看詳中書條例司，何也？」惠卿不能對，詆公曰：「光爲侍從，何不言？言而不從，何不去？」公作而答曰：「是臣之罪也。」上曰：「相與論是非耳，何至是。」講畢，賜坐户外，將出，上令徙户内，左右皆避去。上曰：「朝廷每更一事，舉朝洶洶，何也？」王珪曰：「臣疏賤，在闕門之外，朝廷之事不能盡知，借使聞之道路，又不知其虚實也。」上曰：「聞則當言之。」公曰：「青苗出息，平民爲之尚能以蠶食下户，至飢寒流離，況縣官法令之威乎？」惠卿曰：「青苗法願取則與

【三】漢武帝用張湯言　原脱「張」字，據《宋名臣言行録》後集卷七補。

之，不願不强也。」公曰：「愚民知取債之利，不知還債之害，非獨縣官不强，富民亦不强也。臣聞『作法於涼，其弊猶貪，作法於貪，弊將若之何？』昔太宗平河東，立和糴法，時米斗十餘錢，草束八錢，民樂與官爲市，後物貴，而和糴不解，遂爲河東世世患。臣恐異日之青苗猶河東之和糴也。」上曰：「陝西行之久矣，民不以爲病。」公曰：「臣陝西人也，見其病不見其利。朝廷初不許也，而有司尚能以病民，况立法許之乎？」上曰：「坐倉糴米何如？」坐者皆起曰：「不便。上已罷之，幸甚！」上曰：「未罷也。」公曰：「京師有七年之儲，而錢常乏。若坐倉，錢益乏，米益陳，奈何？」惠卿曰：「坐倉得米百萬斛，則省東南百萬之漕，以其錢供京師，何患無錢。」公曰：「東南錢荒而米狼戾，今不糴米而漕錢，棄其有餘，取其所無，農末皆病矣。」侍講吴申起曰：「光言至論也。」公曰：「此皆細事，不足煩人主，但當擇人而任之，有功則賞，有罪則罰，此則陛下職也。」上曰：「然。『文王罔攸，兼于庶言、庶獄、庶慎，惟有司之牧夫。』」公趨出，上曰：「卿得無以惠卿之言不樂乎？」公曰：「不敢。」

王安國常非其兄安石所爲，爲西京國子監教授，溺於聲色。介甫在相位，以書戒之曰：「宜放鄭聲。」安國復書曰：「安國亦願兄遠佞人也。」官滿，至京師，上以介甫故召上殿，時人以爲必除侍講，上問以其兄秉政物論如何，對曰：「但恨聚歛太急，知人不明耳。」上默然不悦，由是别無恩命，久之乃得館職。安國嘗力諫其兄，以天下洶洶不樂新法，皆歸咎於公，恐爲家禍。介甫不聽，安國哭於影堂曰：「吾家滅門矣！」又嘗責曾布以誤惑丞相，更變法令，布曰：「足下人之子弟，朝廷變法何預足下事？」安國勃然怒曰：「丞相吾兄也，丞相之父即吾父也，丞相由汝之故殺身破家，僇及先人，發掘丘壟，豈得不預我事耶！」

韓琦判大名府時，朝廷行青苗法，衆議皆以謂不便，臺諫官凡言及者皆以罪斥，中外無復敢言【四】，公慨然上疏，乞罷其法。條例司疏難頒下，及令進奏官指揮本院將中書劄子頒行天下。公再奏曰：「臣詳制置司疏駁事件，即將臣元奏要切之語多從删之，唯舉大槩，用偏辭曲説爲阻難【五】，及引《周禮》國服爲息之説，文其謬妄，上以欺罔聖君，下以愚弄天下之人，將使無復敢言其非者。臣不勝痛憤，至再有辨列。按《周禮》『泉府掌以市之征布，斂市之不售、貨之滯於民用者，以其價買之物揭而書之，以待不時而買者，買者各從其抵。』鄭衆釋云：『書其價，揭著其物也。不時買者，謂急求者也。抵，故價也。』臣謂，周制：民有貨在市，而無人買，或有積滯而妨民用者，則官以時價買之，書其物價示民，若有急求者，則以官元買價與之，此所謂王道也。經又云：『凡賒者，祭祀無過旬日，喪紀無過三月。』鄭衆釋云：『賒，貰也，以祭祀、喪紀，故從官貰買物。』唐賈公彦疏云：『賒，與民不取息也。』經又云：『凡民之貸者，與其有司辨而授之，以國服爲息。』鄭衆釋云：『貸者，謂從官借本賈也，故有息，使民弗利，以其所賈之國所出爲息也。』此所謂王

【四】中外無復敢言　原脱「敢」字，據《宋名臣言行録》後集卷一補。

【五】用偏辭曲説爲阻難　原脱「説」字，據《宋名臣言行録》後集卷一補。

道也。而鄭康成云：『以其於國服事之税爲息也，於國事受園廛之田，而貸萬泉者，則朞出息五百。』臣謂《周禮》『園廛二十而税一，近郊十一，遠郊二十，而三甸稍縣都，皆無過十二，唯其漆林之征，二十而五。』鄭康成蓋約此法，謂從官貸錢，若受園廛之地，貸萬錢者出息伍百。公彦因而解謂，近郊十一者，萬錢朞出息一千，遠郊二十，而三者萬錢朞出息一千五，百甸稍縣都之民，萬錢朞出息二千。臣謂，如此，則須漆林之户取貸方出息二千五百也，然當時未必如此。今放青苗錢，凡春貸十千，半年之内便令納利二千，秋再放十千，至年終又納利二千，則是貸萬錢者，不問遠近之地，歲令出息四千也。《周禮》至遠之地止出息二千，今青苗取利尚過《周禮》一倍，則制置司所言『比《周禮》貸民取息，立定分數，已不爲多』，亦是欺罔聖聽，且謂天下之人皆不能辨也。且今古異制，貴於便時，《周禮》所載有不可施於今者，其事非一。若謂泉府一職今可施行，則上言以官錢買在市不售及民間積滯之貨，候民急求則依原價與之【六】，民有祭祀、喪紀就官中借物，限旬日、三月還官，而不取其利，制置司何不將此周公太平已試之法，盡申明而行之？豈可獨舉注疏貸錢取息之利事，以誑天下之公言哉！」上始得疏，意已大悟，亟欲寢罷，王安石引疾在告，唯參知政事趙抃等對，上諭欲罷之意，抃乃曰：「此主於安石，乞更俟安石出議之。」安石既出，執之益堅，聞者惜之。未幾，御史中丞吕公著亦言青苗法非便，安石欲黜之，上曰：「欲别坐事令出。」既又曰：「公著言，韓琦近有章疏，朝廷亦當聽納。自古執

【六】依原價與之　原脱「原」字，據《宋名臣言行録》後集卷一補。

政與藩臣若生間隙，至有舉晉陽之甲以逐君側之惡者。」安石遽曰：「只此可以逐矣。」公著遂坐誣大臣欲舉晉陽之甲，罷知蔡州。諫官孫覺聞之，曰：「此言覺嘗奏之，今貶公著，誤也。」公既以言忤權臣，又公著告詞明坐所因，公益皇恐，遂以疾上章乞知徐州，章四上。神宗遣内侍李舜舉慰諭之，乃止。

先生與僕論變法之初，僕曰：「神廟必欲變法，何也？」先生曰：「蓋有説矣。天下之法，未有無弊者，祖宗以來，以忠厚仁慈治天下，至於嘉祐末年，天下之事似乎舒緩委靡不振，當時士大夫亦自厭之，多有文字論列，然其實於天下根本牢固。至神廟即位，富於春秋，天資絶人，讀書一見便解大旨，是時見兩蕃不服，及朝廷州縣多舒緩，不及漢、唐全盛時，每與大臣論議，有怫然不悦之色。當時執政從官中有識者，以謂方今天下正如大富家，上下和睦，田園開闢，屋舍牢壯，財用充足，但屋宇少設飾，器用少精巧，僕妾樸魯遲鈍，不敢作過。但有鄰舍來相凌侮，不免歲時以物贈之，其來已久，非自家做得如此。遂不敢承當上意，改革法度。獨金陵揣知上意，以一身當之，以激切奮怒之言以動上意，遂以仁廟爲不治之朝，神廟一旦得之，以爲千載會遇。改法之初，以天下公論謂之流俗，内則太后，外則顧命大臣等，尚不能回，何況臺諫、侍從、州縣乎？祇增其勢爾。雖天下之人羣起而攻之，而金陵不可動者，蓋此八箇字，吾友宜記之。」僕曰：「何等八字？」先生曰：「虚名實行，强辯堅志。當時天下之論，以金陵不作執政爲屈，此虚名也。平生行止，無一點涴，論者雖欲誣之，人主信乎？此實行也。論議人主之前，貫穿經史今古，不可窮詰，故曰强辯。前世大臣欲任意行一事，或可以生死禍福恐之得回，此老實不可以此動，故曰堅志。因此八字，此法可以必行也。得君之初，與人主若朋友，一言不合己志，必面折之，反復詰難，使人主伏弱乃已。及元豐之初，人主之德已成，又大臣尊仰將順之不暇，天容毅然，正君臣之分，非與熙寧初比也。」《元城語録》。

司馬温公拜門下侍郎，力辭不許，數賜手書：「先帝新棄天下，天子沖幼，此何時，而君辭位耶？」公不敢復辭。初，神宗皇帝以英傑絶人之資，勵精求治，凜凜乎漢宣帝、唐太宗之上矣。而宰相王安石用心過當，急於功利，小人得乘間而入，吕惠卿之流以此得志，後者慕之，爭先相高，而天下病矣。先帝明聖，獨覺其非，出安石金陵，天下欣然，意法必變。雖安石亦自悔恨，其去而復用也，欲稍自改，而惠卿之流恐法變身危，持之不肯改。然先帝終疑之，遂退安石，八年不復召，而惠卿亦再逐不用。元豐之末，天下多故，及二聖嗣位，民日夜引領以觀新政，而進説者以爲三年無改於父之道，欲稍損其甚者，毛舉數事以塞人言。公慨然爭之曰：「先帝之法，其善者雖百世不可變也，若安石、惠卿等所建爲天下害，非先帝本意者，改之當如救焚拯溺，猶恐不及。昔漢文帝除肉刑，斬右趾者棄市，笞五百者多死，景帝改之。武帝作鹽鐵、榷酤、均輸等法，昭帝罷之。唐代宗縱宦官公求賂遺，德宗罷之。德宗爲宫市，五坊小兒暴横，鹽鐵使月進羡餘，順宗罷之。當時悦服，後世稱頌，未有或非之者也。况太皇太后以母改子，非子改父。」衆議乃定。遂罷保甲團教，依義勇法歲一閱。保馬不復買，見在者還監牧，給諸軍。廢市易法，所儲物皆鬻之，不取息，而民所欠錢皆除其息。京東鑄鐵錢，河北、江西、福建、湖南鹽，及福建茶法，皆復其舊，獨川陝茶，以邊用未即罷去，遣使相視【七】，去其甚者。户部左右曹錢穀，皆領之尚書，凡昔之三司使事有散隸五曹及寺監者，皆歸户部，使尚書周知其數，量入以爲出。元祐元年正月，公始得病【八】，詔公與尚書左丞吕公著朝會與執政異班，再拜而已，免舞蹈。公疾益甚，歎曰：「四患未除，死不瞑目矣！」乃力疾上疏，論免役五害，乞直降勑罷之，率用熙寧以前法，有未便，州縣監司節級以聞，爲一路一州一縣法。詔即日行之。又論西戎，大略以和戎爲便，用兵爲失，時異議甚衆，獨太師文彦博議與公合，衆不能奪。遂詔諸將兵皆隸州縣，軍政委守令通決之。又廢提舉常平司，以其事歸之轉運使及提點刑獄，罷青苗錢，專行常平糴糶法。

司馬公與王荆公書曰：「光以蒙眷之久，誠不忍視天下之論訩訩，輒敢獻言于左右。『作法於凉，其弊猶貪，作法於貪，弊將若之何？』今四方豐稔，縣官復散錢與之，安有父子不相見、兄弟妻子離散之事？某所言者，乃在數年之後。常平法既壞，内藏庫又空，家家於常賦之外，更增息錢、役錢，又言利者以聚歛得好官，後來者必更生新意，以取民之脂膏，日甚一日，民産既竭，小值水旱，則光所言者介甫且親見之，知其不爲過論也。當是之

【七】遣使相視　原脱「遣」字，據《東坡全集》卷九十司馬光行狀補。

【八】公始得病　「始」原作「如」，據明嘉靖本及《東坡全集》卷九十司馬光行狀改。

時，願毋罪歲！」

楊元素爲中丞，與劉摯言助役有十害，王荆公使張琥作十難以詰之，琥辭不爲，曾布曰：「請爲之。」仍詰二人向背好惡之情，果何所在？元素惶恐，請曰：「臣愚不知助役之利乃爾，當伏妄言之罪。」摯奮曰：「爲人臣豈可壓於權勢，使人主不知利害之實。」即復條對布所難者，以伸前議，且曰：「臣所向者陛下，所背者權臣，所好者忠直，所惡者邪姦。臣今獲罪譴逐，固自其分，但助役終爲天下之患害，願陛下勿忘臣言。」於是元素出知鄭州，摯責監臨，琥亦由此忤荆公意，坐事落修注。《聞見録》，重出。

錢塘江堤以竹籠石，而潮嚙之，不數歲，輒壞而復理。陳堯佐嘆曰：「堤以捍患，而反病民。」乃議易以薪土，言者以爲非便，而丁晉公主之，以黜公，公爭不已，乃徙公京西。而籠石爲堤，數歲功不就，民力大困，卒用公議，堤乃成。神道碑。

河東地寒而民貧，奏除石炭税，減官冶鐵課歲數十萬以便民。陳堯佐曰：「轉運，征利之官也，利有本末，下有餘則上足，吾豈爲俗吏哉！」神道碑。

劉忠肅公摯在南京幕府，會司農寺行新令，盡斥賣天下祠廟，依坊場河渡法收淨利，南都閼伯廟歲爲錢四十六貫，微子廟十二貫。公嘆曰：「一至於此！」往見留守張公方平，曰：「獨不能爲朝廷言之耶？」張公矍然，因託公爲奏，曰：「閼伯遷此商丘，主祀大火，火爲國家盛德所乘，歷世尊爲大祀。微子，宋始封之君，開國此地，本朝受命建號所因。又有雙廟者，唐張巡、許遠，孤城死賊，能捍大患。今若令承買，小人規利，冗褻瀆慢，何所不爲。歲收微細，實損大體，欲望詳酌，留此三廟，以慰邦人崇奉之意。」神宗即日批曰：「辱國瀆神，此爲甚者。」速令行下，更不施行，司農寺官吏令開封府取勘。行狀。

辯誣

王晉公祐事太祖爲知制誥，太祖遣使魏州，以便宜付之，告曰：「使還，與卿王溥官職。」時溥爲相也。蓋魏州節度使符彦卿，太宗夫人之父，有飛語聞于上。祐往別太宗於晉邸，太宗却左右欲與之語，祐徑趨出。祐至魏，得彦卿家僮一人挾勢恣横，以便宜決配而已。及還朝，太祖問曰：「汝敢保符彦卿無異意乎？」祐曰：「臣與符彦卿家各有百口，願以臣之家保符彦卿。」又曰：「五代之君多因猜忌殺無辜，致享國不長，願陛下以爲戒。」帝怒其語直，貶獲國軍行軍司馬，華州安置，七年不召。太宗即位，以兵部侍郎召，不及見而薨。初，祐赴貶時，親賓送於都門外，謂祐曰：「意公作王溥官職矣。」祐笑曰：「祐不做，兒子二郎必做」。二郎者，文正公旦也，祐素知其必貴，手植三槐于庭，曰：「吾子孫必有爲三公者。」已而果然，天下謂之三槐王氏云。《聞見録》。

李繼隆討寇，與轉運使盧之翰有隙，欲陷之罪，乃檄轉運司期八月出塞，令辦芻粟。轉運司調發方集，繼隆復爲檄，言據陰陽人狀，國家八月不利出師，當更取十月。轉運司遂散芻粟，既而復爲檄云，得保塞胡偵候狀，言賊且入塞，當以時進軍，芻粟即日取辦。是時民輸輓者適散，倉卒不可復集，繼隆遂奏轉運司乏軍興。太宗大怒，立召中使一人，付三函，令乘驛馳取轉運使盧之翰、竇玭及某人首，丞相呂端、樞密使柴禹錫皆不敢言，惟樞密副使錢若水爭之，請先推驗有狀，然後行法。上大怒，拂衣起入禁中。二府皆罷，若水獨留廷中不去，上既食，久之使人偵視廷中有何人，報云有細瘦而長者尚立焉，上出詰之曰：「爾以同州推官再朞爲樞密副使，朕所以擢任，以爾爲賢爾，乃不才如是耶！尚留此安俟？」對曰：「陛下不知臣無狀，使得待罪二府，臣當竭其愚衷，不避死亡，補益陛下，以報厚恩。李繼隆外戚，貴重莫比，今陛下據其一幅奏書誅三轉運使，雖有罪，天下何由知之？鞫驗事狀明白，加誅何晚？」上意解，乃召呂端等，奏請如若水議，先令責狀，許之。三人皆黜爲行軍副使，既而寇欲入塞事皆虛誕，繼隆坐罷招討、知秦州。

寇忠愍知永興軍，於其誕日排設如聖節儀，晚衣黄道服簪花，走馬承受且奏寇準有叛心。真宗驚，手出奏示執政曰：「寇準乃反邪？」王文正公熟視，笑曰：「寇準許大年紀，尚騃耳，可劄與寇準知。」上意亦解。

錢惟演作樞密直學士，《題名記》附離丁謂，輒去寇準姓氏，云：「逆準不書。」蔡公齊言於仁宗曰：「寇準，社稷之臣，忠義聞天下，豈可爲姦黨所誣哉！」遂令磨去。

真廟時有卜者上封事，言干宫禁，上怒，令捕之繫獄，坐以法。因籍其家，得朝士往還書尺，上曰：「此人狂妄，果臣僚與之過從，盡可付御史獄案劾」。王文正公旦得之以歸，翌日獨對曰：「臣看卜者家藏文字，皆與之筭命選日草本，即無言及朝廷事。臣託往來，亦曾令推步星辰，其狀尚存。」因出以奏曰：「果行，乞以臣此狀同問。」上曰：「卿意如何？」公曰：「臣不欲因此卜祝賤流累及朝廷。」上乃解。公至政府，即時焚去，繼有大臣力言乞行，欲因而擠之，上令中使再取其狀，公曰：「得旨已寢，焚去之。」

蔡襄自給事中、三司使除禮部侍郎、端明殿學士、知杭州。初，上入爲皇子，中外相慶，知大計已定矣，既而稍稍傳言有異議者，指蔡公爲一人。及上即位始親政，每語及三司事，便有忿然不樂之意，蔡公終以此疑懼請出。既有除命，韓、曾二公因爲上言，「蔡襄事出於流言，難以必信。前世人主以疑似之嫌害及忠良者，可以爲鑒也」。臣脩亦啓曰：「或聞蔡襄文字尚在禁中，陛下曾觀之否？」上曰：「文字即不曾見，無則不可知其必無。」臣奏曰：「若無文字，則事未可知。就使陛下曾見文字，猶須更辯真僞。往時夏竦欲陷富弼，乃先令婢子學石介書字，歲餘學成，乃僞作介與弼書謀廢立事，書未及上，爲言者廉知而發之，賴仁宗聖明，弼得免禍。至如臣丁母憂，服闋初還朝，有嫉忌臣者，乃僞撰臣一劄子，言乞沙汰内官，欲以激怒羣閹。是時家家有本，中外喧傳，亦賴仁宗保全，得至今日。由是而言，陛下曾見文字，猶須更辯真僞，何況止是傳聞疑似之言，何可爲信？」上曰：「官家若信傳聞，蔡襄豈有此命？」《歐陽奏事録》。

張文懿罷相，由范文正公彈也。文懿復相，一日，仁宗語文懿曰：「范仲淹嘗有疏乞廢朕，可施行之。」文懿曰：「仲淹法當誅，然不見章疏，乞付外施行。」上曰：「未嘗見其疏，但比有爲朕言者，且議其罪。」文懿曰：「其罪大，無他法，無文案即不可行，望陛下訪之。」凡數日則一請其疏，月餘凡十數請，上曰：「竟未見之，然爲朕言者多矣，可從末減。」曰：「人臣而欲廢君，無輕典，既無明文，則不可以空言加罪。」上意解，即曰：「仲淹在外初似疑，今既無疑，可稍遷之，以慰其心。」上深然之。

《韓魏公別録》云：內官王昭明絶不類內官。往年執政賈昌朝、陳執中惡歐陽文忠公，欲因公之外甥女張嫁公族人晟以失行繫獄，乘此欲並中公，深治之，令蘇安世鞫獄，不成，蘇云：「不如鍛鍊就。」仍乞不録問。昭明時爲監勘官，正色曰：「上令某監勘，正欲盡公道爾，鍛鍊何等語也！」卒辯其誣，猶降官知滁州事。噫！今之士大夫識見不及閹宦者多矣！

京師有指荆王爲飛語者，內侍省得三司小吏鞫之，連及數百人。上聞之大怒，詔蔡齊窮治。迹其所來無端，而上督責愈急，有司不知所爲，京師爲之恐動。公以謂，繆妄之説起於小人，不足窮治，且無以慰安荆王危疑之心。奏疏論之，一夕三上，上大悟，乃可其奏，止笞數人而已。中外之情乃安。

趙康靖公槩厚德長者，口未嘗言人短。與歐陽文忠公同知制誥，後亦同秉政。及文忠被謗，康靖密申辯理，至欲納平生誥敕而保之，而文忠不知也。

太常博士陳詁知祥符縣，縣吏惡其明察，欲中以事，而詁公廉不可得。乃欲以奇動京師，自録事以下空一縣皆逃去，京師果喧言詁政苛暴。是時章獻明肅太后猶聽政，怒詁，欲加以罪，陳堯佐爲樞密副使，力爭之，以謂罪詁則姦人得計，而沮能吏，詁由是獲免。神道碑。

元昊寇鄜、延，殺二萬人，延帥范雍、鈐轄盧守懃閉門不救，中貴人黄德和引兵先走，劉平、石元孫戰死。而雍、守懃歸罪於通判、都監，竄之嶺南，德和誣奏平降賊，詔以兵圍守其家。富韓公弼言：「平自環、慶引兵來援，以姦臣不救故敗，竟罵賊不食而死。宜邮其家，守懃、德和皆中官，怙勢誣人，冀以自免，宜竟其獄。」樞密院奏方用兵，獄不可遂。公言：「大臣附下罔上，獄不可不竟」。時官守懃養子爲御藥，亦奏罷之，德和竟坐腰斬。神道碑。

諫官陳瓘以言及東朝與政事被謫，曾肇適館伴北使事畢還家，即奏書兩宫曰：「瓘昨者所論，臣雖不知其詳，以詔旨觀之，瓘言雖狂，其意則忠。何則？瓘以疏遠小臣，妄意宫闈之事，披寫腹心，無所顧避，此臣所謂狂也。皇太后有援立明聖不世之大功，有前期歸政過人之盛德，萬一有纖毫可以指議，則於清躬不爲無累。瓘以憂君之誠，陳預防之戒，欲以開悟聖心，保全盛美，忘身爲國，臣子所難，此臣所謂忠也。以臣愚計，皇帝以瓘所言狂率而逐之，皇太后以天地之量隱忍包容，特下手書而留之，則天下之人必曰，皇帝恭事母儀，不容小臣妄議，其孝如彼； 皇太后功德巍巍，而能含洪光大，雖有狂言，不以爲罪，其仁如此。兩誼俱得，豈不美哉？」初，瓘得罪，左右無敢言者，公獨盡言，請復瓘舊職。其犯顔嬰鱗，率此類也。

王和甫嘗言，蘇子瞻在黄州，上數欲用之，王禹玉輒曰：「軾嘗有『此心惟有蟄龍知』之句，陛下龍飛在天而不敬，乃反欲求蟄龍乎？」章子厚曰：「龍者非獨人君，人臣皆可以言龍也。」上曰：「自古稱龍者多矣，如荀氏八龍，孔明卧龍，豈人君也。」及退，子厚語之曰：「相公乃欲覆人家耶？」禹玉曰：「舒亶言爾。」子厚曰：「亶之唾亦可食？」

前宰相蔡確坐詩語譏訕簾中，臺諫章疏交上，必欲朝廷誅殛，宰執侍從皆謂當然。范忠宣公獨以爲不可，遂於簾前開陳，方今聖朝宜務寬厚，不可以語言文字之間、曖昧不明之過誅竄大臣，今日舉動宜與將來爲法式，此事甚不可開端也。疏云：「蓋如父之有逆子，雖天地鬼神不能容貸，至於父母親致於必死之地，則却恐傷於恩。臣之區區，實在於此。」

袁抗大監嘗言，曾守官營道，聞吏民言，寇萊公始謫道州司馬，素無公宇，百姓聞之，競荷瓦木，不督而會，公宇立成，頗亦宏壯。守土者聞于朝，遂再有海康之行。始戒途，吏民遮道，馬復踖蹴不進，寇以策叩馬曰：「吾尚敢留滯邪！汝何不行？」馬即前去，寇泣且曰：「語丁謂，我負若何事？致我于極地邪？」其後丁自朱崖移道州，袁嘗接席語論【九】，遂以所聞質之，丁曰：「寇自粗疏。先朝因節日賜宴于寇相第，寇好以大白飲人，時曹利用爲樞密副使，不領其意，寇曰：『某勸太傅酒，何故不飲？』曹竟不濡唇，寇怒曰：『若一夫耳，敢爾邪！』曹厲聲曰：『利用在樞府，而相公謂之一夫，明日當于上前辯之！』自此二公不協，厥後發萊公之事者，曹貂也，預謂何事？」然中外皆知萊公之禍，丁有力焉。二公之在政府也，當太平之盛，至於贊燮王度，亦無善惡之大者，至今天下識與不識、知與不知，聞萊公之名，則許以忠藎，言晉公之爲，則目以姦諛。豈非丁以才過其實，寇以誠過其才歟？《倦遊録》

寇萊公在藩鎮，嘗因生日建山棚大宴，又服用僭侈，爲人所奏。上怒甚，謂公曰：「寇準每事欲效朕，可乎？」公徐對曰：「準誠能臣，無如騃何？」上意解，遽曰：「然，此止是騃耳。」遂不問。文正公疾亟，上問以後事，唯對以宜早召寇準爲相。【一〇】

獄訟

錢宣靖公若水爲同州推官，知州性褊急，數以胸臆決事不當，若水固爭不能得，輒曰：「當陪奉贖銅爾。」已而果爲朝廷及上司所駁，州官皆以贖論，知州愧謝。已而復然，前後如此數矣。有富家小女奴逃亡，不知所之，女奴父母訟於州，州命録事參軍鞫之。録事嘗貸於富民不獲，乃劾富民父子數人共殺女奴，棄尸水中，遂失其尸，或爲元謀，或從而加罪皆應死，富人不勝搒楚，自誣服。具獄上，州官審覆無反異，皆以爲得實，若水獨疑

【九】袁嘗接席語論　「席」原作「帚」，據明嘉靖本改。

【一〇】此條原無，據明嘉靖本補。

之，留其獄數日不決。録事詣若水廳事詬曰：「若受富民錢，欲出其死罪耶？」若水笑謝曰：「今數人當死，豈可不少宿留熟觀其獄辭耶？」留之且旬日，知州屢趣之不能得，上下皆怪之。若水一旦詣知州，屏人言曰：「若水所以留其獄者，密使人訪求女奴，今得之矣。」知州驚曰：「安在？」若水因密使人送女奴於知州所。知州垂簾，引女奴父母問之曰：「汝今見汝女識之乎？」對曰：「安有不識也？」因從簾中推出示之，父母泣曰：「是也。」乃引富民父子悉縱之，其人號泣不肯去，曰：「微使君之賜，則某滅族矣！」知州曰：「推官之賜，非我也。」其人趨詣若水，閉門拒之，曰：「知州自求得之，我何與焉？」其人不得入，繞牆而哭，傾家資以飯僧，爲若水祈福。知州以若水雪冤死者數人，欲爲之論奏其功，若水固辭曰：「若水但求獄事正、人不冤死耳，論功非本心也。且朝廷若以此爲若水功，當置録事於何地耶？」知州嘆服曰：「如此，尤不可及矣！」録事詣若水叩頭愧謝，若水曰：「獄情難知，偶有過誤，何謝也。」於是遠近翕然稱之。未幾太宗聞之，驟加進擢，自幕職半年爲知制誥，二年爲樞密副使。

向文簡公敏中在西京【一二】。有僧暮過村民家，求寄止，主人不許，僧求寢於門外車箱中，許之。夜中，有盜入其家，自牆上扶一婦人并囊衣而出，僧適不寐見之，自念不爲主人所納，且强求宿，今主人亡其婦及財，明日必執我詣縣矣，因夜亡去。不敢循故道，走荒草中，忽墮眢井，則婦人已爲人所殺，先在其中矣。明日，主人搜訪亡財及子婦屍，得之井

【一二】向文簡公敏中在西京　原脱「西」字，據《涑水紀聞》卷七及《宋名臣言行録》前集卷三補。

中。執以詣縣，掠治，僧自誣，云與子婦姦誘與俱亡，恐爲人所得，因殺之投井中，暮夜不覺失足，亦墜其中，贓在井傍亡失，不知何人所取。獄成言府，府皆不以爲疑，獨敏中以贓不獲疑之。引僧詰問數四，僧服罪，但言：「某前生當負此人，死無可言者！」敏中固問之，僧乃以實對，敏中因密使吏訪其賊。吏食於村店，店嫗聞其自府中來，不知其吏也，問之曰：「僧某者，其獄何如？」吏紿之曰：「昨日已笞死於市矣。」嫗嘆息曰：「今若獲賊何如？」吏曰：「府已誤決此獄矣，雖獲賊亦不敢問也。」嫗曰：「然則言之無傷矣！婦人者，乃此村少年某甲所殺也。」吏曰：「其人安在？」嫗指示其舍，吏就舍中掩捕獲之。案問具服，並得其贓，一府咸以爲神也。

范文正公以進士解褐，爲廣德軍司理參軍，日抱具獄與太守爭是非。守盛怒臨之，公不爲屈，歸必記其往復辯論之語于屏上。比去至貧，止一馬，鬻馬徒步而歸。汪藻撰《祠堂記》。

范忠宣公純仁知齊州，録事參軍宋儋年中毒暴卒，公得罪人置於法。初，宋君因會客罷，是夜門下人遽以疾告，公遣家人子弟視其喪事，宋君小殮，口鼻血出，漫汙幎帛。公疑其死不以理，果爲寵妾與小吏爲姦，付有司按治具伏，因會客置毒在鱉𩷑中。公曰：「𩷑在第幾巡？豈有中毒而能終席耶？」命再劾之，宋君果不嗜鱉𩷑，爲坐客所並，乃客散醉歸，置毒酒盃中而殺之，罪人覬他日獄變，爲逃死之計也。人以爲公發摘姦伏如神明，若非遇公，則宋君之冤無以伸於地下矣！

嵇内翰潁父適嘗爲荆南石首主簿，民有父子坐重辟，府特命適按劾之，爲免其子死，而父以抵法。託言於人曰：「主簿仁人也，且生令子。」明年潁生，天聖中進士及第。

故事，州郡之獄有疑及情可憫者，雖許上請，而法寺多舉駁，則官吏當不應奏之罪，故皆移情就法，不以上請。燕肅判刑部，奏：「天聖三年天下斷大辟二千四百三十六，豈無法疑情可憫者，而州郡無所奏讞，蓋畏罪也。請自今奏而不應奏者，不科以罪。」自是奏讞者歲不減千人，皆情可憫、法疑者，無不貸免。自天聖四年距今蓋五十年，貸免無慮數萬人，古所謂仁人之言，肅有之矣。

胡文恭公宿通判宣州，有被誣以殺人者，獄成議法，將抵死。公疑之，呼囚以訊，囚懼箠楚，不敢言。公正衣冠坐堂上思之，俄而假寐，夢有人來告曰：「吴姓也。」公遽引囚，辟左右復訊之，囚曰：「旦將之田，縣吏執以赴官，不知其由也。」公取獄辭窮治，乃被毆之婦與吴姓姦，姦者殺其夫，與婦謀，執平人以告也。公之精誠格物蓋如此。

涇卒以折支不給，出惡言欲爲亂，其後斬二人，黥四人，亂意乃息。委胡文恭公宿置獄治三司吏不時計度，三司使護吏，不肯遣，公曰：「涇卒悖慢，誠其罪，然折支軍情所繫，積八十五日而不與，則三司豈得無罪耶！陛下以包拯近臣，不令置對，可謂曲法申恩，而拯猶不自省，公拒制命。臣恐主威不行，而綱紀益廢矣。」拯懼，立遣吏就獄。行狀。

趙清獻公爲武安軍推官，有僞造印者，吏皆以爲當死，公獨曰：「造在赦前，而用在赦後，赦前不用，赦後不造，法皆不死。」遂以疑讞之，卒免死，一府皆服。

蔡文忠公齊通判濰州，民有告某氏刻僞税印爲姦利者已逾十年，跡蹤連蔓至數百人，公歎曰：「盡利於民，民無所逃，是爲政之過也。」爲緩其獄，得減死者十餘人，餘皆釋而不問之。人皆曰：「公德於我，使我自新爲善人。」由是風化大行。

陳公洎初爲開封府功曹參軍，時程琳尹開封。章獻太后臨朝，族人貴驕，自杖老卒死，人莫敢言。公當驗尸，即造府白琳，琳望見公來，迎謂曰：「驗屍事畢乎？」公曰：「未也。」琳遽起隱屏間，曰：「不得相見。」公唯而出，適屍所，太后已遣中人至，曰：「速視畢奏來。」公起再拜曰：「領聖旨。」未畢，使者十輩督之，吏等皆懼，謂公應以病死聞，公怒曰：「何不以實？」吏等駭曰：「公固不自愛，某曹不敢。」公復怒曰：「此卒冤死，待我而伸，爾曹依違懼禍，法不爾赦。」即自實其狀詣琳，琳又迎問曰：「如何？」公曰：「杖死。」琳大喜，撫其背曰：「如此陰德，官人必享前程。」遽索馬入奏，已而太后族人有特旨原，公亦不及罪。公自此名顯，歷官臺省，終三司副使。人以謂積善之報未艾云。《濟北先生集》。

《魏公别録》云：內官王昭明絶不類內官，往年執政賈昌朝、陳執中惡歐陽公，欲因張氏事深治之，令蘇安世鞫，獄不成，蘇云：「不如鍛鍊就。」仍乞不録問。昭明時爲監勘官，正色曰：「上令某監勘，正欲盡公道爾。鍛鍊何等語也！」歐陽遂清脱。重。

職方張其知江陰軍，吏盜錢叁百貫，二十年矣，其發其姦，捕繫數十人，轉運使趙郭謂曰：「此應賞典，願竄吏，吾以聞。」其慘然曰：「殺人以求賞可乎？」悉召吏，諭以償錢則貸出之，不爾爾曹死矣。吏之親屬聞者爭出錢，以十日而足，乃推二人已死者爲首【一二】，餘悉貸不問。郭愧且嘆曰：「公長者，非吾所及也。」其乃薛簡肅公奎之婿。

鄂州崇陽素號難治，歐陽曄治之，至則決滯獄百餘事。桂陽民有爭舟而相毆至死者，獄久不決，公自臨其獄，出囚坐庭中，去其桎梏而飲食之，食訖，悉勞而還于獄，獨留一人于庭。留者色動惶顧，公曰：「殺人者汝也。」囚不知所以然，公曰：「吾視食者皆以右手持匕，而汝獨以左，今死者傷在右肋，此汝殺之明也。」囚即涕泣曰：「我殺也，不敢以累他人。」公之臨事明辨，有古良吏決獄之術多如此，所居人皆愛思之。《歐陽文忠公集》

曾侍中公亮爲相時，每得四方奏獄，必躬閱之。密州銀沙發民田中，有强盜者，大理論以死，公亮獨曰：「此禁物也，罪不應死。」下有司議，卒比劫盜禁法盜得不死。先是，金銀所發多以强盜坐死，自是無死者。出《熙豐故事名臣傳》

東坡外曾祖程公逸【一三】，諱仁霸，眉山人，攝録事參軍。眉山尉有得盜蘆服根者，所持刀誤中主人，尉幸賞以劫聞，獄掾受賕，掠成之。太守將慮囚，囚坐廡下，泣涕衣盡濕，公適過之，知其冤，咋謂盜曰：「汝冤盍自言？吾爲汝直之。」盜果稱冤，移獄，竟殺盜，

【一二】乃推二人已死者爲首　「推」原作「惟」，且脱「已」字，據明嘉靖本及《東齋紀事》卷三改補。

【一三】東坡外曾祖程公逸　原脱「曾」字，明嘉靖本無此條，據原出處《東坡全集》卷九十三補。

公坐詸囚罷歸，不及月，尉、掾皆暴卒。後三十餘年，公晝見盜拜庭下，曰：「尉、掾未服，待公而決。前此地府欲召公暫對，我叩頭爭之曰：『不可以我故死公。』是以至今。公壽盡今日，我爲公擔荷而往，暫對，即生人天，子孫壽禄，朱紫盈門矣。」公具語家人，沐浴就寢而卒。軾幼聞此語，已而外祖父壽九十，舅氏始貴顯，壽八十五，曾孫皆仕有聲，同時爲監司者三人，玄孫官學益盛，而尉、掾之子孫微矣。《大全集》。

王質通判蘇州，州守黄宗旦負材自喜，頗以新進少公，議事則曰：「少年乃與丈人爭事。」公曰：「受命佐君，事有當爭，職也。」宗旦雖屢屈折，而政常得無失，稍德公助己，爲之加禮。宗旦得盜鑄錢百餘人，以託公，公曰：「事發無跡，何從得之？」曰：「吾以術鉤出之。」公愀然曰：「仁者之政，以術鉤人，寘之死，而又喜乎？」宗旦慚服，悉緩出其獄，始大稱公曰：「君子也。」歐陽公撰神道碑。

李諫議應言少孤，事母以孝聞。除侍御史時，鄆州民有傳妖法者，其黨凡百餘人，捕者欲邀功賞，而極誣以不軌。命應言往按其事，止誅首謀數人，餘悉全活之。

程文簡公琳知開封府，會禁中大火延兩宮，宦者治獄，得縫人火斗，已誣伏，而下府命公具案獄，公立辨其非。禁中不得入，乃命工圖火所經，而後宫人多而居隘，其烓竈近版壁，歲久燥而焚，曰：「此豈一日火哉！」乃建言此殆天災也，不宜以罪人。上爲緩其獄，卒無死者。公在府決事神速，一歲中獄常空者四五。墓誌。

上初即位，韓絳即建議復肉刑，至是復詔執政議。吕公著以爲後世禮教未備，而刑獄繁，肉辟不可復，將有踊貴屨賤之譏。吴充議復置圜土，衆以爲難行。王珪欲取開封死罪囚試以劓、刖，公曰：「刖而不死，則肉刑遂行矣！」議竟得寢。

崇寧更錢法，以一當十，小民嗜利亡命，犯法者紛紛。或捕得數大缶，誣以樞密章楶之子綖之所鑄也。初遣監察御史張茂直就平江鞫之，案上，綖不伏。再遣侍御史沈畸，既至，繫者已數百人，盡釋之，閲實以聞。時宰大怒，别選鍛鍊，綖竟坐刺配，籍没其家。沈既得罪，歸鄉亦死。張再遷，亦不顯。今三十年間，沈氏有子登科，張氏不復振矣。二子皆東吴賢者，不幸而當此，大抵張之失在於但畏人而不畏天。吁！可以爲世之戒矣。

姚龍學仲孫爲許州司理參軍，時王嗣宗知州事。民有被盗殺者，其妻訴里胥嘗責賄於其夫，不與而惡之，此必盗也。乃捕繫獄，將以死，而仲孫疑之，嗣宗怒曰：「若非盗耶？」然亦不敢遽決。後數日，果得其盗者，嗣宗喜曰：「審獄當如是也。」改資州，轉運使檄往富順監按疑獄，全活者數十人。

梅尚書和勝執禮，嘗序《送吴仲儀提點江西路刑獄》云：「劉夔侍郎自負有道術功行，一旦上章解組，徑入武夷山，樓居遐想，日俟仙去。俄有神降之言：『罪莫大於殺人，夔抱大罪，奈何興妄念于帝所？』夔叩頭自列生平修謹，雖物無敢殺，而況於人。神曰：『昔提點某路刑獄時，某縣入某死罪，州如之，夔弗察也，其罪實等。』夔於是悵然，悔咎不可及。又聞陳睦嘗提點兩浙路刑獄，會杭民有妾夏沉香者，澣衣井旁，其嫡子墮井，妻訟于州，必以謂沉香者擠之墮井也。三易獄不合，睦怒劾掾，别委官攝治之，許獄具以才薦，遂逐三掾而殺沉香。東坡詩所謂『殺人無驗終不快，此恨終身恐難了。』蓋有激云。他日睦還京師，久之無所授，聞廟師邢頗從仙人游，乃密叩以未來事，邢終拒，弗之答。尋語所親曰：『如沉香何？』睦爲之震汗廢食者累日。」

孫莘老覺知福州時，民有欠市易錢者，繫獄甚衆。適有富人出錢五百萬葺佛殿，請于莘老，莘老徐曰：「汝輩所以施錢何也？」衆曰：「願得福耳。」莘老曰：「佛殿未甚壞，又無露坐者，孰若與其錢爲獄囚償官，遂使數百人釋枷鏁之苦，其得福豈不多乎？」富人不得已諾之，即日輸官，囹圄遂空。

張文定公齊賢。真宗時戚里有爭分財不均者，更相訴訟，又因入宫自理於上前，更十餘斷不能服。宰相張齊賢曰：「是非臺府所能決也，臣請自治之。」上許之。齊賢坐相府，召訟者曰：「汝非以彼所分財多乎【一四】？」皆曰：「然。」即命各供狀結實，乃召兩吏趣歸其家，令甲入乙舍，乙入甲舍，貨財皆按堵如故，分書則交易之，訟者乃止。明日，奏狀，上大悦曰：「朕固知非君莫能定也。」

韓魏公鎮大名，魏之牒訴甚劇，而事無大小親視之，雖在疾病不出，亦許通問請命，而就決於卧内。人或以公任勞事過多，勉其畧於總劾，委於佐屬，而少自便安。公曰：「兩

【一四】汝非以彼所分財多乎　「多」原作「少」，據《宋名臣言行録》前集卷一改。

詞在官人之大事，或生或死，或予或奪，至此一言而決，吾何敢略也。吾恐有所不盡，而未嘗輒有以畧也，況其可以委人乎？」

韓忠憲公億知洋州日，有大校李申以財豪於鄉里，誣其兄之子爲他姓，賂里嫗之貌類者，使認之爲己子，又醉其嫂而嫁之，盡奪其奩橐之畜。嫂、姪訴于州及提轉，申賂獄吏，嫂、姪被笞掠，反自誣伏，受杖而去。積十餘年，洎公至，又出訴。公察其冤，因取前後案牘視之，皆未嘗引乳醫爲證。一日，盡召其黨立庭下，出乳醫示之，衆皆伏罪，子母復歸如初。

張忠定公詠在杭，有富民病將死，子方三歲，乃命其壻主其貲，而與壻遺書曰：「他日欲分財，即以十之三與子，而以七與壻。」子時長立，果以財爲訟，壻持其遺書詣府，請如元約。公閱之，以酒酹地曰：「汝之婦翁智人也。時以子幼，故以此屬汝，不然，子死汝手矣！」乃命以其財三與壻，而子與其七。皆泣謝而去，服公明斷。

李侍郎若谷守並門，民有訟叔不認其爲姪者，欲並其財，累政不能直。李令民還家毆其叔，民辭以不敢，李固强之，民如公言。叔果訟其姪，因而正其罪，分其財。重。

馬忠肅公亮知洪州，有父子同訴失其冢婦，公潛諷胥吏就詢所居，知其前後皆有津涉。密選幹吏網于水中，翌日，而獲沉尸，即辰而辨謀殺。

陳恕爲三司使，真宗命具中外錢穀大數以聞，恕諾而不進。久之，上屢趣之，恕終不進，上命執政詰之，恕曰：「天子富於春秋，若知府庫之充羡，恐生侈心，是以不敢進。」上聞而善之。

陳晉公恕爲三司使，將立茶法，召茶商數十人，俾各條利害。晉公閲之，第爲三等，語副使宋太初曰：「吾觀上等之説取利太深，此可行於商賈，而不可行於朝廷；下等固滅裂無取；唯中等之説，公私皆濟，吾裁損之，可以經久。」於是始爲三等稅法【一五】，行之數年，貨財流通，公用足而民富實。世言三司使之才，以陳公爲稱首。後李侍郎諮爲使，改其法，而茶利浸失，後雖屢變，然非復晉公之舊法也。

《龍川志》云：河朔地鹻，民刮鹻煎鹽，不買而足用。周世宗常榷海鹽，共得三十萬緡，民多犯法，極苦之。藝祖征河東還，父老進狀，乞隨兩稅納錢三十萬緡，而罷榷法，藝祖許焉，今兩稅外食鹽錢是已。是時民於澶州河橋設感聖恩道場，父老至今能道之。及仁宗朝王君貺爲三司使，復議榷法，未定，君貺去職。張安道繼之，具本末以奏，且曰：「河朔歲有河堤、國信之勞，比諸道爲苦，恐不宜復榷鹽以困之。」仁宗驚曰：「朕不知也。奈何重困河朔生靈。卿爲朕譔數句語，朕將親批出，使河朔人知此意。」即批奏牘後曰：「朕恐河朔軍民復食貴鹽，所請宜不行。」時賈魏公昌朝留守北都，聖語至，即刻石於府園

【一五】於是始爲三等稅法　「三等稅」原作「三説」，《宋名臣言行録》同。據《事實類苑》卷二十二及《東軒筆録》卷十二改。

騎山樓瘿木亭上。及賈公再守魏，而提點刑獄薛向密奏，乞行榷法，託以它事入議，朝廷許之。賈公且知其計，及其還，置酒邀之中食，引至騎山瘿木亭，相對酒五行，無它語。向顧見石刻，知事已露，遂不復議榷事，魏人以此深德賈公。

自朝廷理元昊罪，軍興而用益廣，前爲三司者，皆厚賦暴歛，甚者借内藏，率富人出錢，下至果菜皆加税，而用益不足。王公堯臣始受命，則曰：「今國與民皆弊矣，在陛下任臣者如何。」由是天子一聽公所爲，公乃推見財利出入盈縮，曰「此本也，彼末也」，計其緩急先後，而去其蠹弊之有根穴者，斥其妄計小利之害大體者，然後一爲條目，使就法度；罷副使、判官不可用者十五人，更薦用材且賢者。朞年，民不加賦而用足；明年，以其餘償内藏所借數百萬；又明年，其餘而積於有司者數十萬，而所在流庸復其業。

張士遜出爲江西轉運使，辭王文正公於政事堂，且求教，公從容曰：「朝廷榷利至矣」。士遜起謝，後迭更是職，思公之言，未嘗求錐刀之利。識者曰：「此運使最識大體。」

程文簡公琳爲三司使，時議者患民税多目，吏得爲姦，欲除其名而合爲一。公以謂合而没其名，一時之便，後有興利之臣，必復增之，是重困民也。議者莫能奪。

孫伯純知海州日，朝廷調發軍器，有弩樁箭簳之類，海州素無此物，民甚苦之，請以鰾膠充折。孫謂之曰：「弩樁箭簳，共知非海州所産，蓋一時所須耳。若以土産物代之，恐汝歲歲被科無已時也。」

龔深之言，司馬文正作相，除李公擇爲户部尚書，門人問曰：「公擇文士，恐於吏事非所長。」公曰：「天下謂朝廷急於利久矣，舉此人爲户部，使天下知朝廷意，且息貪吏聚斂掊刻之心。」

仁宗時，國用乏，言利者爭獻計富國。傅獻簡公堯俞奏曰：「今度支歲用不足，誠不可忽，欲救其弊，陛下宜躬自儉刻，身先天下，無奪農時，勿害商旅，如是可矣。不然徒欲紛更，爲之無益，聚斂者用，則天下殆矣。」

薛簡肅公奎天禧初爲江淮發運使，辭王文正公旦，公無他語，但云：「東南民力竭矣」。薛退而謂人曰：「真宰相之言也。」

慶曆中，議弛茶鹽之禁及減商税，范文正以爲不可，茶鹽商税之入，但分減商賈之利耳，行於商賈未甚有害也。今國用未減，歲入不可闕，既不取之於山澤及商賈，須取之於農，與其害農，孰若取之於商賈。今爲計，莫若先省國用，國用有餘，當先寬賦役，然後及商賈，弛禁非所當先也。其議遂寢。

密學陳公襄治平初召還，將行，委官閲公帑，得雜收無名錢數百萬，因召積年有官逋未償、情可憐而力不足者，悉以輸之。蓋公淡於宴樂，故有餘，足以周物。

張公商英既相之後，大抵一話一言皆以百姓爲本。至於省六路上供錢鈔，而民無横賦；改當十錢爲當三，而百貨爲之平；罷東北鹽内藏【一六】，出剩鹽鈔歸之有司，而商賈之貨通；罷修内五福太一宫，而土木之役息。凡所以利國安百姓者，不可一二數。家傳。

富公之爲相，守格法，行故事，而附以公議，無心於其間，故百官任職，天下無事。以所在民力困弊，賦役不均，遣使分道相視裁減，謂之寬卹民力。又弛茶禁以通商賈，省刑獄，天下便之。神道碑。

王質遷荆湖北路轉運使，當用兵西方，急於財用之時，獨不進羨餘。其賦斂近寬平，治以常法，故他路不勝其弊，而荆湖之人自若。神道碑。

彭思永爲荆湖北路轉運使，至部，奏黜守令之殘暴、疲懦者各一人，而八州知勸。時大農以利誘諸路使以羨餘爲獻，公曰：「哀民取賞，吾不忍爲。」遂無所獻。行狀。

吕公著知河陽時，役法已定，類多張虚數以取羨餘。蓋所統五縣，歲取於民者有募監倉庫人等錢三千九百二十七緡，而官未嘗募人，實以軍吏代役。又有追償舊欠秋重役錢五千五百緡，然至是所償已盡，而取於民者遂爲定數，歲輸之無已時。公爲括其數，以告于朝，請一切蠲之，以寬下户之輸錢者。詔付司農，竟不行。

范太史祖禹論聚斂云：「夫利，百物之所生，而天地之所以養人也，專之必壅，壅之則所害者多。故凡有利必有害，利於己必害於人，君子不盡利以遺民，所以均天地之施

【一六】罷東北鹽内藏　原作「罷内藏東比」，明嘉靖本「比」作「北」，據《琬琰集》下卷十六及《九朝編年備要》卷二十七改補。

也。《記》曰:『與其有聚歛之臣,寧有盜臣。』是以興利之臣鮮不禍敗,自桑弘羊以來,未有令終者也。唐世言利始於宇文融,融既流死,而韋堅、楊慎矜、王鉷繼起,又益甚之,極于楊國忠,皆身首異處,宗族塗地。其故何哉?壅利而所害者衆也,天下之怨歸之,故其惡必復,禍必酷,而唐室幾亡。其後以劉晏之能猶不免,况其非道者乎?必若公劉之厚民,管仲之富國,李悝之平糴,耿壽昌之常平,不爲掊刻,上下皆濟,則身享其榮,後嗣蒙其慶矣。吉凶禍福之效如此,可不戒哉!」

熙寧三年,朝廷初行新法,所遣使者皆新進少年,遇事風生,天下騷然,州縣始不可爲矣。邵康節閒居林下,門生故舊仕宦四方者,皆欲投劾而歸,以書問康節,答曰:「正賢者所當盡力之時,新法固嚴,能寬一分,則民受一分之賜矣。投劾而去何益!」

宣和間,近臣薦向公子韶材堪出使,除京東轉運副使。户部尚書聶昌以國用不足,諷諸路進羨餘,知密州郭奉世與昌有舊,進萬緡,昌薦諸朝,請賞之以勸天下。公劾奉世曰:「一路財用,有餘不足相補,設使密有餘財,當具數聞,部使者通融計會,資兵吏之費。安可不卹大計,不顧它州,進通用之財,徼非道之寵,不罰奉世,無以懲姦。而主計近臣,首開聚歛之端,浸不可長。」士論韙之。

孝宗謂周益公曰:「只爲養兵,不免皆取之民。」公因極陳民困之由,上問:「各有名色,何故困民?」公曰:「且以平江府論之,紹興以前,歸正添差等官,歲用五萬緡,後來乃用二十餘萬緡，則是歲添三倍以上，既無所從出，遂於支移折變中暗增錢數。如苗米一石，其直三千，州府受納，則令折科增三千爲五千，增五千爲七千。如此，則有田之家無不被害，安得不困！此特一端爾，它皆類此。」上爲之悵然。

當官處事，常思有以及人。如科率之行，既不能免，便就其間求所以使民省力，不使重爲民害，其益多矣。

乾德初，國用未豐，蘇曉爲淮漕，議盡榷舒、廬、蘄、黄、壽五州茶貨，置四十四場，一萌一蘖盡收其利，歲衍百餘萬緡，淮洛苦之。曉舟敗溺死，淮民比屋相賀。

神宗天資節儉，因得老宫人言，祖宗時妃嬪公主月俸至微，歎其不可及。王安石獨曰：「陛下果能理財，雖以天下自奉可也。」帝始有意主青苗、助役之法矣。安石之術類如此，故吕誨中丞彈章曰：「外示朴野，中懷狡詐。」（《聞見録》）。

兵

太祖即位之初，數出微行，以伺人情，或過功臣之家，不可測。趙普每退朝，不敢脱衣冠。一日大雪，向夜普謂帝不復出矣。久之，聞叩門聲，普亟出，帝立風雪中。普惶懼迎拜，帝曰：「已約晉王矣。」已而太宗至，共於普堂中設重裀地坐，熾炭燒肉，普妻行酒，帝以嫂呼之。普從容問曰：「夜久寒甚，陛下何以出？」帝曰：「吾睡不能着，一榻之外皆他人家也，故來見卿。」普曰：「陛下小天下耶？南征北伐，今其時也，願聞成筭所向。」

帝曰：「吾欲下太原。」普默然久之，曰：「非臣所知也。」帝問其故，普曰：「太原當西北二邊，使一舉而下，則二邊之患我獨當之，何不姑留以俟削平諸國？」帝笑曰：「吾意正如此，特試卿爾。」遂定下江南之議。

太祖遣曹彬、潘美往江南，彬辭才力不逮，乞别選能臣。美盛言江南可取，帝大言諭彬曰：「所謂大將者，能斬出位犯分之副將，則不難矣！」美汗下，不敢仰視。將行，夜召彬入禁中，帝親酌酒，彬醉，宫人以水沃其面，既醒，帝撫其背以遣曰：「會取！會取！他本無罪，只是自家着他不得。」蓋欲以恩德來之也。是故以彬之厚重、美之明鋭，更相爲助，令行禁止，未嘗妄戮一人，而江南平。

太祖既得天下，召趙普問曰：「天下自唐季以來，數十年間，帝王凡易十姓，兵革不息，蒼生塗地，其故何也？吾欲息天下之兵，爲國家建長久計，其道何如？」普曰：「非他，節鎮太重，君弱臣强而已矣。今所以治之，無他奇巧也，惟稍奪其權，制其錢穀，收其精兵，則天下自安矣。」語未畢，上曰：「卿勿復言，吾已喻矣」。上因晚朝與故人石守信、王審琦等飲，酒酣，上曰：「人生如白駒之過隙，所爲富貴也，不過多積金帛，厚自娱樂，使子孫無貧乏爾。汝曹何不釋去兵權，擇好田宅市之，爲子孫永久之業，多置歌兒舞女，日飲酒相歡，以終其天年。君臣之間兩無猜嫌，上下相安，不亦善乎？」皆再拜曰：「陛下念臣及此，所謂生死肉骨也」。明日皆稱疾請解兵權，上許之，皆以散官就第，撫賚甚厚，諸功臣皆以善終。

向非中令謀慮深長，太祖聰明果斷，天下何以治平至今，莫敢有異心者。

曹王彬下江南，文武官吏賴王保全，皆得其所。親屬有爲軍士所掠者，王即時遣還之，因大搜軍中，無得匿人妻女。倉廩府庫，悉委轉運使按籍檢視，王一不問。振乏絶、恤鰥寡，仁人之心，無所不至，吴人大悦。及歸，舟中無他物，惟圖籍、衣被而已。行狀。

曹彬攻金陵垂克，忽稱疾不視事，諸將皆來問疾。彬曰：「余之病非藥石所愈，唯須諸公共發誠心自誓，以克城之日不妄殺一人，則愈矣。」諸將諾，共焚香爲誓，明日稍愈。及克金陵，城中皆按堵如故。曹翰克江州，忿其久不下，屠戮無遺。彬之子孫，貴盛至今不絶，翰卒不三十年，子孫有乞丐於海上者矣。《紀聞》重。

范文正公爲江淮體量安撫，所至賑乏絶。又陳八事，其四曰：「國家重兵悉在京師，而軍食仰於度支，則所養之兵不可不精也。禁軍代回五十以上不任披帶者，降爲畿内及陳、許等處近下禁軍，一卒之費，歲不下百千，萬人則百萬緡矣，至七十歲乃放停。且人方五十之時，或有鄉園骨肉懷土之情，猶樂舊里，及七十後，鄉園改易，骨肉淪謝，羸老者歸復何託？是未停之前大蠹國用，廢之之後復傷物情。咸平中揀鄉兵，人無歸望，號怨之聲動於四野；祥符中，選退冗兵，無歸之人大至失所。此近事之鑒也。請下殿前軍馬司，禁軍選不堪披帶者，與本鄉州軍别立就糧指揮，至彼有田園骨肉者，許之歸農，則羸老之人亦不至失所矣。」

韓魏公嘗從容議及養兵事，慨然曰：「琦有所思而得之，未嘗語人，人亦未必信。養兵雖非古，然積習已久，不可廢之，又自有利處，不爲不深。昔者發百姓戍邊無虚歲，父子兄弟有生離死别之苦。議者但謂不如漢、唐調兵於民，獨不見杜甫《石壕吏》一篇，調兵於民，其弊乃至此。後世既收拾强悍無賴者，養之以爲兵，良民雖税歛良厚，而終身保骨肉相聚之樂，此豈小事。又其練習戰陣，而豪勇可使，安得與農民同日道也。」

《程氏遺書》云：「徐禧，奴才也。善兵者，有二萬人未必死，彼雖十萬人，亦未必能勝二萬人。古者以少擊衆而取勝者多，蓋兵多亦不足恃。昔者袁紹以十萬阻官渡，而曹操只以萬卒取之。王莽百萬之衆，而光武昆陽之衆有八千，仍有在城中者，然則只是數千人取之。苻堅下淮百萬，而謝玄才二萬人，一麾而亂。以此觀之，兵衆則易老，適足以資敵人，一敗不支，則自相蹂踐，至如聞風聲鶴唳，皆以爲晉軍之至，則是自相殘也。譬之一人軀幹極大，一人輕捷，兩人相當，則臃腫者遲鈍，爲輕捷者出入左右之，則必困矣。自古師旅勝敗不能無之，然今日邊事，至號疏曠，前古未之聞也。其源在不任將帥，將帥不慎任人，閫外之事，將軍主之，一一申覆，皆受廟筭，上下相徇，安得不如此！」

《程氏遺書》云：「餽運之術，雖自古亦無不煩民不動衆而足者。然於古則有兵車，其中載糗糧，百人破二十五人。然古者行兵在中國，又不遠敵，若是深入遠處，則決無省力。且如秦運海隅之粟以饋邊，率三十鍾而致一石，是二百倍以來。今日師行，一兵行，一夫饋【一七】，只可供七日，其餘日必俱乏食也。且計之須三夫而助一兵，乃須十五日便回，一日不回，則一日乏食。以此校之，無善術，故兵也者，古人必不得已而後用者，知此耳。」

胡文恭公宿謂，契丹與中國通好六十餘年，自古未有也。善防外患者，謹爲備而已。今三邊武備多弛，牧馬著虚名於籍，可乘而戰者百無一二。又謂，滄州宜分爲一路以禦敵，此今急務也。若其界上交侵小故，乃城寨主吏之職，朝廷宜守祖宗之約，不宜爭小利而隳大信，深戒邊臣生事以爲功。在位六年，其議論類皆如此。

上諭宰臣曰：「用兵費財，最號不貲，故漢文帝不言兵而天下富。若邊事稍息，則國用自饒。」呂公頤浩曰：「國用匱乏，正以所費處多。」上曰：「朕細思之，用兵與營造最蠹國用，深可戒也。」

太宗在藩，王顯與周瑩爲給侍。赤脚道者相顯曰：「此兒須爲將相，但無陰德耳。」及長，太宗愛之，曰：「爾非儒家，奈寡學問。他日富貴，不免面牆。」取軍誡三篇令誦之。咸平三年，以使相出帥定州，便宜從事，忽旦道士通刺爲謁，被冠褐，自稱酆都觀主，笑則口角至耳，亂鬢若剛鬣。謂顯曰：「昨日上帝牒蓄魂二萬至本觀，未敢收於冥籍。死於公之手者，公果殺之，則功冠於世，然減公筭十年。二端請裁之。」顯謂風狂，叱起。後月契丹引數萬騎獵於威虜軍境，即梁門也，會雨，敵弓皆皮弦緩弱不可用。顯引兵勁襲，大

【一七】一夫饋　「夫」原作「大」，據明嘉靖本及原出處《二程遺書》卷二下改。

破之，梟名王貴將十五輩，獲僞羽林印二紐，斬二萬級，築京觀於境上。露布至闕，朝廷以樞相詔歸，赴道數程而卒。

范純仁自陝西轉運副使召還，神宗問曰：「卿在陝西，久主漕輓，必精意邊事，城郭、甲兵、糧儲如何？」公對曰：「城郭粗完，甲兵粗修，糧儲粗備。」神宗愕然曰：「卿才能如此，朕所倚賴，而職事皆言粗，何也？」公徐對曰：「粗者，未精之辭，如是足矣。臣願陛下無深留意於邊事，恐邊臣觀望，要功生事，結釁夷狄，殘害生靈，耗竭財用，縻費爵賞，不惟爲今日目前之害，又將貽他時意外之憂。臣願陛下究孟子交鄰之道，修孔子來遠之德，使好生之德，洽于夷狄，彼將愛戴陛下如父母，雖其酋首桀傲，欲侵侮我疆，其徒亦不爲之用也。」

熙寧初，韓魏公罷政，富公弼再相，神宗首問邊事，弼曰：「陛下臨御未久，臣愚以爲首當推恩惠布德澤，二十年未可道著『用兵』二字。若干戈一興，上貽聖憂，下竭民力，願勿首先留意邊事。萬一戎狄渝盟，人神共怒，爲應敵之計可也」。上曰：「所先當如何？」富公曰：「阜安宇内爲先。」蓋是時王荆公已有寵，勸帝用兵以威四夷，於是用王韶取熙河，以窺靈武；結高麗以圖大遼；又用章惇，取湖北夔、峽之地。又用劉彝、沈起，窺交趾，二人造戰艦於富良江上。交趾偵知，先浮海載兵，陷廉州，又破邕州，殺守臣蘇緘，屠其城，掠生口而去。又用郭逵、趙卨宣撫廣南，使直擣交趾。逵老將，與卨議論不合，爲交趾扼富良江，兵不得進，瘴死者十餘萬人。元豐四年，五路大進兵，取靈武，夏人決黄河水櫃以灌吾壘，兵將凍溺飢餓，不戰而死者數十萬人。又用吕惠卿所薦徐禧，築永樂城，夏人以大兵破之，自禧而下死者十餘萬人。報夜至，帝早朝當寧而慟哭，宰執不敢仰視。帝嘆息曰：「永樂之舉，無一人言其不可者。」右丞蒲宗孟曰：「臣嘗言之。」帝正色曰：「卿何嘗有言？在内惟吕公著，在外惟趙卨，曾言用兵不是好事。」既又謂宰執曰：「自今更不用兵，與卿等共饗太平。」然帝從此鬱鬱不樂，以至大漸。嗚呼，痛哉！

种世衡初至青澗城，逼近賊境，守備單弱，芻糧俱乏。世衡以官錢貸商旅使致之，不問所出入，未幾，倉廩皆實。又教吏民習射，雖僧道婦人亦習之，以銀爲射的，中者輒與之。既而中者益多，其銀重輕如故，而的漸厚且小矣。或爭徭役優重，亦使之射，射中者得優處，或有過失，亦使之射，射中則釋之。由是人人皆能射，比數年，青澗城遂成富彊，於延州諸寨中獨不求益兵、運芻糧。《記聞》。

制勝

曹瑋在邊，蕃部有過惡者，皆平定之。每以餞將官爲名出郊，而兵馬次序以食品爲節，若曰下某食，即某隊發，比至水飯，則捷報至矣。大帥料敵當如此。《東齋記事》。

曹南院瑋知鎮戎軍日，嘗出戰小捷，虜兵引去，瑋偵虜兵去已遠，乃驅所掠牛羊輜重緩驅而還，頗失部伍。其下憂之，言於瑋曰：「牛羊無用，徒縻軍，不若棄之，整衆而歸。」

瑋不答，使人候。虜兵去數十里，聞瑋利牛羊而師不整，遽還襲之，瑋愈緩行，得地利處乃止，以待之。虜軍將至近，使人請之曰：「蕃軍遠來，必甚疲，我不欲乘人之怠，請休憩士馬，少選決戰。」虜方苦疲甚，皆欣然嚴軍，歇良久，瑋又使人諭之，歇定可相馳矣。於是各鼓軍而進，一戰大破虜師，棄牛羊而還。徐謂其下曰：「吾知虜已疲，故爲貪利以誘之，比其復來幾行百里矣。若乘鋭便戰，猶有勝負，遠行之人若小憩，則足痺不能立，人氣亦闌，吾以此取之。」《筆談》。

西川都巡檢使韓景祐，爲所部廣武卒劉旰所逐，率衆掠懷安軍，破漢州。張忠定公方與僚屬會大慈寺，報至，飲燕如故，舉城憂之。賊又掠邛、蜀，將趨益，公適會客，報者愈急，公復不問。其夕始召上官正謂曰：「賊始發不三四日，破數郡，勢方鋭，不可擊。今又得所掠，氣驕，敢逼吾城，乃送死耳。請出兵，北至方井當遇賊，破之必矣。」正即受教。及行，公爲出送于郊，激其盡力。正至方井果遇賊，一戰斬旰首，餘黨盡平。衆益服公料敵制勝，人所不及。又《記聞》云：張詠知益州，有巡檢所領龍猛軍人潰爲羣盜。龍猛軍者，本皆募羣盜不可制者充之，慓悍善鬭，連入數州，俘掠而去，蜀人大恐。詠一日召鈐轄，以州牌印付之，鈐轄愕然，請其故，詠曰：「今盜勢如此，而鈐轄晏然安坐，無討賊心，是必欲令詠自行也。鈐轄宜攝州事，詠將出討之。」鈐轄驚曰：「某今行矣！」詠曰：「何時？」曰：「即今。」詠顧左右，張酒具於城西門上，曰：「鈐轄將出，吾今餞之。」鈐轄不得已，勒兵出城，與飲於樓上。酒數行，鈐轄曰：「某願謁於公。」詠曰：「何也？」曰：「某所求兵糧，願皆應副之。」詠曰：「諾。老夫亦有謁。」鈐轄曰：「何也？」詠曰：「鈐轄今往必滅賊，若無功而返，必斷頭於此樓之下矣！」鈐轄震慄而去。既而與賊遇，果敗，士衆皆還走幾千里，鈐轄召其將校，告之曰：「觀此翁所爲，真斬我，不爲異也！」遂復進力戰，大破之，賊遂平。

蜀卒劉盱聚黨數千人爲亂，所攻數州，至輒取之。馬正惠公以卒三百進至蜀州與戰，盱走邛州。而招安使上官正召公歸成都計事，公爲正畫曰：「賊破邛州，必乘勝薄我，我軍雖倍，未易敵也。不如迎其弊急擊，破之必矣。」遂行次方井，與正合，殺盱等無噍類。神道碑。

《筆談》云：狄青平嶺寇，賊帥儂智高兵敗，奔邕州。其下皆欲窮其窟穴，青亦不從，以謂趨利乘勢，入不測之城，非大將事。智高因而獲免，天下皆罪青不入邕州，脱智高於垂死。然青之用兵，主勝而已，不求奇功，故未嘗大敗，計功最多，卒爲名將。譬如奕碁，已勝敵可止矣，然猶攻擊不已，往往大敗。此青之所戒也，臨利而能戒，乃青之過人處也。

初，樞密副使狄青自請擊儂智高，以青爲宣徽南院使、荆湖南北路宣撫使、都大提舉經制廣南東西路賊盜事。諫官韓絳上言，狄青武人，不足專任，固請以侍從文臣爲之副。上以訪執政，時龐籍獨爲相，對曰：「屬者王師所以屢敗，皆由大將權輕，偏裨人人自用，遇賊或進或退，力不能制也。今青起於行伍，若以侍從之臣副之，復視青如無，青之號令復不得行，是循覆車之軌也。青素善戰，今以二府將大兵討賊，若又不勝，不惟嶺南非陛下之有，荆湖江南皆可憂矣。禍難之興，未見其涯，不可不謹。青昔在鄜延，居臣麾下，沉勇有智畧，若專以智高事委之，使青先以威齊衆，然後用之，必能辦賊。幸陛下勿以爲憂也。」上曰：「善」。於是詔嶺南用兵皆受青節度處置，民事則與孫沔等議之。時余靖軍于賓州，聞智高將至，棄其城及芻糧，走保邕。智高陷賓州，靖引兵出，揚言邀賊，留監押守邕州，監押亦走，智高復入邕州。十一月，狄青至，湖南諸道兵皆會，諸將聞宣撫使將至，爭先立功，余靖遣廣南西路鈐轄陳某將萬人，擊智高，爲七寨，逗遛不進。十二月壬申朔，智高與某戰於金城驛，某敗，遁歸，死者二千餘人，棄捐器械輜重甚衆。交趾王德政請出兵二萬助收智高，狄青奏：「官軍自足辦賊，無用交趾兵，可下詔交趾毋出兵。」青又請西邊蕃落廣鋭近二千騎與俱。五年五月，青至賓州，余靖、陳某皆來迎謁。時饋運未至，青初令備五日糧，既又備十日糧。智高聞之，由是懈惰，不爲備，上元張燈高會。先是，諸將視其帥如僚寀，無所嚴憚，每議事各執所見，喧爭不用命。己酉，狄青悉集將佐於幕府，立陳某於庭下，數其敗軍之罪，並軍校數十人皆斬之，諸將股栗，莫敢仰視。余靖起拜曰：「某之失律，亦靖節制之罪。」青曰：「舍人文臣，軍旅之責，非所任也。」於是勒兵而進，步騎二萬。或説儂智高曰：「騎兵利平地，宜遣兵守崑崙關，勿使度險，俟其兵疲食盡擊之，無不勝者。」智高驟勝，輕官軍，不用其言。青倍道兼行，出崑崙關，直趣其城。智高聞之，狼狽發兵出戰。戊午，相遇於歸仁鋪，青使步卒居前，匿騎兵於後，蠻使驍勇者執長槍居前，羸弱悉在其後，其前鋒孫節戰不利而死，將卒畏青令嚴，力戰莫敢退者。青登高丘，執五色旗，麾騎兵爲左右翼出槍之後，斷蠻軍爲三，旋而擊之，槍立如束，蠻軍大敗，殺獲三千餘人，獲其侍郎黄師宓等。智高走還城，官軍追之，營其城下。夜，營中驚呼，蠻聞之，以爲官軍且進攻，棄城走。明日，青入城，遣裨將于振追之，過田州，不及而還，智高奔大理。捷書至，上喜謂龐籍曰：「嶺南非卿執議之堅，不能平，今日皆卿功也。」狄青還，上欲以爲樞密使、同平章事，籍曰：「昔曹彬平江南，太祖謂之曰：『朕欲以卿爲使相，然今敵尚多，卿爲使相，安肯復爲朕盡死力耶？』賜錢二十萬緡而已。今青雖有功，未若彬之大，若賞以此官，則富貴極矣，異日復有寇盜，青更立功，將以何官賞之？且青起軍中，致位二府，衆論紛然爲國朝未有此比，今有幸而立功，論者方息，若又賞之太過，是復使青得罪於衆人也。臣所言非徒使於國體，亦爲青謀也。昔衛青已爲大將軍，封侯，立功，漢武帝更封其子爲侯。陛下若謂賞功未盡，宜更官其諸子。」爭之累日，上乃許之。二月癸未，加青護國軍節度使，樞密副使如故，仍遷諸子官。既而議者多謂青賞薄，石全彬復爲青訟功於中書，五月乙巳，竟以青爲樞密使。《記聞》。

狄青宣撫廣西時，儂智高守崑崙關。青至賓州，值上元節，令大張燈燭，首夜燕將佐，次夜燕從軍官，三夜饗軍校。首夜樂飲徹曉，次夜二鼓時，青忽稱疾暫起，如内久之，使人諭孫元規，令暫主席行酒，少服藥乃出，數使人勸勞座客，至曉各未敢退。忽有馳報者，云是夜三鼓，青已奪崑崙矣。《筆談》。

种世衡嘗以罪怒一番落將，杖其背，僚屬爲之請，莫能得。其人被杖已，奔趙元昊，甚親信之，得出入樞密院。歲餘，盡詗得其機事以歸，衆乃知世衡用爲間也。

仁宗時，西戎方熾，韓魏公爲經略招討副使，欲五路進兵以襲平夏。時范文正公守慶州，堅持不可。是時，尹洙爲經略判官，一日將命至慶州，約范公以進兵，范公曰：「我師新敗，士卒氣沮，當自謹守以觀其變，豈可輕兵深入耶！以今觀之，但見敗形，未見勝勢也。」洙歎曰：「公於此乃不及韓公也。韓公嘗云，大凡用兵當置勝敗於度外，今公乃區區過慎，此所以不及韓公也。」范公曰：「大軍一動，萬命所懸，而乃置於度外，仲淹不見其可。」洙議不合，遽還，魏公遂舉兵入界，次好水川，元昊設覆，全師陷没，大將任福死之。魏公遽還，至半塗，而亡者父兄妻子數千人號於馬首，皆持故衣紙錢招魂，而哭曰：「汝昔從招討出征，今招討歸，而汝死矣，汝之魂識，亦能從招討以歸乎！」既而哀慟聲震天地。魏公不勝悲憤掩泣，駐馬不能前者數刻。范公聞而歎曰：「當是時，難置勝敗於度外也。」《東軒筆録》。

卷九

拾遺類

議論反覆

王荆公知明州鄞縣，讀書爲文章，二日一治縣事，起堤堰，決陂塘，爲水陸之利，貸穀于民，立息以償，俾新陳相易，興學校，嚴保伍，邑人便之。故熙寧初爲執政，所行之法皆本於此。然荆公知行於一邑則可，不知行於天下不可也。所遣新法使者多刻薄小人，急於功利，遂至決河爲田，壞人墳墓、室廬、膏腴之地不可勝紀。青苗雖取二分之利，民請納之費至十之七八，又公吏冒名，新舊相因，其弊益繁。保甲、保馬尤有害，天下騷然，不得休息。蓋祖宗之法一變矣。獨役法新舊差募二議俱有弊，吴、蜀之民以雇役爲便，秦、晉之民以差役爲便，荆公與司馬温公皆早貴，少歷州縣，不能周知四方風俗，故荆公主雇役，温公主差役，蘇内翰、范忠宣温公門下士，復以差役爲未便，章子厚荆公門下士，復以雇役爲未盡，三人雖賢否不同，皆聰明曉吏治，兼知南北風俗，其所論甚公，各不私於所主。元祐初，温公復差役改雇役，子厚議曰：「保甲、保馬一日不罷，有一日害，如役法，則熙寧初以雇役代差役，議之不詳，行之太速，故後有弊。今復以差役代雇役，當詳議熟講庶幾可行，而限止五日太速，後必有弊。」温公不以爲然。子厚對太皇太后簾下，與温公爭辯，至言「異日難以奉陪喫劒」，太后怒其不遜，子厚罪去。蔡京者，知開封府，用五日限，盡改畿縣雇役之法爲差役。至政事堂白温公，公喜曰：「使人人如待制，何患法之不行！」紹聖初子厚入相，復議以雇役改差役，置司講論久不決，蔡京兼提舉，白子厚曰：「取熙寧、元豐法施行之耳，尚何講爲？」子厚信之，雇役遂定。蔡京前後觀望反復，賢如温公，暴如子厚，皆足以欺之，真小人也。《聞見録》。

王荆公秉政，更新天下之務，而宿德舊人論議不叶，荆公遂選用新進，待以不次。故一時政事不日皆舉，而兩禁臺閣内外要權莫非新進之士也。洎三司論市易，而吕參政指爲沮法，荆公信以爲然，堅乞罷相。既出，吕嘉問、張諤持荆公而泣，公慰之曰：「已薦吕惠卿矣。」二子收淚。及惠卿入參，有射羿之意，而一時之士見其得君，謂其可以傾奪荆公矣，遂更朋附之。既而鄧潤甫枉狀廢王安國，而李逢之獄，又挾李士寧之事以撼荆公。又言《熙寧編勑》不便，乞重編修，及令百姓手實供家財簿，又欲給田募役，以破役法，其他夤緣事故非議前宰者甚衆，綱紀幾紊。天子斷意，再召荆公秉政。鄧綰懼不自安，欲弭前迹，遂發張若濟事，返攻吕惠卿。朝廷俾張諤爲兩浙路察訪，以驗其事。諤猶欲掩覆，而鄧綰復觀望，意指薦引匪人。於是惠卿自知不安，乃條列荆公兄弟之失，凡數事面奏，意欲上意有貳。上封惠卿所言以示荆公，故荆公表有：「忠不足以取信，故事事欲其自明；義不足以勝姦，故人人與之立敵。」蓋謂是也。既而惠卿出亳州，鄧綰、張謂之徒皆以罪去，然自是門下之人皆無固志，荆公無與共圖事者，又復請去，而再鎮金陵。故詩有「紛紛易變浮雲白，落落難鍾老栢青」者，蓋謂是也。出《東軒筆録》。

又云：熙寧七年，王荆公初罷相，薦吕惠卿爲參政。吕得君怙權，慮荆公復進，因郊禮薦荆公爲使相，方進熟狀【一】，上察見其情，遽問曰：「王安石去不以罪，何故用赦復官？」吕無以對。又曰：李士寧者，蜀人，得導氣養生之術，又能言人休咎。王荆公與之有舊，每延於東府，迹甚熟。及吕惠卿執政，會山東告李逢、劉育之變，事連宗子世居，起獄推治，劾者言士寧嘗預此謀，敕天下捕之。獄具，世居賜死，逢、育棄市，士寧決杖流永州，連坐者甚衆。吕爲此獄引士寧者，意欲有誣蠛，會荆公再入，謀遂不行。

王荆公再秉政，既逐吕惠卿，門下之人復爲諛媚以自安，而荆公求退，告去尤切。有練亨甫者，謂中丞鄧綰曰：「公何不言於上，以丞相之子雱爲樞密使，諸弟皆爲兩制，壻姪皆館職，京師賜第宅田邸，則庶幾可留也。」綰如所戒言之，上察知其阿黨，亦頷之而已。一日，荆公復於上前求去，上曰：「卿勉爲朕留，當一一如卿所欲，但未有一穩便第宅耳。」荆公駭曰：「臣有何欲？且何爲而賜第？」上笑而不答，翊日，荆公懇請其由，上出綰所上章，荆公即乞推劾。先是，綰欲用其黨方揚爲臺官，懼不厭人望，乃並彭汝礪薦

【一】方進熟狀　原脱「狀」字，《東軒筆録》卷四作「熟敕」，據《事實類苑》卷二十七及《宋宰輔編年録》卷八補。

之，其實意在揚也。無何，上黜汝礪，綰遽表言：「臣素不知汝礪之爲人，昨所舉鹵莽，乞不行前狀。」即此二事，上察見其姦，遂落綰中丞，以本官知虢州，亨甫奪校書，爲漳州推官。綰制曰：「操心頗僻，賦性姦回，論士薦人，不循分守。」又曰：「朕之待汝者，義形於色；汝之事朕者，志在於邪。」蓋謂是也。《東軒筆録》。

王荆公與吕申公素相厚，嘗曰：「吕十六不作相，天下不太平。」及薦申公爲中丞，荆公以謂有八元八凱之賢，不半年，所論不同，復謂有驩兜、共工之姦。荆公之喜怒如此。蓋孫覺莘老嘗爲上言，「今藩鎮大臣如此論列而遭挫折，若當唐末、五代之際，必有興晉陽之甲以除君側之惡者矣。」上已忘其人，但記美鬚，誤以爲申公也。《聞見録》。

王荆公在臺閣侍從時，每爲人言，唐太宗令諫官隨宰相入閣，最切於政道，後世所當行也。及入司政事，而孫莘老、李公擇在諫職，二人者熟荆公此論，遂列奏請舉行之，荆公不可，曰：「是又益兩參知政事也。」《吕氏家塾記》。

陳瓘雖緣蔡氏得罪，而首論私史，力排王氏，王、蔡之黨如薛昂、蹇序辰、何執中、鄧洵仁、洵武、蔡薿之徒，皆當時協力排陷欲殺公者，亦不獨蔡京兄弟而已。蔡薿與公初不相識，公上宰相書，謫守海陵，薿爲太學生，以長書遺公論天下事，皆合天下之公議。遺人致於海陵，謂公諫疏「婉而有理，似陸宣公；剛而不撓，似狄梁公。文章淵源發明正道，則韓文公其人也。」至次年，薿以對策爲大魁所陳時事，與前書頓異，於是愧悔，而欲殺公以滅口，密贊京黨，出力尤甚，正彙三山之竄，石悈台州紛紛，皆其所爲也。《遺事》。

報應

盧多遜貶朱崖，諫議大夫李符求見趙普，言朱崖雖在海外，而水土無他惡，春州雖在内地，而至者必死，望追改前命，以外彰寬宥，乃置於必死之地，普頷之。後月餘，符坐事貶宣州行軍司馬，上怒未已，令再貶嶺外。普具述其事，即以符知春州，到郡月餘卒。

寇萊公好士樂善，不倦推薦，丁謂之徒皆出其門。公與丁謂會食都堂，羹染公鬚，謂起拂之，公正色曰：「身爲執政，而親爲宰相拂鬚耶！」謂慙不勝，公恃正直而不虞巧佞，故卒爲所陷。公貶雷州時，丁與馮拯在中書，丁當秉筆，初欲貶崖州，而丁忽自疑，語馮曰：「崖州再涉鯨波如何？」馮唯之而已，丁乃徐擬雷州。丁之貶也，馮遂擬崖州。當時好事者曰：「若見雷州寇司户，人生何處不相逢。」比丁之南也，寇復移道州，寇聞丁當來，遣人以蒸羊逆于境上，而收其僮僕，杜門不放出，聞者多以爲得體。

石介既卒，夏竦言於仁宗曰：「介實不死，北走邊矣。」尋出中使與京東部刺史發介棺，以驗虚實。是時，吕居簡爲京東轉運使，謂中使曰：「若發棺空而介果北走，則雖孥戮不爲酷，萬一介屍在，即是朝廷無故發人塚墓，何以示後世耶？」中使曰：「誠如金部言」。遂劾介之内外親族，及會葬門人姜潛以下，至於舉柩窆棺之人，合數百狀結罪保證，中使持入奏，仁宗亦悟竦之譖。後夏竦死，仁宗將往澆奠，吴奎言於上曰：「夏竦多詐，今亦死矣。」仁宗至其家澆奠畢，躊躇久之，命大閹去竦面羃而視之。世謂剖棺之與去面羃，其爲人主之疑一也，亦所謂報應者耶！

丁謂既逐李文定迪於衡州，遣中使齎詔賜之，不道所以。李聞之欲自裁，其子柬之救之得免。謂因大行貶竄王欽若、丁度等，皆投之遠方，時王沂公曾參知政事，不平之，曰：「責太重矣！」謂熟視久之，曰：「居亭主人恐未能免也。」沂公踧然而懼，因密謀去之。内侍雷允恭既有力於謂，深德之。至是允恭爲山陵都監，司天邢中和爲允恭言：「今山陵上百步，法宜子孫，類汝州秦王墳。」允恭曰：「如此，何故不就？」中和曰：「恐下有石並水耳。」允恭曰：「先帝獨有上，無它子，若如秦王墳，何故不用？」中和曰：「山陵事重，踏行覆按，動經日月，恐不及七月之期爾。」允恭曰：「第移就上穴，我走馬入見太后言之，安有不從。」允恭素貴横，人不敢違，即改穿上穴。及允恭入白太后，太后曰：「此大事，何輕易如此？出與山陵使議可否。」允恭見謂，具道所以，謂亦知其非，而重違允恭，無所可否，唯唯而已。允恭不待謂决語，入奏太后，曰：「山陵使亦無異議矣！」既而上穴果有石，石盡水出。沂公具得其事，以謂擅易陵地，意有不善，欲奏之而不得，間語同列曰：「曾無子，欲令弟子過房，來日奏事畢，略留奏之。」謂不以爲疑。太后聞之大驚，即命差官按劾其事，而謂不知也。比知之，於簾前訴之，移時，有内侍卷簾曰：「相公誰與語？駕起久矣。」謂知太后意不可回，以笏叩頭而退。謂既得罪山陵，竟就下穴。蓋謂所坐，本欲庇雷允恭，不忍破其妄作耳。然其邪謀深遠，得位歲久，心不可測，平時陰險，傾陷正人，雖沂公以計傾之，而公議不以爲非也。

真宗既疾甚，殆不復知事，李迪、丁謂同作相，内臣雷允恭者，嬖臣也，自劉后以下皆畏事之，謂之進用皆允恭之力。嘗傳宣中書，欲以林特爲樞密副使，迪不可，曰：「除兩府須面奉聖旨。」翌日爭之上前，聲色俱厲，謂辭屈，俯首鞠躬而已。謂既退，迪獨留納劄子，上皆不能省記，而二相皆以郡罷。允恭傳宣謂家，以中書闕人，權留謂發遣。謂因直入中書見同列，召堂吏諭之，索文書閱之。來日，與諸公同奏事，上亦無語，衆退，獨留。及出，道過學士院，問吏：「今日學士誰直？」曰：「劉學士筠。」謂呼筠出，口傳聖旨，令謂復相，可草麻，筠曰：「命相必面得旨。果爾，今日必有宣召，麻乃可爲也。」謂無如之何。它日，再奏事，復少留，退過學士院，復問誰直，曰：「錢學士惟演。」謂復以聖旨語之，惟演即從命。即復相，乃逐李公及其黨，正人爲之一空。將草李公責詞時，宋宣獻知制誥當直，請其罪名，謂曰：「《春秋》無將，漢法不道，皆其事也。」宋不得已從之。詞既上，謂猶嫌其不切，多所改定，其言上前爭議曰：「罹此震驚，遂至沉頓。」謂所定也。及謂貶朱崖，宋猶掌詞命，即爲之詞曰：「無將之戒，深著於魯經，不道之誅，難逃於漢法。」天下快之。

咸平中，李士衡在館職日，嘗使高麗，武人爲副使。高麗禮幣賂遺之物，士衡皆不關意，一切委於副使。時船底敝漏，副使者以士衡所得縑帛藉船底，然後實己物。至海内遇大風，船欲傾覆，副使倉惶，悉取舟中之物投之海中，更不別擇。約投及半，風息船定。既而檢點所投，皆副使之物，士衡所得一無所失。《續資治通鑑》。

蘇子由謫雷州，不許占官舍，遂僦民屋。章子厚又以爲强奪民居，下本州追民究治，以僦券甚明乃已。不一、二年子厚謫雷州，亦問舍子民，民曰：「前蘇公來，爲章丞相幾破我家，今不可也。」其報復如此。《聞見録》及《事略》。

圖書在版編目(CIP)數據

全宋筆記. 第7編. 6 / 上海師範大學古籍整理研究所編.— 鄭州 : 大象出版社, 2015. 12
ISBN 978-7-5347-8731-7

Ⅰ. ①全… Ⅱ. ①上… Ⅲ. ①中國歷史—史料—宋代 Ⅳ. ①K244. 066

中國版本圖書館 CIP 數據核字(2015)第 314282 號

全宋筆記 第七編 六

出版人 王劉純
特約編輯 陳 新
責任編輯 郭一凡
整體設計 張 勝
出版發行 大象出版社
鄭州市開元路16號(450044)
製　　版 上海杰申電腦排版有限公司
印　　刷 鄭州瑞光印務有限公司
版　　次 2016年2月第1版第1次印刷
開　　本 640mm×960mm 1/16 21.25印張
字　　數 257千字
印　　數 850册
定　　價 72.00元